여래장 사상의 원전

-여래장경, 부증불감경, 승만경-

如來藏 三部經典

민족사 학술총서 77

여래장 사상의 원전

-여래장경·부증불감경·승만경-

如來藏 三部經典

이평래 역주·강설

민족사

2022

머리글

여래장사상을 천명한 『여래장경』, 『부증불감경』, 『승만경』, 이 여래장 3부경전은 대승불교의 중기(中期)에 형성된 것으로 추론하고 있습니다. 이에 대한 이해를 위해서는 초기경전부터 대승경전에 이르기까지의 경전 성립(經典 成立)에 관한 불교사(佛敎史)의 기본적인 이해가 필수적인 요건이므로, 이제부터 간략하게 소개를 하겠습니다.

샤꺄무니 붓다(Śākyamuni-Buddha, 釋迦牟尼佛)께서 창시한 불교는 초기불교에서 부파불교, 부파불교에서 대승불교로 시대를 따라서 옮겨갑니다. 그리고 대승불교도 또한 초기대승•중기대승•후기대승의 3시기로 나눠서 말합니다. 일반적으로 공(空)사상을 정립한 나가르주나(150-250) 존자까지의 불교를 초기대승으로 보고, 그 이후 7세기경에 밀교가 번성할 때까지의 불교를 중기대승으로 보며, 밀교가 번성한 시대를 후기대승으로 봅니다.

초기불교의 경전으로는 남방의 5니까야(Nikāya)와 북방의 4아가마(Āgama, 阿含)를 볼 수 있습니다. 논장(論藏)의 형성을 특성으로 하는 부파불교는 교설(教說)의 정리 또는 해석을 중심으로 하는 아비다르마(Abhidharma, 阿毗達磨)의 많은 논장(論藏)이 출현한 시기를 가리키는 것입니다. 이어서 대승불교 시대가 열리는데, 불교학자들은 그 시기를 BCE 1세기에서 AD 1세기경으로 보고 있습니다.

초기대승시대에 성립된 경전으로는 『반야경(Prajñā sūtra, 般若經)』, 『법화경(Saddharmapuṇḍarika sūtra, 法華經)』, 『화엄경(Buddhāvataṃsaka sūtra, 華嚴經)』, 『정토경전(淨土經)』, 『유마경(Vimalakīrti sūtra, 維摩經)』 등을 그 대표로 들 수 있습니다.

중기대승의 경전으로는 『여래장경』, 『부증불감경』, 『승만경』, 『해심밀경』, 『유가사지론』, 『대승열반경』, 『능가경』 등을 그 대표로 들 수 있습니다.

밀교의 대표적인 경전으로는 7세기 후반에 성립한 『대일경』과 『금강정경』을 대표경전으로 보고 있습니다.

중기대승의 특징은, 굽따Gupta왕조가 싼쓰끄리뜨Sanskrit를 공용어로 채택하였기 때문에, 그것이 불교에도 영향을 미쳐, 이제까지의 민중에 친숙하던 속어주의를 버리고 싼쓰끄리뜨로 전환한 것입니다. 이는 민중에 다가선 대승불교의 기본적 전통을 깨뜨리는 것이므로, 몸에 밴 민중의 종교적 정서를 뒤엎은 것이라고 볼 수 있습니다. 또한 바라문교와의 대응관계로 서로 영향을 주고받으면서, 불교계에서도 표준어인 싼쓰끄리뜨를 쓰게 되고, 교학은 전문화되어 논리적이고 이론적으로 바뀌어, 이른바 아비다르마화(化)한 대승불교가 된 것입니다.

이와 같은 경향은, 부파불교의 아비다르마를 지나치게 전문적인 교학이라고 비판하고 출현한 대승불교가 그 본분(本分)을 상실한 것으로서, 민중의 마음을 사로잡던 불교는, 거꾸로 민중으로부터 소원(疏遠)한 마음을 불러일으킨 것입니다.

고대에 성립한 종교들은 공통적으로 유목•농경사회를 배경으로 합니다. 문맹이 90% 이상이고, 과학기술이 막 눈을 뜨기 시작한 단순사회의 시대라고 볼 수 있습니다. 샤까무니 붓다(Śākyamuni-Buddha, 釋迦牟尼佛)께서는 바라문교의 혈통주의·계급주의를 배제하고, 행위주의•평등주의를 내걸고, 민중이 알아듣기 쉬운 속어로 설법을 하신 것도 그러한 배경을 깔고 있습니다. 그 결과 불교가 세계종교로 비약한 것입니다.

그러나 현대는 과학기술이 고도로 발전한 IT(Information Technology : 정보기술)·BT (Bio Technology : 생명공학기술)·NT(Nano Technology : 극미세정밀기술) 등 3T시대입니다. 더 나아가 양자역학(Quantum mechanic, 量子力學)의 시대로까지 진입한 것입니다. 그러므로 불교도 산업사회의 변화에 따른 구조와 발을 맞춰야 할 때라고 봅니다. 특히 불교와 양자역학은 똑같이 '무(無)로부터의 불생(不生)'을 내세우고 있습니다. 나가르주나 존자의 연기(緣起)•공성(空性)을 근본으로 하는 4종불생론(四種不生論)과 양자역학에서의 발생확률이 0%인 것으로부터는 아무 것도 생겨날 수 있는 것은 없다는 이론은 완전합일(完全合一)하는 것이라고 공인하고 있습니다. 이에 이르러서는 자연스럽게 절대자인 신(神)의 존재가 부정되어 버린 것입니다.

불교는 마음이 삶을 창조한다고 가르칩니다. 삶을 창조한 마음은 그대로 마음에 저장도 합니다. 마음이 만든 것을 마음에 저장한다는 논리입니다. 삶을 창조하는 마음은 아주 큰 힘을 가지고 있습니다. 감수작용, 추상작용, 의지작용, 인식작용 등 참으로 삶에 필요한 모든 것이 마음으로부터 나오는 것입니다. 무신론인 불교는 삶의 주체가 마음이고, 깨달음의 주체가 마음인 것도 부정할 수 없습니다. 참으로 삶, 자체가 마음이라고 볼 수 있습니다. 이와 같은 마음의 본성을 주제로 말씀한 경전이 『여래장경』, 『부증불감경』, 『승만경』, 여래장 3부경입니다.

초기불교시대부터 심성본정(svacitta-śuddhi, 心性本淨)·객진번뇌(āgantuka-kleśa, 客塵煩惱)를 말씀하여 마음의 본성을 긍정적이고 낙천적으로 보았습니다. 이 말씀은 샤꺄무니 붓다의 깨달음으로 증명하였기 때문에 불교사를 통하여 변함없이 이어져 왔습니다. 여래장 3부경은 심성본정·객진번뇌를 근거로 인간의 마음을 진여·법신·여래장으로 선창하고 있습니다. 마음이 진여이고 법신인 것을 주제로 말씀한 경전임을 인식해야 합니다.

여래장 3부경은, 범부의 마음속에도 여래가 될 수 있는 가능성인 여래장/불성을 갖추고 있다는 것을 중심으로 하는 사상이기 때문에, 유식론에서처럼 심식(心識) 관한 이론의 다양한 전개보다는, 그 가능성에 대한 '믿음[信]'을 제일 중시하고 있습니다.

마음이 진여이고 여래장이라고 정의하고, 그 사상을 건립하는 것이 여래장 3부경의 핵심사상을 형성하고 있습니다. 그러므로 마음/진여/법신의 거룩함, 성스러움, 위대함, 덕성을 극찬하고 있습니다.

마음은 종교적으로는 성스럽고, 철학적으로는 철리(哲理)를 인식하며, 실천적으로는 깨달음을 성취하는 주체이기 때문입니다. 진여와 합일한 마음은 번뇌가 있을 수 없으므로, 3독은 0%이며, 지혜와 자비는 100%라는 논리입니다. 그러므로 상(常, nitya)·낙(樂, sukha)·아(我,

ātman)·정(淨, śubha) 4덕(四德)을 빌려 성스러운 법신을 찬미하는 것이다. 이에 대한 바른 인식을 위해서는 법신·보신·응신의 3신설에 관한 학설의 이해가 필수입니다.

『여래장경(Tathāgatagarbha-sūtra, 如來藏經)』은, 불교사(佛教史)에서 최초로 여래장(tathāgatagarbha, 如來藏)이라는 용어를 창안하여 부처님의 가르침을 선창(宣暢)한 경전입니다. 『여래장경』은 모든 중생이 번뇌 속에 뒤덮여 있지만, 그래도 여래장을 가지고 있으므로, 영원히 더럽게 물이 들지 않는다고 말씀합니다. 연꽃의 꽃잎에 헤아릴 수 없이 많은 화불(化佛)이 앉아계시는데, 연꽃은 순식간에 시들어버리지만, 화불은 변함없이 그대로 앉아계시는 기적을 보이는 비유로 그것을 증명하십니다. 시들어버린 연꽃처럼, 모든 중생은 탐·진·치 3독의 모든 번뇌에 뒤덮여 있지만, 불안(佛眼)으로 보면, 모든 중생의 몸 안에 엄연하게 법성·법계인 여래장이 내재되어 있다고 가르치고 있습니다. 이것을 9가지의 비유를 들어 여래장이 거룩한 부처님의 가르침 속에서 무엇을 의미하는가를 상징적으로 제시하여 주고 있습니다.

『부증불감경』은, 일법계(一法界)가 바로 제일의제이며, 바로 중생계이고, 여래장이며, 법신이라고 주장합니다. 이 경전은 여래장을 매개로 하여, 중생과 법신을 일치시키고 있습니다. 미혹한 중생과 증오(證悟)의 법신은, 둘 다 함께 여래장을 본질로 하고 있으며, 동일한 것이기 때문에, 이러한 논리에서 진여·여래장을 일법계라고 일컫는 것입니다. 『부증불감경』은 법신의 자리에 서든 중생의 자리에 서든 어느 쪽이든 둘 다 함께 평등이라고 연설합니다. 무시 이래로 번뇌에 가려 있고, 파랑에 표류하며 생사를 거듭하는 중생의 마음속에도 법신은 엄연히 존재한다고 말씀합니다. 일체 모든 법의 근본이고, 불생·불멸·상항常恒·불변인 불가사의의 법계와 이에 의지하여 성립하는 중생을 법계의 이명(異名)이라고 결론을 짓고 있습니다.

『승만사자후일승대방편방광경(Śrīmālādevī-siṃha-nāda-sūtra, 勝鬘獅子吼一乘大方便方廣經)』은, 여래장 사상을 이론적이고 체계적으로 전개한 경전이며, 그 성립은 4세기 중엽으로 추론하고 있습니다. 『유마힐소설경(Vimalakīrti-nirdeśa-sūtra, 維摩詰所說經)』이 청신사(upāsaka, 淸信士)인 위말라끼르띠(Vimalakīrti, 維摩詰) 거사가 진리를 진술한 것이라면, 이 경전은 청신녀(upāsikā, 淸信女)인 슈리말라(Śrīmālā) 왕비가 거룩하신 부처님의 위신력을 받아서 진리를 진술한 것입니다.

여래장은 비롯함도 모르고 끝도 없는 불생불멸의 것이므로, 고뇌를 싫어하고 니르와나(nirvāṇa, 涅槃)를 원망(願望)하여 동경하고 구하는 서원을 세우는 주체라고 말할 수 있습니다. 이 경에서는 여래장이 공성을 제시하는데, 공여래장과 불공여래장, 2가지를 내용으로 하고 있습니다. 첫째, 공여래장은 본디부터 법신과는 관계가 없으며, 깨달음의 지혜로부터 단절된 모든 번뇌의 장애가 0%라는 의미합니다. 둘째, 불공여래장은 번뇌는 존재하지 않는데(0%), 여래장은 법신과는 떼려야 뗄 수 없는 불가분의 관계에 있으므로 갠지스강의 모래알 수(數)보다도 더 많은 불가사의한 거룩한 붓다의 모든 덕성을 100% 갖추고 있다는 것을 의미합니다.

그리고 '여래의 자궁 속에 들어 있는 붓다'인 이 왕비는 거룩한 부처님으로부터 수기를 받고, 먼저 10가지 서원을 세우고, 또 이 10가지 발원을 3대원(三大願)으로 함축하여 실천하기로 부처님께 맹세합니다.

이 경전은 소승을 논파함에 있어서, 대승과 소승, 2승이 일치한다고 하더라도, 대승을 벗어난 소승은 성립할 수 없다는 논리를 전개하여, 철두철미하게 일승사상(一乘思想)으로 일관하고 있습니다. 예를 들면 어떤 종류의 씨앗이나 초목·약초·삼림도 모두 대지에 의존하며, 대지에 뿌리를 내리고 발육·성장하듯이, 성문이나 벽지불, 세간적인 것이나 출세간적인 선법의 모든 것은 대승에서 연원한다고 합니다. 우리가 3승을 말하기는 해도 그것은 방편이며 최종적으로는 일승(一乘)이라고 하는 유일한 길에 귀착합니다. 일승이라고 하는 유일한 길, 즉 일승을 체득함에 의하여 비로소 무상의 완전한 깨달음을 얻습니다.

그리고 대승의 체로서의 모든 사람이 지니고 있다는 여래장을 천명하며, 본성으로는 인간이 청정하다는 말씀을 하시는 것입니다. 본성이 청정한 마음이 개현하면 법신이 출현하여 성불의 위대한 취지에 귀착한다고 가르치고 있습니다.

깨달음이란 무엇인가? 오뉴월 떫은 땡감이 익어서 동지섣달 아주 단 홍시가 되는 것과 같은 이치입니다. 홍시가 되기까지의 과정과 전미개오(轉迷開悟)·전식득지(轉識得智)까지의 과정은 같은 길을 걷습니다. 땡감의 떫은맛이 제거되면 그냥 그대로 100% 아주 단 홍시가 되듯, 범부가 마음을 닦아 3독을 제거하면 그냥 그대로 해탈자라는 것입니다.

불교는 마음종교라고 합니다. 실체를 믿는 종교를 우상숭배라 비판하고, 연기·공성을 내세우는 종교이기 때문에, 마음은 그만큼 불교의 핵심이라고 볼 수 있습니다. 실제로 인간의 삶을 보더라도 마음을 빼고는 아무것도 할 수 없습니다. 마음은 삶을 창조합니다. 그러므로 불교에서는 마음이 모든 것을 창조한다고 말하는 것입니다.

이 여래장 3부경을 출판하여 주신 민족사 대표 윤재승 선우, 주간 사기순 선우에게 깊은 감사의 말씀을 드립니다. 번역상의 오류나 탈자·오자는 모두 번역자인 저의 부족으로 인한 것입니다. 지적한 것을 일러주시면 수정·보완하겠습니다.

차례

—

『부증불감경』

『승만경』

『여래장경』

Ārya-tathāgatagarbha-nāma-mahāyāna-sūtra

일러두기

1. 불공 삼장이 한역한 『대정신수대장경(大正新脩大藏經)』 제16권, No.667 『대방광여래장경(大方廣如來藏經)』을 번역의 저본(底本)으로 하며, 문장의 내용을 더욱 잘 드러내기 위하여, 붓다바드라 삼장이 한역한 『대정신수대장경(大正新脩大藏經)』 제16권, No.666 『대방등여래장경(大方等如來藏經)』도 함께 활용한다.
2. 참고문헌으로는, 高崎直道 譯 『大乘佛典』, 12 如來藏系經典, 日本 中央公論社, 1980을 활용한다.
3. T : 『대정신수대장경(大正新脩大藏經)』
4. SED : *Sanskrit-English Dictionary*, Sir Monier Monier-Williams, Oxford University Press, 1899
5. 싼쓰끄리뜨어 한글 발음 표기 : 한국불교학회의 불교학술용어표준화안을 따른다.

싼쓰끄리뜨어 한글 발음 표기는 한국불교학회의 불교학술용어표준화안을 따른다.

Devanāgarī	Rome	한글	Devanāgarī	Rome	한글	Devanāgarī	Rome	한글
अ/आ	a/ā	어/아	च	c	ㅉ	न	n	ㄴ
इ/ई	i/ī	이/이	छ	ch	ㅊ	प	p	ㅃ
उ/ऊ	u/ū	우/우	ज	j	ㅈ	फ	ph	ㅍ
ऋ/ॠ	ṛ/ṝ	리	झ	jh	ㅈ	ब	b	ㅂ
ऌ/ॡ	ḷ/ḹ	리	ञ	ñ	냐	भ	bh	ㅂ
ए/ऐ	e/ai	에/아이	ट	ṭ	ㄸ	म	m	ㅁ
ओ/औ	o/au	오/아우	ठ	ṭh	ㅌ	य	ya	야
ं	aṃ(ṃ)	ㅇ/ㅁ	ड	ḍ	ㄷ	र	r	리
ः	aḥ(ḥ)	허	ढ	ḍh	ㄷ	ल	l	받침 ㄹ
क	k	ㄲ	ण	ṇ	ㄴ	व	v	모두 w로
ख	kh	ㅋ	त	t	ㄸ	श	ś	슈
ग	g	ㄱ	थ	th	ㅌ	ष	ṣ	쉬 / sh
घ	gh	ㄱ	द	d	ㄷ	स	s	ㅆ
ङ	ṅ	ㅇ	ध	dh	ㄷ	ह	h	ㅎ

인도숫자기호

Indian Number(싼쓰끄리뜨의 10진법)

고대	०	१	२	३	४	५	६	७	८	९
현대	0	1	2	3	4	5	6	7	8	9
발음	śūnyā 슈냐	eka 에까	dvi 드위	tri 뜨리	catur 짜뚜르	pañca 빤짜	ṣaṭ 샤뜨	sapta 쌉따	aṣṭa 아쉬따	nava 나와

10 다샤/daśa, 100 샤따/śata, 1,000 싸하쓰라/sahasra 또는 다샤샤따/daśaśata, 10,000 쁘라베다/prabheda
100,000 락샤/lakṣa, 1,000,000 쁘라유따/prayuta, 10,000,000 꼬띠/koṭi

싼쓰끄리뜨 발음 표기 예시

싼쓰끄리뜨	한자	기존의 표기	한국불교학회정비안
anuttara samyak saṃbodhi	阿耨多羅三藐 三菩提	아뇩다라삼먁 삼보리	안웃따라쌈 약쌍보디
nirvāṇa	涅槃, 泥洹	니르바나 닐바나 열반	니르와나
prajñā–pāramitā	般若波羅蜜, 般若波羅蜜多	반야바라밀 반야바라밀다 프라즈냐파라미타	쁘라갸빠라미따
Kumārajīva	鳩摩羅什	구마라집 구마라습 쿠마라지바	꾸마라지와
Vārāṇasī	波羅奈	바라나 바라나시	와라나씨
gate gate	揭帝 揭帝	아제 아제	가떼 가떼
bodhi svāhā	菩提 僧莎訶	모지사바하	보디쓰와하

해 제

1. 번역자

(1) 『대방등여래장경』의 번역자 붓다바드라에 대하여

붓다바드라(Buddhabhadra, 佛駄跋陀羅, 359~429)는 북인도 출신으로서, 5세 때 부모를 잃어 고아가 되고, 17세 때 출가하였다. 그 뒤에 동학인 승가달다(僧伽達多)와 함께 계빈(罽賓)으로 가서 불타선(佛陀先)에게서 불교를 배운다. 붓다바드라는 그때 불타선 밑에서 불교를 배우고 있는 중국 스님인 지엄(智嚴)을 만난 것을 인연으로, 지엄을 따라서 중국으로 갈 결심을 한다. 다만 육로로 왔는가, 아니면 해로로 왔는가에 대하여는 이설(異說)이 있기 때문에 확실하게는 알 수 없으나, 교지(交趾)에서 청주(靑州)에 도착하였다고 하므로, 이것으로 보면 해로를 통하여 왔을 가능성이 높은 것으로 보인다.

중국에 도착한 다음에는 바로, 장안(長安)으로 가서 꾸마라지와(Kumārajīva, 鳩摩羅什)를 만나, 그곳에서 둘이서 불교에 대한 담론을 한다. 그는 고요한 정적(靜寂)을 지키면서, 늘 좌선을 하고, 많은 사람들로부터 숭앙을 받는다. 그러나 장안불교계의, 특히 승략이나 도항(道恒)이라고 하는 장로들이 그가 신통을 내세웠다고 하여, 그는 장안에서 축출을 당한다. 그래서 혜관(慧觀) 등과 함께 여산(廬山)의 혜원(慧遠)한테로 가서 몸을 의지한다. 혜원은 제자인 담옹(曇邕)을 장안에 파견하여, 따돌리지 못하도록 적극적으로 작용을 한다. 여산에 머물면서 혜원의 간청을 따라서 『달마다라선경(達摩多羅禪經)』을 역출한다.

412년(義熙, 8년) 형주(荊州)로 가서, 그곳에서 뒤에 송(宋)을 개국하는 유유(劉裕)의 귀의를 받고, 따라서 건업(建業)에 이르러서, 도장사(道場寺)에서 주석한다. 416년에는 법현(法顯)이 인도에서 가지고 온 『마하승기율(摩訶僧祇律)』을 함께 번역하고, 다시 『6권니원경(泥洹經)』도 공역한다. 뒤이어서 418년부터 2년간에 걸쳐서, 이미 지법령(支法領)이 코탄에서 가지고 온 『60권화엄경(華嚴經)』을 역출한다. 오군(吳郡)의 내사(內史) 맹의(孟顗), 우위장군(右衛將軍) 저숙도(褚叔度) 등이 원조하여, 법업(法業), 혜의(慧義), 혜관(慧觀) 등 100여 인과 함께 번역(飜譯)에 종사한다. 이와 같은 번역 사업을 기념하여 도장사(道場寺)에 화엄당(華嚴堂)이 건립된 것이다. 또 이때 필수(筆受)를 한 법업(法業)은 뒤에 남림사(南林寺)에서 주석하면서 『화엄지귀(華嚴旨歸)』 2권을 저술한다.

붓다바드라가 한역한 『화엄경』에 의하여 당대(唐代)의 화엄종(華嚴宗)이 성립한 것이다. 뒤에 당대(唐代)의 쉬크샤난다(Śikṣānanda, 實叉難陀, 652~710)가 번역한 『80권 화엄경(華嚴經)』을 당역(唐譯) 또는 신역(新譯)이라고 부르는 데 대하여, 붓다바드라가 번역한 것을 진역(晉譯) 또는 구역(舊譯)이라고 불러 구별하고 있다. 붓다바드라는 그밖에도 『대방등여래장경(大方等如來藏經)』, 『관불삼매해경(觀佛三昧海經)』, 『문수사리발원경(文殊師利發願經)』, 『방편심론(方便心論)』 등을 역출했다.

(2) 『대방광여래장경』의 번역자 아모가와이라에 대하여

아모가와이라(Amoghavaira, 不空, 705~774)는 밀교의 제6대조이며, 스리랑카(Śrīlaṅka)에서 태어나 15세 때 와즈라보디(Vajrabodhi, 金剛智, 669~741)에게 사사하고, 720년에 스승인 와즈라보디를 따라서 남중국해를 거쳐서 중국의 뤄양(洛陽)에 도착한다. 그 뒤에 약 30년간 와즈라보디로부터 밀교를 배우고, 싼쓰끄리뜨와 중국어의 재능을 살려 스승의 역경사업을 도와드린다.

스승인 와즈라보디가 돌아가시자마자 스승의 유명(遺命)을 받들어 스리랑카로 건너가서 보현 아짜리야로부터 비법을 배운 다음, 인도의 각지를 유행하면서 싼쓰끄리뜨 경전과 밀교경전을 수집하여 가지고 746년 장안으로 돌아왔다. 그 이후 당 현종(玄宗)·숙종(肅宗)·대종(代宗) 3대에 걸쳐서 황제의 두터운 신임을 받고 대흥선사(大興善寺)에서 역경에 전념한다. 『금강정경』을 비롯한 밀교경전과 『대방광여래장경』 등 총계 110부 143권을 번역하였다고 한다.

붓다바드라는 꾸마라지와(Kumārajīva, 鳩摩羅什)·빠라마르타(Paramārtha, 眞諦)·현장(玄奘)과 함께 중국의 4대 역경가(譯經家)로 꼽힌다. 역경뿐만 아니라 수법(修法)과 관정(灌頂)도 행하고 밀교의 포교에 노력하였다. 제자에는 함광(含光)·신라 혜초(慧超)·혜과(惠果)·혜랑(慧朗)·원교(元皎)·각초(覺超) 등 여섯 사람의 상족(上足)이 있다.

2. 경전의 내용과 사상에 대하여

(1) 여래장경(Tathāgatagarbha-sūtra, 如來藏經)은 대승불교 중기의 경전이며, 이것이 성립된 시기는 나가르주나(Nāgarjūna, 용수, 150~250) 이후인 3세기 중엽으로 보고 있다. 싼쓰끄리뜨 원본(原本)은 사라져서 볼 수 없으며, 현재는 한역 2본과 티베트역 1본, 모두 3본이 있다. 현존하는 3본의 번역 연대는, 동진(東晉) 붓다바드라(Buddhabhadra, 佛馱跋陀羅)는 420년에 『대방등여래장경』(T16, No.666), 당(唐) 아모가와이라(Amoghavaira, 不空)는 705~774년에 『대방광여래장경』(T16, No.667)을 한역(漢譯)하고, 티베트본(Tibet本)은 8세기말에 번역된 것이다. 불공의 번역본과 티베트본은 붓다바드라가 번역한 것과 비교할 때, 두 군데 정도 증광(增廣)이 있다.

(2) 경전을 서술하는 순서를 보면, 전통적 편집 방식인 서분(序分), 정종분(正宗分), 유통분(流通分)의 형식을 잘 따르고 있다. 그리고 서술의 방식은 먼저 내용을 상세하게 설명하는 산문의 장행을 가지고 말씀하고, 이어서 같은 취지의 뜻을 게송으로 읊어 반복하는 형식을 채택하고 있다.

서분에 해당하는, 첫 번째 단계에서는, 비구(bhikṣu, 比丘)·보살·유정들은 세존께서 성도하신 10년 뒤, 세존을 모시고 그리드라꾸따산(Gṛdhrakūṭa, 靈鷲山), 전단장중각(栴檀藏重閣)의 보월강당에서 법회를 시작하는 광경을 묘사(描寫)한다.

정종분에 해당하는 두 번째 단계에서는, 금강혜 보살은 묻고, 세존께서는 여래장에 관하여 답변하는 형식을 취하여 법회의 진행을 서술하고 있다.

유통분에 해당하는, 세 번째 단계에서는, 이 경전을 수지·독송·서사·공양·해설하여 수승한 공덕을 쌓기를 권장하고, 그 실례로써 금강혜 보살이 과거세의 구원(久遠)한 세월에 걸친 수행에 관한 인연을 서술한다. 다만 아모가와이라의 번역본(翻譯本)에는 부처님과 아난다와의 문답이 증광되어 있다.

(3) 이 경전은 모든 중생이 번뇌 속에 뒤덮여 있지만, 그래도 여래장을 가지고 있으므로, 영원히 더럽게 물이 드는 일은 없다고 말씀하는 것이다. 그런 까닭에 여래장이라고 부르는 여래장경을 말씀하기 위하여, 세존께서는 많은 보살과 대중에게 상서로운 기적을 시현하신다. 연꽃의 꽃잎에 헤아릴 수 없이 많은 화불(化佛)에 앉아 계신다. 그런데 그렇게 장엄한 무수한 연꽃은 순식간에 시들어버리지만, 화불은 변함없이 그대로 앉아 계시는 기적을 보여주시는 것이다.

이 때 금강혜 보살은 이와 같은 미증유의 신변에 관한 인연을 세존에게 묻는다.

여래께서는 말씀하시기를, 시들어버린 연꽃처럼, 모든 중생은 탐·진·치 3독의 번뇌에 뒤덮여 있지만, 불안(佛眼)으로 보면, 모든 중생의 몸안에 엄연하게 법성·법계인 여래장이 내재되어 있다는 것이다. 이와 같은 사실은, 여래께서 세상에 출현하든 출현하지 않든 관계없이 상주불변이라고 말씀하신다. 여래께서는 중생으로 하여금 번뇌를 소멸시키고 여래장을 현현하도록 인도하려고 출세하여 이 경전의 법을 말씀하신다는 것이다. 더욱 여래장을 미묘하게 9가지 비유를 들어 말씀하시는데, 이것을 '여래장 9유'라고 부른다. 여래장에 관한 9가지 비유는 다음과 같으며, 이들의 내용을 주체로 번역자의 평송(評頌)을 붙인다.

① 연꽃 속의 많은 부처님의 비유

아무리 예쁜 꽃도 열흘 가지 못하니,
연꽃의 꽃잎도 시들기 마련이네.
그런데도 그 꽃받침에 앉아 계시는 부처님,
눈부시게 광명을 내시니,
모든 중생들은 찬미하네.
3독에 물든 중생이라도
그대들은 여래장이니,
연설하노라, 진리를!
깨달음, 이루라고, 너희!

② 꿀벌들에 둘러싸여 있는 벌꿀의 비유

꿀벌의 보금자리, 벌집,
벌집의 꿀방엔 벌꿀 가득하네.
꿀벌의 생명을 맡아주는 식량 아닌가!
식량을 지키려고 에워싸고 있는 꿀벌들,
그대, 그대이게 하는 그대의 본바탕, 꿀 같은 여래장!
벌집에서 벌들 몰아내듯
탐·진·치 3독 몰아내면
그대는 바로 여래, 3독을 벗겨줄…!

③ 껍질이 씌워져 있는 곡물의 비유

목숨 지켜줄 곡물, 두꺼운 껍질 둘러쓰고 있으니,
벗겨라, 껍질을, 알갱이만 남도록.
껍질 벗겨진 알갱이, 중생의 양식일세.
번뇌뭉치, 중생을 뒤덮고 있으니,
빨리 정화하라, 번뇌뭉치를,
그럼 드러나리라, 그대의 여래장!

④ 쓰레기더미에 파묻힌 진금(眞金)의 비유

길 떠난 나그네, 자기를 놓쳐,
쓰레기더미에 묻어버렸네, 황금덩이를.
그런 채로 몇 100, 몇 1000년,
아와따라(avatara, 化身), 천안통은 보았네.
우리는 세속에 묻혀 있는 황금, 여래장,
번뇌쓰레기 씻어버려라!

⑤ 가난한 집의 지하에 묻혀 있는 보장(寶藏)의 비유

보물 터에 살면서도
그걸 몰라
가난하게 살고 있는 가엾은 중생,
그런 것처럼

큰 보장, 여래장 품은 어리석은 중생,
그걸 몰라
6진(六塵)에 홀려 이리 뛰고 저리 뛴다.
중생을 가엾게 보신 여래
사자후를 하신다.
너희, 보디(bodhi) 이룰 여래장!

⑥ 아므라 열매 속의 씨알의 비유

씨눈 품고 있는 나무 열매,
열매를 심어라, 싹이 튼다,
여래께서 연설하시네.
여래장 품고 있는 중생이여!
껍질을 벗겨라,
집착의 뿌리 갈애와 무지의 뿌리 무명을.
씨앗에서 커다란 줄기 생겨나는 것처럼
여래장에서 깨달은 님 나오시네.

⑦ 누더기에 감싸여 길에 버려진 불상(佛像)의 비유

길가에 굴러다닌다.
누더기 속의 불상,
간절한 외침, 천안이 열린 신의
"누더기 속의 마니불상!"

불타(佛陀), 세상을 있는 대로 보시는
"여래장, 번뇌의 누더기에 감싸인."

⑧ 빈천한 여인이 전륜성왕을 잉태한 비유

등잔 밑이 어둡듯,
뱃속의 전륜성왕 모르듯,
제 속의 여래장 알지 못하네!
연설을 들어라, 여래의.
"그대가 바로 여래일세!"

⑨ 거푸집 속의 진금불상(眞金佛像)의 비유

거푸집 속의 진짜 금불상,
번뇌의 거푸집 속의 진짜 여래.
거푸집 속의 불상을 꺼내는 장인,
번뇌 속의 지혜를 꺼내는 여래의 연설,
불안(佛眼) 시현할 선서, 어서 오소서.

그리고 마지막에는 이 경전을 수지·독송·서사·공양하는 공덕의 수승함을 보이시고, 최후에는 금강혜 보살이 과거세에 구원(久遠)한 세월에 걸쳐서 상방광명왕 여래가 계신 곳에서 무변광 보살로 수행하면서, 이 경전에 관하여 그 여래에게 질문하고 수지한 것을 말씀하고 있다.

또한 경전의 분량에 있어서는, 아모가와이라의 번역본은 붓다바드라의 번역본(翻譯本)보다 300여 년 뒤의 것이기 때문에 서술을 상세하게 한 것일 뿐, 내용은 거의 일치한다.

아모가와이라가 번역한 것을 보면, 최후에 부처님과 아난다와의 문답에서 업장(業障)을 소멸하려고 하는 사람은 여래가 계신 많은 곳에서 가지설법(加持說法)을 듣고, 이 『여래장경』의 법을 얻어야 한다는 부처님의 말씀이 추가되어 있다.

제1장 법회를 열다

나는 이와 같이 들었다.

어느 때 세존께서는 깨달음을 얻으신 지 10년째 되던 해[1], 몹시 더위가 혹심하였는데, 마가다(Magadha)[2]의 수도인 라자그리하

1) 깨달음을 얻으신 지 10년째 되던 해 : 설법을 하신 기간을 말씀하는 경전은 그렇게 많지 않은데, 여기에서 그것을 밝힌 것은 성도하신 다음 얼마 되지 않아 가야산(Gayā)에서 설법하신 바로 다음에 이곳에 오셔서 설법하신 것을 드러내려고 한 것으로 본다.

2) 마가다(Magadha, 摩揭陀) : 갠지스강(Gaṅgā, 恒河) 중부 유역의 고대 인도의 왕국으로서 당시 16대국의 하나로 일찍부터 번영한 나라이다. 중심지는 갠지스강 남쪽의 비하르(Bihar) 지역이고, 처음의 수도는 라자그리하(Rājagṛha, 王舍城)이며, 다음에는 수도로서의 전략적 조건과 인구가 증가함에 따라서 빠딸리뿌뜨라(Pāṭaliputra)로 천도하였다. 마가다 왕국은 앙가(Aṅga)와 리차위(Licchavi of Vaiśālī)를 정벌하면서 비하르 지역과 벵골 지역의 대부분 영토를 확장했다. 인도에서 탄생한 두 개의 중요한 종교인 불교와 자이나교가 마가다에 뿌리를 두고 있으며, 인도의 가장 큰 두 개의 제국인 마우리아 왕조와 굽따 왕조 역시 마가다에서 출발하였다. 이러한 제국들에 의해 고대 인도의 과학, 수학, 천문학, 종교, 철학 등이 발달하였고 인도의 전성기로 불린다. 고따마 붓다 시대에 빔비싸라(Bimbisāra, BCE 546~BCE 486)와 아자따샤뜨루(Ajātaśatru)의 두 왕이 즉위하여 국위를 높이고 갠지스강 유역의 전역을 통일하였다. 그중 빔비싸라는 온화하고 현명한 왕이었다. 그는 정치적 수완을 발휘하여 단기간에 소국(小國) 앙가를 장악했다. 이 소국의 수도 참파는 갠지스강의 델타 지대에 있는 중요한 항구였고, 그때문에 빔비싸라왕은 갠지스강의 항행(航行)의 지배권을 장악하여 남인도 및 동남아시아의 연안

(Rājagṛha, 王舍城)[3]의 그리드라꾸따산(Gṛdhrakūṭa, 독수리봉, 耆闍崛山, 靈鷲山)[4]에 자리 잡은 전단장중각(栴檀藏重閣)의 보월강당에서 100×

지방과 교역을 할 수가 있었다. 그밖에도, 왕은 행정 조직을 정비하여 능률을 높였으며, 도로의 건설이나 그 밖의 공공사업을 활발하게 일으켰다. 또한 스스로 자주 순행(巡行)하여 실시 상황을 검열했다. 전하는 바에 의하면, 풍요한 철광산(鐵鑛山)을 배후에 둔 산속에 전체 길이 약 40킬로미터나 되는 성벽으로 에워싸인 라자그리하도 그가 건설하였다고 한다. 그리고 또 '왕사성의 비극'의 주인공이기도 한 빔비싸라왕은 위데하(Videha)국의 공주인 와이데히(Vaidehī, 韋提希)와 결혼하여 아자따샤뜨루 와이데이뿌뜨라(Ajātaśatru Vaidehīputra) 태자를 낳는다. 아들인 아자따샤뜨루 와이데이뿌뜨라(Ajātaśatru Vaidehīputra) 태자는 아버지인 빔비싸라왕을 감옥에 가둬 굶겨죽이고 왕위를 찬탈한다. 이와 같은 부자살육(父子殺戮)의 참극을 라자그리하의 비극이라고 한다.

3) 라자그리하(Rājagṛha, 王舍城) : 인도 비하르주 파트나현(縣) 라자그리하를 가리킨다. 부처님 시대에는 마가다왕국의 수도였다. 1905년 이래 인도의 고고국(考古局)에서 발굴하여 조사한 결과 불전(佛典)과의 대비가 진행되었다. 유적은 아버지와 아들, 두 왕이 축조한 구성(舊城)과 신성(新城)으로 되어 있다. 부왕 빔비싸라의 왕성은 산의 능선을 따라 돌로 쌓은 40km의 외성벽(外城壁)과 7km의 내성벽(內城壁)으로 둘러싸여 있어, 일명 기리브라자(산성)라고도 불리는데, 방루(防壘)·주거·탑·사원 등이 발견되었다. 그 북쪽 교외의 평야부에는 그의 아들 아자따샤뚜루왕이 축조한 신(新) 왕사성지가 있다. 주변 일대에는 부처님이 자주 방문하여『묘법연화경』과『무량수경』 등을 설법하였다고 하는 그리드라꾸따(Gṛddrakuta, 독수리봉, 靈鷲山)를 비롯하여, 굽타왕조까지의 많은 불적(佛蹟)과 자이나교·힌두교·토속신 나가(Naga) 등의 종교유구(宗敎遺構)가 많다. 북방의 검은간토기에 선행하는 '조질(粗質) 붉은 토기시대'부터 사람이 거주하고 있었다. 그리고 라자그리하는 와이바와산(Vaibhava Hill, 이 산에 쌉따빠르니(Saptaparni Cave, 七葉窟)이 있다), 위뿔라산(Vipula Hill), 라뜨나기리산(Ratnagiri Hill), 차타산(Chatha Hill, 이 산에 Gṛddrakuta, 독수리봉, 영취산이 있다), 쏘나산(Sona Hill, 산에 Bimbisara's Jail, 빔비싸라왕의 감옥 터가 있다), 5산이 둘러싸고 있어 외적을 방어하는 데 입지적으로 유리한 조건이 되었다고 한다.

4) 그리드라꾸따(Gṛdhrakūṭa, 靈鷲山, Vulture Peak) : 그리드라꾸따는 인도 비하르주 라자그리하를 둘러싸고 있는 5개의 산 가운데의 하나인 차타산(Chatha Hill)에 자리를 잡고 있다. 이 차타산의 봉우리에 독수리가 날개를 펴고 하늘을 비상하는 형상의 바위가 지금도 웅혼한 자태를 자랑하고 있다. 세존께서 설법하신 산으로 여기서『묘법연화경』을 설법하시는 장면을 화폭에 담은 그림을 영산회상도(靈山會上圖)라고 부른다.『불설부증불감경』도 이곳을 무대로 한 경전이다. 또한 선종에서 금과옥조로 삼는 마하까쉬야빠(Mahākāśyapa, 大迦葉)의 염화미소(拈花微笑)

1000이 넘는 비구(bhikṣu, 比丘)[5]들로 구성된, 비구의 공동체(saṃgha, 僧伽)와 함께 머무르고 계신다. 그 가운데에는 아직 수학(修學)해야 할 것이 남아 있는 수행자(有學)도, 모두 다 배워서 이제는 더 수학할 것이 없는 수행자(無學)도 있었다.[6]

그들은 모두 아라한(arhat, 阿羅漢)[7]이며, 더럽게 물든 염오(漏)를 다 씻어버려서 번뇌가 없고, 자재한 힘을 갖추어서 걸림이 없는 자유로운 마음이며, 지혜도 아주 자유롭게 작용하고, 혈통도 좋고 코끼리처럼 준걸(俊傑)하여 할 일을 다 하며, 해야 할 일을 다 마쳐 무거운 짐을 내려놓고, 자기의 목적을 달성하여 윤회전생의 굴레를 끊어버렸으며, 정지(正智)를 성취하여 마음에 걸림이 없이 자유롭게 되었고, 모든 정신적 능력을 완성한 구경(究竟)의 수행자들뿐이었다.

에 관한 고사도 이곳을 무대로 만들어진 것이다.

5) 비구(bhikṣu, 比丘) : 비구는 본디 밥을 빌어먹고 생활하는 사람을 뜻하며, 출가한 남성 수행자를 말한다. 여성 수행자는 비구니(bhikṣuṇī, 比丘尼)라고 부른다.

6) 유학·무학 : 유학과 무학을 모두 합하여 4쌍8배라고 하며, 이것은 초기불교 및 부파불교의 성자(聖者)를 통칭하는 말이다. 예류향(預流向)·예류과(預流果)·일래향(一來向)·일래과(一來果)·불환향(不還向)·불환과(不還果)·무학향(無學向)·무학과(無學果)를 4쌍8배라고 한다. 사람이 수행을 해서 범부의 상태로부터 벗어나서 성위에 들어가는 수행을 완성하면 무학과(aśaikṣa phala, 無學果)를 성취한다고 한다. 마지막의 무학과는 이미 배울 것을 다 배워서 더 이상 배워야 할 것이 남아 있지 않은 깨달음의 경지이며, 모든 이론적 미혹[見惑]과 정의적 미혹[思惑]을 모두 끊은 사람을 가리키고, 전자를 성취한 것을 혜해탈(慧解脫), 후자를 성취한 것을 심해탈(心解脫)이라고 한다. 무학과에 오른 수행자를 아라한이라고 부른다.

7) 아라한(arhat, 阿羅漢) : 아라한의 본디 뜻은 '…… 할 가치가 있다' 또는 '…… 의 가치가 있다'라는 말이다. 여래 10호의 하나이기도 하며, 그럴 경우에는 '세상 사람들로부터 존경을 받을 만한 가치가 있다'라고 번역한다. 응공(應供)이라고 한역한다. 이는 성문의 계위에서 8가지의 성인 가운데에서 최고위이다. 최고위이기 때문에, 그 이상 배울 것이 없다고 하는 의미로 무학이라고 부른다. 따라서 아라한 이외의 7가지 성인이나, 그 이하의 수행자는 아직 배워야 할 것이 있으므로 그를 유학이라고 부른다.

그 모임 가운데에는 마하까쉬야빠(Mahākāśyapa, 摩訶迦葉) 존자,[8] 우루웰라 까쉬야빠(Uruvela~kāśyapa, 漚樓頻蠡迦葉) 존자, 나디 까쉬야빠(Nadī-kāśyapa, 那提迦葉) 존자, 가야 까쉬야빠(Gayā-kāśyapa, 伽耶迦葉) 존자, 마하까띠야야니뿌뜨라(Mahākātyāyaniputra, 大迦旃延) 존자, 마하까우쉬틸라(Mahākauṣṭhila, 摩訶俱稀羅) 존자, 박꿀라(Bākula, 薄俱羅) 존자, 레와따(Revata, 離波多) 존자, 쑤부띠(Sūbhuti, 須菩提) 존자, 뿌르나마이뜨라야니뿌뜨라(Purnamaitrayaniputra, 滿慈子) 존자, 와기슈와라(Vagīśvara, 語自在) 존자, 샤리뿌뜨라(Śāriputra, 舍利子) 존자, 마하마우드갈리야야나(Mahāmaudgalyāyana, 大目犍連) 존자, 아갸따 까운디니야(Ājñāta-kauṇḍinya, 憍陳如) 존자, 우다인(Udayin, 烏陀夷) 존자, 라훌라(Rahula, 羅呼羅) 존자, 난다(Nanda, 難陀) 존자, 우빠난다(Upananda, 鄔波難陀) 존자, 아난다(Ānanda, 阿難) 존자를 비롯하여 100x1000이 넘는 비구들이 있었다.

『大方廣如來藏經』

不空三藏 譯

(T16~460b29) 如是我聞. 一時婆伽梵. 住靈鷲山, 寶蓋鹿母宅. 於栴檀藏大樓閣中. 成等正覺十年之後. 當熱時際. 與大苾芻衆千人俱有學無學聲聞羅漢. 諸漏已盡無復煩惱. 皆得自在心善解脫. 慧善解脫獲得正智. 猶如大龍所作已辦. 捨棄重擔逮得已利. 盡諸有

8) 존자(āyuṣmat, 尊者) : 아유쉬마뜨(āyuṣmat)의 원의는 '목숨을 가진 사람'인데, '청춘이 넘친다'라는 뜻과 '고령'이라는 뜻이 있다. 본래 귀족에게 쓰는 일종의 경칭이지만, 반드시 노인을 가리키는 것만은 아니다.

結到於彼岸. 所謂具壽大迦葉波, 具壽漚樓頻蠡迦葉波, 具壽那提迦葉波, 具壽伽耶迦葉波, 具壽大迦旃延, 具壽俱郗羅, 具壽薄俱羅, 具壽離波多. 具壽須菩提, 具壽滿慈子, 具壽語自在, 具壽舍利子, 具壽大目揵連, 具壽憍陳如, 具壽烏陀夷具壽羅呼羅. 具壽難陀, 具壽鄔波難陀, 具壽阿難陀. 與如是等上首苾芻一千人俱.

또 여러 불국정토[9]에서 온 갠지스강[10]의 모래알의 수(數)보다도 많은 보살[11] 마하살들도 함께 있었다. 이 보살 마하살들은 모두 일생보

---

9) 불국정토 : 대승불교에서는 사바세계(sahā-loka, 娑婆世界)의 주변으로 시방에 무한한 불국정토가 있으며, 각각 한 분씩의 부처님이 계시면서 법을 말씀하고 계신다고 생각한다. 한편 사바세계는 샤까무니 부처님의 세계인데, 예토이지 정토는 아니다.

10) [SED]341b Gaṅgā f. the river Ganges. 갠지스강, 항하(恒河)

11) [SED]p.733a, bodhi+sattva : √budh to wake, wake up, be awake; to perceive, notice, understand; to have an insight into. (깨닫다, 깨닫게 하다, 깨어 있다; 인지하다, 알아차리다, 이해하다; ~을 꿰뚫어보다) bodhi m. f.(with Buddhists or Jainas)perfect knowledge or wisdom(by which a man becomes a Buddha or Jina), the illuminated or enlightened intellect(of a Budha or Jaina).(불교도나 자이나교도에게, 인간이 부처님이나 자이나가 되는 완전한 지식이나 지혜, 부처님이나 자이나의 깨달은 지식) 한문경전에서는 '보리(菩提)' 또는 '모지(冒地)'라고 음사하며, 우리는 또 이것을 '보리'라고 읽으며, 『반야심경(般若心經)』의 끝부분에 있는 'bodhi svāhā'에서는 '모지'라고 읽고, 각(覺), 오(悟), 도(道), 오도(悟道), 깨달음이라고 번역한다. bodhi-vṛkṣa m. the tree of wisdom under which perfect wisdom is attained or under which a man becomes a Buddha, the sacred fig-tree(지혜의 나무로, 그 아래에서 완전한 지혜가 성취되거나 그 아래에서 인간이 부처가 된 지혜의 나무, 성스러운 무화과나무) 한문경전에서는 보디나무(菩提樹)라고 번역한다. p.1135b, sattva n. a living or sentient being, creature, animal(살아 있는, 감각이 있는 사람, 창조물, 동물); being, existence(존재, 존재물, 실재물). bodhisattva m. one whose essence is perfect knowledge, one who is on the way to the attainment of perfect knowledge(i.e. a Buddhist Saint when He has only one birth to undergo before obtaining the state of a supreme Buddha and then Nirvāṇa).(그의 핵심은 완전한

처[12]의 계위에 있으며, 대신통력, 10가지 힘(十力)[13], 네 가지 두려움이 없는 상태(四無所畏)[14]를 얻었다. 그들은, 몇 100x1000 꼬띠(koṭi,

---

지식을 이룬 사람, 완전한 지식을 달성하는 과정에 있는 사람(단 한번 태어나서 완전한 부처의 상태를 달성하기 전에 겪는 동안의 불교 성자로 다음에 니르와나에 든다). 한문경전에서는 '보리살타(菩提薩埵)'라고 음사하며, 우리는 또 이것을 '보리살타'라고 읽는다. 깨달음을 구하여 종교적인 실천을 수행하고, 다른 사람들을 정신적으로 구제해 줌으로써 은혜를 입으며, 그 공덕에 의하여 미래의 어느 때인가 부처님의 깨달음을 얻으려고 하는 사람이라는 뜻이다. 이 경우에는 장래에 부처가 되는 것이 예정되어 있다. 뒤에 대승불교가 전개되면 bodhisattva는 특히 '대승의 수행자'를 가리키며, 현대에 와서는 구법자(求法者)·구도자(求道者)를 의미하게 되었다.

12) 일생보처(eka-jāti-pratibaddha, 一生補處) : 오직 이 한 생애 동안만 이 미혹하는 생사의 세계에 묶여서 사는 것뿐이며, 다음 생애에는 부처가 될 수 있는 지위로서, 다음에 태어날 때에는 부처로 태어나는 것이 약속되어 있다. 보살은 수행의 정도에 따라서 일반적으로 다음과 같이 4단계로 계위가 향상되며, 일생보처는 마지막 단계이다. ① 처음으로 발심한 단계, ② 수행을 실천한 단계, ③ 불퇴전의 경지에 이른 단계, ④ 일생보처의 단계

13) 10력(Daśa balāni, 十力)
① 처비처지력(處非處智力): 도리에 맞는가, 맞지 않는가를 변별하는 지혜의 힘
② 업이숙지력(業異熟智力): 하나하나의 업인(業因)과 그 과보(果報)와의 관계를 여실히 아는 지혜의 힘
③ 정려해탈등지등지지력(靜慮解脫等持等至智力): 사선(四禪)·팔해탈(八解脫)·삼삼매(三三昧) 등의 선정을 아는 지혜의 힘
④ 근상하지력(根上下智力): 살아 있는 모든 존재가 지니고 있는 근기의 상(上)·하(下)·우(優)·열(劣)을 아는 힘
⑤ 종종승해지력(種種勝解智力): 중생의 여러 가지 바람을 아는 지혜의 힘
⑥ 조종계지력(種種界智力): 중생이나 제법의 본성을 아는 지혜의 힘
⑦ 변취행지력(遍趣行智力): 중생이 지옥·니르와나(Nirvāṇa) 등 어느 곳으로 갈 것인가를 아는 지혜의 힘
⑧ 숙주수념지력(宿住隨念智力): 자타의 과거세의 것을 생각해내는 지혜의 힘
⑨ 사생지력(死生智力): 중생이 이 세상에서 죽은 다음 저 세상의 어느 곳에 태어날까를 아는 지혜의 힘
⑩ 누진지력(漏盡智力): 번뇌를 끊은 경지와 그 곳에 도달하기 위한 수단을 여실히 아는 지혜의 힘

14) 4무외(catvāri-vaiśāradyāni, 四無畏, 四無所畏) : 거룩하신 부처님이나 구도자가 가르침을 말씀하실 때에 두려움을 갖지 않는 네 가지 지혜.
① 정등각무외(samyaksaṃbuddhasya vata me sata ity etad vaiśāradyam, 正等

10,000,000)[15]·나유따(nayuta, 那由他, 100兆x100兆)의 여러 부처님께 친근하여 불퇴전[16]의 법륜을 자유롭게 굴리며, 그들의 이름을 듣는 것만으로 아쌍키예야(asaṃkhyeya, 阿僧祇) 세계의 중생들이 가장 높고 바른 깨달음을 향하여 정진할 뿐, 뒤로 물러남이 없는 것과 같은, 그러한 인물들뿐이다.

그 모임 가운데에는 법혜(dharmamati, 法慧, 법의 지혜를 소유) 보살, 사자혜(siṅhamati, 獅子慧, 사자와 같은 지혜를 소유) 보살, 호혜(vyāghramati, 虎慧, 호랑이와 같은 지혜를 소유) 보살, 의혜(arthamati, 義

覺無畏): '나는 정등각자이다'라고 생각하는 무외, 모든 법(法)을 평등하게 깨달아서 다른 사람의 힐난(詰難)을 두려워하지 아니함.

② 누영진무외(kṣīṇāsravasya vata me sata ity etad vaiśāradyam, 漏永盡無畏): '나는 번뇌를 모두 다 끊었다'라고 생각하는 무외, 번뇌를 다 끊어서 외난(外難)을 두려워하지 아니함.

③ 설장법무외(ye vā punar mayā śrāvakāṇām antarāyikā dharmā ākhyātā ity etad vaiśāradyam, 說障法無畏): "나는 제자들에게 도(道)를 장애하는 법을 말했다"라고 말씀하는 무외, 악법(惡法)이 보디(bodhi, 菩提)에 장애가 됨을 말하여 다른 사람의 비난을 두려워하지 아니함.

④ 설출도무외(yo vā punar mayā śrāvakāṇām niryāṇāya mārga ākhyātā ity etad vaiśāradyam, 說出道無畏): "나는 제자들을 위하여 출리의 도(道)를 말했다"라고 말씀하는 무외, 고(苦)의 세계를 벗어나는 도리를 말하여 어떠한 비난도 두려워하지 아니함.

15) 꼬띠(koṭi, 10,000,000) : 1 에까(eka), 10 다샤(daśa), 100 샤따(śata), 1,000 싸하쓰라(sahasra) 또는 다샤샤따(daśaśata), 10,000 쁘라베다(prabheda), 100,000 락샤(lakṣa), 1,000,000 쁘라유따(prayuta), 10,000,000 꼬띠(koṭi)
락샤(lakṣa, 洛叉, 100,000 / 10만)
꼬띠(koṭi, 俱胝, 1 lakṣax100, 10,000,000 / 1000만)
아유따(ayuta, 阿庾多, 1koṭix1koṭi, 10,000,000x10,000,000, 100,000,000,000,000 / 100兆)
나유따(nayuta, 那由他, 1ayutax1ayuta, 100兆 x 100兆)

16) 불퇴전 : 부처님이 설법하는 것을, 국왕이 전차를 전진하여 적군을 정복하는 것에 비유하여 '전법륜(轉法輪)'이라고 말한다. 어떤 대적과 만나더라도 설법을 멈추거나 물러나지 않기 때문에 불퇴전이라고 말한다.

慧, 목적에 대한 인식을 소유) 보살, 보혜(ratnamati, 寶慧, 보주와 같은 지혜를 소유) 보살, 승혜(pravaramati, 勝慧) 보살, 월광(candraprabhā, 月光) 보살, 보월광(ratnacandraprabhā, 寶月光) 보살, 만월광(pūrṇacandraprabhā, 滿月光) 보살인 대용맹(mahāvikramin, 大勇猛) 보살, 무량용맹(amitavikramin, 無量勇猛) 보살, 무변용맹(anantavikramin, 無邊勇猛) 보살, 삼세간용맹(trilokavikramin, 三世間勇猛) 보살, 부동지용맹(acalabhūmivikramin, 不動地勇猛) 보살, 대세지(mahāsthāmaprapta, 大勢至) 보살, 관세음(Āryāvalokiteśvara, 觀世音)[17] 보살, 향상 (gandhahastin, 香象) 보살, 향열(gandharati, 香悅) 보살, 향열길상(gandharatiśrī, 香悅吉祥) 보살, 길상장(śrīgarbha, 吉祥藏) 보살, 일장(sūryagarbha, 日藏) 보살, 당(dhvaja, 幢) 보살, 대당(mahāketu, 大幢) 보살, 무구당(amalaketu, 無垢幢) 보살, 무변보장(anantaratnadaṇḍa, 無邊寶杖) 보살, 방하보장(放下寶杖) 보살, 무구보장(amalaratnadaṇḍa, 無垢寶杖) 보살, 극희왕(paramanandarāja, 極喜王) 보살, 상희(nityapramudita, 常喜) 보살, 보수(ratnapāni, 寶手) 보살, 허공장(gaganagañja, 虛空藏) 보살, 메루(meru, 迷盧) 보살, 쑤메루산(sumeru, 須彌山) 보살, 마하메루(mahāmeru, 大迷盧) 보살, 공덕보광(guṇaratnāloka, 功德寶光) 보살, 다라니자재왕(dhāraṇīśvararāja,

---

17) 관세음(Āryāvalokiteśvara, 觀世音) : [SED]p.152b, Āryāvalokiteśvara=ārya+avalokiteśvara; ārya mf(ā)n. holy, honourable, respectable, noble, sacred,(존경할 만한, 고귀한, 성스러운, 聖), 관세음보살(聖觀音=正觀音보살)은 지옥 중생의 구제자(救濟者)로서 하얀 몸에 오른손에는 연꽃을 가지고 있으며 왼손은 가슴에 대고 있고, 보관(寶冠)에는 『무량수경』을 안치하거나 혹은 '성(聖)'자를 표시하기도 한다. 이 관세음보살은 관음의 본신(本身)으로서 '본연관음(本然觀音)'이라고 부르기도 한다.

陀羅尼自在王) 보살, 지지(bhūmidhara, 持地) 보살, 제일체중생병(sarvasattvavyādhihara, 除一切衆生病) 보살, 환희의(pramuditamanas, 歡喜意) 보살, 우비의(udvignamanas, 憂悲意) 보살, 무우(aparikhedatā, 無憂) 보살, 작광(prabhākara, 作光) 보살, 전단(candana, 栴檀) 보살, 사동(捨動) 보살, 무량뇌음(amitābhigarjitasvara, 無量雷音) 보살, 보기보디(samutthābhitabodhi, 普起菩提) 보살, 불공견(Amoghadarśna, 不空見) 보살, 어일체법자재(sarvadharmaīśvarya, 於一切法自在) 보살, 마이뜨레야(Maitreya, 彌勒) 보살, 만주슈리동자(Mañjuśrīkumārabhūta, 文殊師利童子) 보살을 비롯하여 갠지스강의 모래알의 수(數)보다도 많은 보살들이 있었다. 또한 헤아릴 수 없이 많은 신(deva, 神)[18]·용(Nāga, 龍)[19]·약샤(Yakṣa, 夜叉)[20]·간다르와(Gandharva, 乾闥婆)[21]·아쑤라(Asura, 阿修羅)[22]·가루다(Garuḍa, 金翅鳥)[23]·낌나라(Kiṃnara, 緊那

18) 신(deva, 天) : 초인적인 귀신들을 가리킨다.

19) 용왕(Nāgarāja, 龍王) : 뱀 모양을 닮은 바다나 강에 사는 귀신이며, 용왕을 가리킨다.

20) 약샤(Yakṣa, 夜叉) : 사람을 씹어 먹고 사는 귀신으로, 용감하고 포악하며 하늘을 나는 귀신이다.

21) 간다르와(Gandharva, 乾闥婆) : 인도 신화에서의 요정의 이름이다. 천계에 살며, 신들이 마시는 음료인 쏘마(Soma)주를 지키는 신으로 알려져 있다. 모든 집의 향기를 심방하여 음악을 연주하면서 식사를 구하여 자활하는 제석천의 음악신(音樂神)이다.

22) [SED]p.121a asura : asura m. a spirit, good spirit, supreme spirit (said of Varuṇa). (정신, 영혼, 와루나가 말한 최고의 영혼); the chief of the evil spirits(악령의 우두머리); an evil spirit, demon, ghost(악마, 영혼, 악령).

23) [SED]p.348c garuḍa : garuḍa m. Name of a mythical bird. 인도 신화에서 가공의 큰 새. 이상화된 영묘한 새. 사천하의 대수(大樹)에 앉으며, 용을 먹고 살며, 양쪽 날개를 펼치면 336만 리라고 한다. 불교에서는 천룡팔부중(天龍八部衆)의 하나로 치며, 밀교에서는 범천·대자재천이 중생을 구제하기 위하여 이 새의 모습을 빌려서 나타난다고 한다. 한문경전에서는 '가루라(迦樓羅)'라고 음역하며, 금시조(金翅鳥), 묘시조(妙翅鳥)라고 번역한다.

羅)[24]·마호라가(Mahoraga, 摩喉羅迦)[25]·인간(manuṣya, 人間)·인간이 아닌 중생(amanuṣya, 非人, 天龍八部)도 함께 있었다.

또 그곳에서는 몇 100x1000에 이르는 대중이 둘러싸고서 대면하고 계시는 세존을 국왕·대신·대상(大商)·장자(Śreṣṭhin, 長者)·관리·마을 사람·민중들은 공경하며, 존중하고, 봉공하며, 공양을 올린다.

復有六十殑伽河沙數菩薩摩訶薩俱. 從種種佛刹而來集會. 皆是一生補處. 得大神通力無所畏. 已曾承事無量俱胝那庾多百千諸佛. 悉皆能轉不退法輪. 若有無量阿僧祇世界有情纔稱名者. 皆於阿耨多羅三藐三菩提得不退轉. 所謂法慧菩薩師子慧菩薩. 虎慧菩薩義慧菩薩. 勝慧菩薩月光菩薩. 寶月光菩薩滿月光菩薩. 大勇健菩薩無量勇健菩薩. 無邊勇健菩薩三世勇健菩薩. 得大勢菩薩觀自在菩薩. 香象菩薩香悅菩薩. 香悅吉祥菩薩吉祥藏菩薩. 計都菩薩大幢菩薩. 無垢幢菩薩無上幢菩薩. 極解寶刹菩薩無垢寶刹菩薩. 歡喜王菩薩常歡喜菩薩. 虛空庫菩薩迷盧菩薩. 大迷盧菩薩蘇迷盧菩薩. 功德寶光菩薩陀羅尼自在王菩薩. 持地菩薩除一切有情病菩薩. 歡喜意菩薩憂悲意菩薩. 無憂菩薩光藏菩薩. 栴檀菩薩於此無爭菩薩. 無量雷音菩薩起菩提行菩薩. 不空

---

24) 낑나라(Kiṃnara, 疑神) : 정수리에 뿔이 하나 있으며, 형태는 사람을 닮아서 면모가 대단히 단정하므로 보는 사람으로 하여금 이것을 인간인가 아닌가를 의심하기 때문에 낑나라라고 한다.

25) 마호라가(Mahoraga, 摩喉羅迦) : 뱀의 무리에 속하는 신이다.
불교에서는 천(deva, 神)·용(Nāga, 龍)·약샤(Yakṣa, 夜叉)·간다르와(Gandharva, 乾闥婆)·아쑤라(Asura, 阿修羅)·가루다(Garuḍa, 金翅鳥)·낑나라(Kiṃnara, 緊那羅)·마호라가(Mahoraga, 摩喉羅迦)의 8신을 천용팔부신장이라고 부른다.

見菩薩一切法自在菩薩. 慈氏菩薩曼殊室利童眞菩薩. 如是等而爲上首. 有六十殑伽沙數菩薩摩訶薩俱. 復有無量世界中. 無量阿僧祇. 天·龍·藥叉·揵達縛·阿蘇羅·孽嚕茶·緊那羅·摩呼羅伽·人·非人等·皆來集會. 復有國王·大臣·寮佐. 長者·居士·及諸人衆·皆來集會. 爾時世尊. 與百千衆·前後圍遶·恭敬供養.

제2장 세존께서 기적을 보이시다

1. 세존, 연꽃을 화현하시다

그때 세존께서는 공양을 드시고 나서 전단장중각 안으로 들어가시어 선정에 드신다. 그러자 부처님의 위신력에 의하여 그 전단장중각에서 몇 100x1000 꼬띠(koṭi, 10,000,000)·나유따(nayuta, 那由他, 100兆x100兆)의 연꽃이 출현하였다. 그 잎의 크기는 마차의 바퀴처럼 크며, 아름다운 색깔을 띤 몇 100x1000 꼬띠(koṭi, 10,000,000)·나유따의 꽃봉오리를 매달고 있었다.

그런데 대중이 그것을 보자마자 그들 연꽃은 상공(上空)으로 올라가서 이 불국토에 있는 모든 것을 다 덮어버렸다. 그런 다음 마치 허공 속에 잘 고정되어 있는 보석으로 된 천개(天蓋)처럼 매달려 있다. 또 하나하나의 연꽃의 꽃받침에는 좌선을 하는 자세로 여래께서 단정하게 앉아 계시면서 몇 100x1000의 광명을 발산하신다. 그리고 대중이 반짝이는 광명을 보자마자 그 연꽃도 또 모두 다 활짝 핀다.

이어서 부처님의 가지력에 의하여 그 연꽃의 꽃잎들은 모두 검은빛으로 변색하고, 더러워지면서 악취를 뿜으며, 시들어 보기 싫게 되어

버린다. 그러나 그 연꽃의 꽃받침에는 여전히 여래들께서 가부를 틀고 단좌하고 계시면서 몇 100x1000의 광명을 내뿜으시니 대단히 휘황찬란하였다. 그 연꽃의 꽃받침에 단좌하고 계시는 여래들께서는 또 이 불국토에 있는 모든 것을 다 덮어버리시니, 그때 불국토는 아주 아름답고 휘황찬란하였다.

(T16~461a10) 爾時世尊, 於栴檀藏, 大樓閣中. 食時後入佛神力故. 從栴檀藏, 忽然涌出俱胝那庾多百千蓮花. 一一蓮花, 有俱胝那庾多百千葉. 量如車輪色香具足. 是諸蓮花上昇虛空. 遍覆一切諸佛剎土共相合成. 如寶宮殿安住虛空. 彼一切俱胝那庾多百千蓮花皆悉開敷. 於一一花中, 皆有如來結跏趺坐. 具三十二大丈夫相放百千光. 是時以佛威神力故. 諸蓮花葉忽然痿瘁. 形色臭穢而可厭惡皆不悅意. 於花胎中諸如來等. 各放無量百千光明. 普現一切諸佛剎土皆悉端嚴.

그곳에 모여 있던 보살들은 비구·비구니 그리고 재가의 청신남·청신녀의 사부대중과 함께 이것을 보고, 몹시 기특한 일이라고 생각하고 기뻐하였다. 그리고 세존께서 이 신변을 나타내신 것을 보고 의심을 품으며, 몇 100x1000 꼬띠(koṭi, 10,000,000)·나유따(nayuta, 那由他, 100兆x100兆)나 되는 이들 연꽃의 꽃잎이 이와 같이 빛깔이 바래고, 수술도 빛깔이 바래며, 시들어 보기가 싫어 견딜 수 없었는데, 그들 연꽃의 꽃받침에는 각각 여래께서 가부를 틀고 단좌하고 계시면서 몇 100x1000의 광명을 내뿜으시니 대단히 휘황찬란하였다.

그들이 도대체 이렇게 아름답게 반짝이고 있는 원인은 무엇이며, 도

대체 그 조건은 무엇일까라고 생각하였다. 그런 까닭으로 보살 교단(bodhisattvagana, 菩薩衆)이나 비구·비구니 그리고 재가의 청신남·청신녀의 사부대중, 그리고 그 불국토의 모든 대중은 그것을 알고 싶어 하였다.

爾時一切菩薩及四部衆, 皆悉驚愕. 生奇特想怪未曾有. 以佛世尊現作如是神通之事. 大衆見斯, 咸懷疑惑, 作是念言. 何因緣現俱胝那庾多百千蓮花. 於須臾頃形色變壞. 甚可厭惡無復悅意. 於蓮花中現如來相. 結跏趺坐放百千光明. 如是光明令人愛樂.

2. 금강혜 보살, 묻다

그때 그 전단장중각에는 금강혜(vajramati, 金剛慧) 보살이 함께 있었다. 그래서 세존께서는 금강혜 보살에게 말씀을 하신다.

"선남자[26]여, 그대는 법화(法話)[27]에 관하여 바르고 완전한 깨달음을 얻어 세상의 존경을 받을 만한 가치가 있는 여래인 나에게 아무런

---

26) 선남자(kulaputra, 善男子) : 꿀라뿌뜨라(kulaputra)는 본디 귀족의 아들을 부를 때 쓰는 호칭으로서, '양가의 아들'이라는 말이다. 대승불교에서는 널리 보살에 대하여, 또 재가의 신남·신녀에 대한 호칭으로 쓰고 있다. 여성의 경우에는 꿀라두히뜨리(kuladuhitṛ)라고 부르며, 善女人이라고 한역한다. 보살은 '여래의 집에 태어나서, 여래의 가계를 잇는다.'라고 말하며, 그것을 또 '고귀한 출생(kulina)', '혈통이 좋다(ājāneya)'라고도 말하므로, '양가(良家)'란 교리적으로는 '여래의 집'을 가리키는 것으로 풀이할 수 있다. 한역의 선남자·선여인은 그런 의미를 포함하여 관용적으로 쓰고 있는 것이며, 사회적 신분이 높은 것을 말하는 것은 아니다.

27) 법화(dharmī-kathā, 法話) : 가르치는 말씀, 불법(佛法), 법요(法要)라는 뜻이다.

거리낌 없이 질문을 해도 좋다."

그래서 금강혜 보살은 세존에게 재촉을 받아 신·인간·아쑤라를 포함한 모든 세간의 중생과 모든 보살과 비구·비구니 그리고 재가의 청신남·청신녀의 사부대중이 의심하고 있는 것이 무엇인가를 알고, 세존께 다음과 같이 말씀을 사뢰었다.

"세존이시여, 이 세계는 모두, 이들 몇 100x1000 꼬띠(koṭi, 10,000,000)·나유따(nayuta, 那由他, 100兆x100兆)나 되는 연꽃의 꽃잎이 이와 같이 빛깔은 바래고, 악취를 내뿜는 연꽃에 뒤덮여 있으며, 또 그들 연꽃 속에 선정에 드신 여래께서 단정하게 앉아 계시면서 몇 100x1000의 광명을 뿜어내고 계십니다. 그리하여 여래의 몸을 보고, 몇 100x1000 꼬띠(koṭi, 10,000,000)·나유따(nayuta, 那由他, 100兆x100兆)의 중생[28]이 합장하며 예배를 하고 있습니다. 그 원인은 도대체 무엇이며, 또 그 조건은 도대체 무엇입니까?"

爾時金剛慧菩薩摩訶薩, 及諸大衆, 皆悉雲集於栴檀藏大樓閣中, 恭敬而坐. 爾時世尊告金剛慧菩薩摩訶薩言. 汝善男子今應可問如來應正等覺甚深法要. 爾時金剛慧菩薩摩訶薩承佛聖旨. 普爲一切天人世間. 菩薩摩訶薩及四部衆懷疑惑故. 白佛言世尊以何因緣. 一切世界現於俱胝那庾多百千蓮花. 一切於花胎中皆有

---

28) 중생(prāṇin, 衆生) : 여기에서 말씀하는 중생은 쁘라닌(prāṇin)이다. 쁘라닌은 '숨을 쉬는 존재' '살아 있는 존재'라는 의미이다. 일반적으로 중생은 쌋뜨와(sattva, 생존하는 존재)의 번역이며, 유정(有情)이라고도 번역하고, 벌레에 이르기까지의 모든 생물을 가리킨다. 동의어로서 이 쁘라닌(prāṇin) 외에 데힌[(dehin; 신체(deha)를 가진 존재] 등이 있으며, 집합명사로서 쌋뜨와다뚜(sattvadhātu; 衆生界), 자나(jana, 大衆) 또는 자가뜨(jagat, 世間, 世間人)가 있다.

如來. 結跏趺坐放百千光. 是諸蓮花忽然之間. 形色可惡而令生厭. 於彼花中俱胝那庾多百千如來. 合掌而住儼然不動.

그리고 그때 금강혜 보살은 다음과 같은 시송(詩頌)으로 말씀을 사뢰었다.

1000 꼬띠(koṭi, 10,000,000)의 부처님들,
흔들림 없이 연꽃 속에 단좌하고 계시네.
이와 같은 신통을 여래께서는 보이시네.
저 이제까지 본 일도 없는 것을.(1)
몇 1000의 광명을 뿜으시어 이 불국토를 모두 덮어버리고,
기특한 법계에서 자재하게 활약하시네.
세상의 도사이신 부처님께는 장애가 없으시네.(2)
꽃받침이나 수술이 시들어 빛깔이 바랜 연꽃 속에서
여래께서는 보주처럼 단좌하고 계시네.
무엇 때문에 여래께서는 이런 신통을 보이시나이까?(3)
저 갠지스강의 모래알의 수보다 많은 부처님을 뵈옵고,
그 훌륭하신 신통을 보았네.
그렇지만 지금 보여주고 계시는 신통,
이와 같은 신통 아직 본 일 없네.(4)
신과 사람 가운데 가장 거룩하신 님(兩足尊)의 가르침
받고 싶나이다.
이 신통의 원인과 조건이 무엇인가를 말씀하여 주옵소서.(5)

爾時金剛慧菩薩摩訶薩, 以伽他, 問曰.

我曾不見如來相 而作神通之變化
現佛無量千俱胝 住蓮花胎寂不動
放千光明而影現 悉皆映蔽諸佛刹
奇特於法而遊戲 彼諸佛等悉端嚴
猶如妙寶而顯現 於惡色蓮花中坐
是蓮花葉皆可惡 云何作是大神通
我曾見佛如恒沙 見彼殊勝神通事
我未曾見如是相 如今遊戲之顯著
唯願天中尊說示 何因何緣而顯現
唯願世利作哀愍 爲除一切諸疑惑

제3장 세존, 9가지 비유로 가르치시다

그리하여 세존께서는 훌륭한 금강혜 보살을 비롯한 모든 대중을 포함한 보살 교단(bodhisattvagaṇa, 菩薩衆)을 향하여 다음과 같이 말씀을 하신다.

"선남자여, 『여래장[29]이라고 부르는 대방등[30]경』이 있다. 그것을 연

---

29) [SED]p.433c tathāgatagarbha : tathā+gata+garbha / tathā ind. so, thus, in that manner, also, true, 그와 같이, 如 / tathatā f. true state of things, true nature, 眞如, 如, 如如. / √gam to go, to come, to die, to cause to understand, 가다, 오다. / gata gone, gone away, come 去, 來 / tathāgata being in such a state or condition, of such a quality or nature; he who comes and goes in the same way [as the Buddha who preceded him], Gautama Buddha / [SED]p.371b garbha, √grah=√grabh=√gṛbh=√gṛh to grasp, seize, take(by the hand); to arrest, 붙잡다, 움켜쥐다 / [SED]p.349b garbha m. the womb; the inside; a child, 태(胎), 자궁(子宮), 장(藏), 애기보, 태아(胎兒). 자궁의 속성은 열 달 동안 태아를 키우는 것을 본질로 하기 때문에 胎兒라고도 번역한다. / tathāgatagarbha direction how to attain to the inconceivable subject of the tathāgata's qualities and knowledge, 여래장(如來藏), 거룩한 부처님의 마음자리. /여래장이란, 진여가 미혹한 세계에 갇혀 있을 때, 여래장이라고 부른다. 진여가 바뀌어 미혹한 세계의 사물이 될 때에는 그 본성인 여래의 덕성이 번뇌와 망상에 뒤덮이게 된다는 점에서 여래장이라고 한다. 또 미혹한 세계의 진여는 그 덕성이 숨겨져 있을지라도 아주 없어진 것이 아니고 중생이 여래의 덕성(德性)을 함장(含藏)하고 있으므로 여래장이라고 한다. 또 '여래를 안에 품고 있다.'는 뜻으로, 이는 구체적으로는 중생을 가리킨다. 중생이

설하려고, 여래는 이와 같은 상서로움을 지어 나타낸 것이다. 그러므로 너희들은 이것을 잘 듣고 사념하여라. 그럼 내가 연설을 시작하겠노라.”

훌륭한 금강혜 보살과 다른 보살들은 모두 세존께 합장을 하고, ‘좋습니다’라고 환영하고, 세존이시여, 원하옵건대 듣고 싶사옵니다. 그리고 대중은 모두 세존의 가르침에 귀를 기울인다. 세존께서는 모든 선남자들에게 다음과 같이 말씀하신다.

(T16~461b21) 爾時世尊告金剛慧等上首菩薩. 及一切衆菩薩言. 諸善男子有大方廣如來藏經甚深法要. 如來欲說是故先現如是色相. 汝等善聽極善聽作意思惟. 爾時金剛慧菩薩等一切菩薩摩訶薩言善哉. 世尊願樂欲聞. 佛言諸善男子.

1. 연꽃 속의 많은 부처님의 비유

선남자여, 예를 들면 이제 본 것처럼, 여래가 화작(化作)하신 바의 빛깔이 바래고, 악취를 풍기며, 시들어 조금도 마음에 들지 않는 연꽃과 연꽃의 꽃받침에서 가부를 틀고 앉아서 몇 100x1000의 광명을 내어

부처가 될 수 있는 가능성을 가지고 있다는 것을 나타내는 용어이다. 여기에서는 앞의 “하나하나의 연꽃의 꽃받침에는 좌선을 하는 자세로 여래께서 단정하게 앉아 계신다.”라고 하는 비유를 상징하는 곳으로서, 이 여래장이라는 용어가 이 경전의 주제이다. / 여래장사상Tathāgatagarbha-vāda

30) 방등(方等) : 방등(方等)은 방광(方廣)이라고도 한역하며, ‘광대한 것’이라는 뜻이다. 경전의 12가지 분류의 하나이다. 일반적으로는 대승경전을 가리킨다.

눈부시게 빛을 내고 있는 바의, 아름답고 미묘한 자세를 하고 있는 것을 보고 기뻐하며, 그것이 여래인 것을 알고, 헤아릴 수 없이 많은 신(deva, 天), 나가(nāga, 龍), 약샤(yakṣa, 夜叉), 간다르와(gandharva, 乾闥婆), 아쑤라(asura, 阿修羅), 가루다(garuḍa, 金翅鳥), 낑나라(kiṃnara, 緊那羅), 마호라가(mahoraga, 摩喉羅迦), 인간, 인간이 아닌 중생도 또 모두 함께 합장하고 예배하며 공양한다.

이와 같이 선남자여, 바르고 완전한 깨달음을 얻은 여래가 여래의 초월적 지혜(prajñā, 智慧)[31]와 그것을 바탕으로 한 지(jñāna, 智)와 여래의 눈을 가지고 탐욕(rāga, 貪欲)·성냄(dveṣa, 瞋恚)·어리석음(moha, 愚癡)을 비롯한 근원적 집착[渴愛]과 근원적 무지[無明]에 뿌리를 박은 몇 100x1000 꼬띠(koṭi, 10,000,000)·나유따(nayuta, 那由他, 100兆x100兆)라고 하는 알 수 없이 많은 수의 번뇌로 뒤덮여 있는 모든 중생을 본다. 그리고 또 선남자여, 번뇌로 뒤덮여 있는 중생의 내부에, 여래와 같은 지혜를 가지며, 눈을 가진 여래가 있어, 가부를 틀고 앉아서 움직

---

31) 초월적 지혜(prajñā, 智慧) : 초월적 지혜(prajñā, 智慧)의 원어는 쁘라갸(prajñā)이며, 다음의 지(jñāna, 智)는 갸나(jñāna)이다. 이 두 용어는 모두 여래의 지혜(智慧)로써 동일한 것을 가리키는 경우와 전자는 '깨달음의 지혜(智慧)', 후자는 '이 세상을 구제하기 위한 지혜'라는 뜻으로 나누어 해석하는 경우가 있다. 이와 같은 해석을 근거로 전자는 출세간적이고, 진리를 꿰뚫어보는 것이며, 직관적 지혜이고, 후자는 세간적이고, 모든 것에 대한 넓은 지식을 의미하는 것으로 쓴다.
[SED]p.659a prajñā : pra-√jñā to know, understand(esp. a way or mode of action; 행동하는 방법이나 방식을 이해하다, 알다), discern, distinguish(~을 깨닫다, ~을 구별·판별하다); to find out(발견하다), discover(발견하다), learn(배우다). prajña mf(ā)n. wise, prudent(현명한, 사려 깊은, 신중한), knowing, conversant with(~에 정통한, 잘 알고 있는). prajñā f. wisdom(지혜), intelligence, knowledge(지식), judgment(판단력); device(지혜); (with Buddhist literature) true or transcendental wisdom(박식한 불교도에게는 초월적·초자연적 심원한 지혜). 한역경전에서는 '반야(般若)'라고 음역하며, 지(智)·혜(慧)·지혜(智慧)라고 번역한다.

이지 않고 있는 것을 본다.

여래는 이와 같이 번뇌로 더럽혀진 중생의 내부에 여래의 법성(法性)이 흔들림 없이 존재하며, 중생이 윤회하는 육도의 어느 자리에 있더라도 조금도 더러워지지 않는 것을 보고, 중생의 내부에 있는 여래들은 나를 꼭 닮았다고 연설하노라.

선남자여, 여래의 눈이라고 하는 것은 그와 같이 완전하고 뛰어난 것이며, 여래는 여래의 눈을 가지고, 모든 중생은 여래를 그 내부에 품고 있다고 관찰하는 것이다.

또 선남자여, 예를 들면 모든 것을 꿰뚫어보는 천안(天眼)을 가진 사람이 있다. 그는 이 천안을 가지고 이와 같이 빛깔이 바래고, 이와 같이 악취를 풍기며, 시들은 연꽃을 본다. 그리고 그 가운데에 여래가 연꽃의 꽃받침에서 가부를 틀고 앉아 있는 것을 알고, 여래의 모습을 보고 싶어 한다. 그래서 여래의 상(像)을 씻어서 깨끗하게 해야 하며, 빛깔이 바래고, 악취를 풍기며, 시들은 연꽃의 꽃잎을 제거한다.

그와 마찬가지로 선남자여, 여래도 또 불안(佛眼)을 가지고, 모든 중생은 여래를 그 내부에 품고 있다고 관찰하며, 그 중생들의 탐욕(rāga, 貪欲)·성냄(dveṣa, 瞋恚)·어리석음(moha, 愚癡)을 비롯한 근원적 집착[渴愛]과 근원적 무지[無明]에 뿌리를 박은 번뇌를 없애려고 법(dharma, 法)을 연설하는 것이다. 그것을 완성하면 중생의 내부에 품고 있는 여래들은 자유로이 안주한다.

(T16~461b27) 如此如來變化蓮花忽然之間. 成惡色相. 臭穢可惡令不愛樂. 如是花中而現佛形. 結跏趺坐放百千光明. 相好端嚴人

所樂見. 如是知已有多天龍藥叉揵達縛阿蘇羅孽嚕茶緊那羅摩呼羅伽人非人等. 禮拜供養如是如是. 善男子. 如來應正等覺. 以佛自己智慧光明. 眼見一切有情欲瞋癡貪無明煩惱. 彼善男子善女人. 爲於煩惱之所凌沒. 於胎藏中有俱胝百千諸佛悉皆如我. 如來智眼觀察彼等有佛法體. 結跏趺坐寂不動搖. 於一切煩惱染汚之中. 如來法藏本無搖動. 諸有趣見所不能染. 是故我今作如是言. 彼等一切如來如我無異. 善男子如是如來以佛智眼. 見一切有情如來藏. 善男子譬如以天妙眼. 見於如是惡色惡香. 諸蓮花葉纏裹逼迫. 是以天眼見彼花中. 佛眞實體結跏趺坐. 旣知是已欲見如來. 應須除去臭穢惡業. 爲令顯於佛形相故. 如是如是. 善男子, 如來以佛眼, 觀察一切有情如來藏. 令彼有情欲瞋癡貪無明煩惱藏. 悉除遣故而爲說法. 由聞法故則正修行.

선남자여, 이것은 모든 것에 대한 진리이며, 여래가 이 세상에 출현하든 출현하지 않든 이 중생들은 언제나 여래를 그 내부에 품고 있다.[32] 그러나 선남자여, 시들은 연꽃처럼 번뇌의 꽃잎에 뒤덮여 있기 때문에, 이 번뇌 덩어리를 제거하고, 내부에 품고 있는 여래의 지혜를 맑히려고, 여래는 보살들에게 법(dharma, 法)을 연설하여, 여래의 거룩한 작용[kriyā, 用]을 깨닫게 하는 것이다. 그래서 이 법에 뿌리를 박고 수행에 전념한 보살들은 모든 번뇌로부터 자유롭게 될 때에는, 바르고 완전한 깨달음을 얻은 여래라고 부르며, 모든 여래들의 거룩한

32) "여래가 이 세상에 출현하든 출현하지 않든"이라는 문장은, 진리(dharmatā, 法性)의 영원성을 나타내는 정형구이며, 초기불교에서는 연기의 이법이 그렇다는 뜻으로 이 말씀을 사용하였다.

작용도 베푸는 것이다.

卽得淸淨如來實禮. 善男子如來出世若不出世. 法性法界一切有情. 如來藏常恒不變. 復次善男子. 若諸有情可厭煩惱藏纏. 爲彼除害煩惱藏故. 淨如來智故. 如來應正等覺. 爲於菩薩而說法要. 作如是事令彼勝解. 旣勝解已於法堅持. 則於一切煩惱隨煩惱而得解脫. 當於是時如來應正等覺. 於其世間而得其數. 是能作於如來佛事.

그리고 그때 세존께서는 다음과 같은 게송(偈頌)을 읊으신다.

예를 들면 시들은 연꽃의 그 꽃잎이
아직 덮개 되어 벗어나지 않으니,
여래 계시는 꽃받침은 더럽혀지지 않는다.
천안을 가진 사람은 본다.(1)
그는 꽃잎을 열어서, 그 속에서 여래의 몸을 찾아낸다.
내부에 품고 있는 여래는 번뇌에 의하여 변화하지 않는다.
그는 출세간의 최승자[33]가 된다.(2)
그와 마찬가지로 나도
모든 중생의 신체 속에 안주하는 여래의 몸이
마치 연꽃의 꽃잎처럼
몇 천만 번뇌로 뒤덮여 있는 것을 본다.(3)

---

33) 최승자(jina, 最勝子) : 번뇌라고 하는 악마의 군대를 정복한 사람이라는 의미이며, 부처님의 칭호의 하나이다.

그래서 나는 그 번뇌를 제거하기 위하여
보살에게 늘 진리를 연설하며,
이 중생들은 부처님이 될 것이라고,
여래가 되는 것을 목표로 하여
그들의 번뇌를 정화한다.(4)
나의 불안은 이와 같은 것이며,
그 불안으로 이 중생들이
모두 부처님의 계위에 안주하고 있는 것을 꿰뚫어보고,
그들이 부처님의 지혜를 얻게 하려고 진리를 연설하노라.(5)

爾時世尊說他曰.
如彼蓮花可厭惡 幷其胎葉及鬚蕊
譬如天眼而觀見 是如來藏無所染
若能除去萎花葉 於中卽見如來身
復不被諸煩惱染 則於世間成正覺
今我悉見諸有情 內有如來微妙體
除彼千俱胝煩惱 令厭惡如萎蓮花
我爲彼等而除遣 我智者常說妙法
佛常思彼諸有情 悉皆願成如來體
我以佛眼而觀見 一切有情住佛位
是故我常說妙法 令得三身具佛智

2. 꿀벌들에 둘러싸여 있는 벌꿀의 비유

그리고 또 선남자여, 예를 들면 나뭇가지에 매달려 있는 둥근 꿀벌의 벌집이 있다. 몇 100x1000 마리의 꿀벌이 지키고 있으며, 가운데에는 꿀이 가득히 쌓여 있다. 그런데 꿀을 따고 싶어 하는 사람이 벌이라고 하는 살아있는 동물을 교묘한 수단을 써서 쫓아버리면 그 벌꿀은 벌꿀로서의 효용을 다할 것이다.

선남자여, 그와 마찬가지로 모든 중생도 또 꿀방(房)과 같은 것이다. 그곳에는 부처님의 본성[34]이 몇 100x1000 꼬띠(koṭi, 10,000,000)·나유따(nayuta, 那由他, 100兆x100兆)나 되는 무명과 수면(隨眠)에 덮여 있는 것을 다만 여래의 지견에 의해서만 알 수 있다.

선남자여, 마치 꿀방(房) 속에 몇 100x1000의 꿀벌들이 지키고 있는 벌꿀이 있는 것을, 지자(知者)가 알듯, 그와 마찬가지로 모든 중생에게도 또 몇 100x1000 꼬띠(koṭi, 10,000,000)·나유따(nayuta, 那由他, 100兆x100兆)나 되는 무명과 수면에 덮여 있는 부처님의 본성이 있다는 것을 여래는 여래의 지견에 의하여 안다. 선남자여, 그 경우에 여래도 또, 지자가 교묘한 수단을 써서 꿀벌을 쫓아버리는 것처럼, 중생들의 탐욕(rāga, 貪欲)·성냄(dveṣa, 瞋恚)·어리석음(moha, 愚癡)·자만·해심(害心)·질투·인색의 무명과 수면을 추방하고, 이 무명과 수면으로 더러워지지 않도록, 또 침범을 당하는 일이 없을 때까지 그 중생들에 대하여 여러 가지 법을 연설하는 것이다. 그 중생들이 내부에 품고 있는 여래의 지견이 정화되면 그들은 세간에서 여래로서의 작용을 한다. 선

---

34) 부처님의 본성(buddhatva) : 부처님의 본성/본질(buddhatva)은 여래의 본성(tathāgata-dharmatā)과 같은 뜻이다.

남자여, 여래는 여래의 청정한 눈으로 이와 같이 모든 중생을 관찰하는 것이다.

(T16~462a10) 復次善男子譬如蜜房. 懸於大樹其狀團圓. 有百千蜂遮護其蜜. 求蜜丈夫以巧方便. 驅逐其蜂而取其蜜隨蜜所用. 如是如是善男子. 一切有情猶如蜜房. 爲俱胝百千煩惱隨煩惱之所藏護. 以佛智見能知此已. 則成正覺. 善男子如是蜜房. 智者丈夫旣知其蜜. 亦復了知於俱胝百千衆煩惱蜂之所守護. 如是一切有情. 以如來智見知已成佛. 於彼爲俱胝百千煩惱隨煩惱之所遮覆. 善男子如來以巧方便力. 爲害蜂者敎諸有情. 驅逐欲瞋癡慢憍覆忿怒嫉慳煩惱隨煩惱故. 如是說法. 令諸有情不爲煩惱之所染汚. 無復逼惱亦不附近. 善男子云何此等有情. 我以如來智見爲淨. 除故於諸世間而作佛. 事善男子以淸淨眼. 見諸有情如是淸淨.

그리고 그때 세존께서는 다음과 같은 게송(偈頌)을 읊으신다.

예를 들면 여기에 꿀방(房)이 있는데,
벌꿀들이 에워싸고 있어 숨겨져 있느니라.
벌꿀을 원하는 사람이 그것을 보고
그 꿀벌들을 쫓아버리는 것처럼,(1)
그와 마찬가지로 여기에서도 꿀방(房)에 닮은 것이
삼계에 있는 중생들이다.
그들에게는 몇 꼬띠나 되는 번뇌가 있는데,
이 번뇌 속에 여래가 계시는 것을 보고,(2)

여래도 또 그들의 내부에 품고 있는 여래를 청정케 해야 하므로
꿀벌을 쫓아버리는 것처럼 번뇌를 제거하느니라.
무엇 때문에 몇 꼬띠(koṭi, 10,000,000)나 되는 번뇌로 손상되어 있을 때,
여러 가지 방편을 써서 여러 법을 연설하는가!(3)
그들은 여래가 되었을 때, 모두 세간을 위하여 늘 작용하며,
변설(辨說)을 가지고 벌꿀의 꿀방(房)처럼
법을 연설해야 하기 때문이니라.(4)

爾時世尊說伽陀曰.
猶如蜜房狀團圓 衆蜂護而所隱覆
求蜜丈夫而見已 悉皆驅逐於衆蜂
我見有情在三有 亦如蜜房無有異
俱胝衆生煩惱蜂 彼煩惱中如來住
我佛常爲淨除故 害彼煩惱如逐蜂
以巧方便爲說法 令害俱胝衆煩惱
云何成佛作佛事 常於世間如蜜器
猶如辯才說好蜜 令證如來淨法身

3. 껍질이 씌워져 있는 곡물의 비유

그런데 또 선남자여, 예를 들면 벼·보리·피 및 그 밖의 곡류는 그 알갱이가 껍질 속에 있는데, 그것은 자신의 껍질에서 벗어나지 않는 한

먹거나 마시거나 맛을 보거나 하는 용도가 될 수 없다. 선남자여, 먹거나 마시거나 하는 음식의 용도를 구하는 남자나 여자들은 곡물을 찧어서 겉껍질이나 속껍질을 벗겨낸다.

선남자여, 그와 마찬가지로 여래도 또 여래의 눈을 가지고, 모든 중생에게 여래의 본질, 부처의 본성, 자각한 님[35]의 본질이 번뇌라고 하는 겉껍질에 감추어져 있는 것을 본다. 선남자여, 그래서 여래는 또 번뇌라고 하는 겉껍질을 벗겨버리고, 그들의 내부에 품고 있는 여래로서의 본질을 청정하게 하며, 이 중생들을 어떻게 하여 번뇌라고 하는 겉껍질에서 해방시켜, 세간에 살면서 바르게 완전한 깨달음을 얻은 여래라고 불릴 수 있을까를 생각하고, 그들에게 법을 연설하는 것이다.

(T16-462b05) 復次善男子. 譬如稻麥粟豆. 所有精實爲糠所裹. 若不去糠不堪食用. 善男子求食之人. 若男若女以其杵臼舂去其糠而充於食如是如是. 善男子如來應供正遍知. 以如來眼. 觀見一切有情具如來體. 爲煩惱皮之所苞裹. 若能悟解則成正覺. 堅固安住自然之智. 善男子彼如來藏. 處在一切煩惱之中. 如來爲彼有情除煩惱皮. 令其淸淨而成於佛. 爲說於法. 常作是念. 何時有情脫去一切煩惱. 藏皮得成如來出現於世.

그리고 그때 세존께서는 다음과 같은 게송(偈頌)을 읊으신다.

---

35) 자각한 님(svayambhū, 自覺者) : 자각한 님의 원어는, 쓰와얌부(svayambhū)이며, '자생(自生), 스스로 성취한 존재'라는 뜻이다. 본디 힌두교의 브라흐만(brahman)이나 위슈누(viṣṇu)라고 하는 절대적 존재에 대한 호명인데, 불교에서는 '홀로 깨달은 존재'라는 뜻으로도 사용하므로, 독각(獨覺)을 가리키는 경우가 있다.

예를 들면 잡곡이든 벼의 알갱이든 콩이든 보리이든
그들이 껍질을 둘러쓰고 있는 한 그 상태로는 식용이 될 수 없다.(1)
그것은 찧어서 껍질을 벗겨내면 여러 가지 용도로 쓸 수 있다.
껍질을 둘러쓴 채로 그들의 알갱이는
중생들을 위한 용도로 쓸 수 없다.(2)
그와 마찬가지로 모든 중생이 가진 부처의 본질은,
모든 번뇌로 뒤덮여 있다고 관찰하고, 여래는 그것을 정화하며,
그들이 불위(佛位)에 빨리 도달하도록 법을 연설한다.(3)
모든 중생에게는 여래와 닮은 본성이
몇 백 번뇌 속에 감추어져 있다.
그것을 정화하여 모두가 똑같이 빨리 승리자가 되도록,
여래는 법을 연설한다.(4)

爾時世尊說伽他曰.
譬如稻穀與粟床 大小麥等及於豆
彼等爲糠之所裹 是不堪任於所食
若能舂杵去於糠 於食種種而堪用
精實處糠而不堪 不懷有情爲作利
我常觀見諸有情 以煩惱裹如來智
我爲除糠說妙法 願令速悟證菩提
與我等法諸有情 住百煩惱而藏裹
爲令淨除我說法 何時速成諸佛身

4. 쓰레기더미에 파묻힌 진금(眞金)의 비유

그런데 또 선남자여, 예를 들면 썩은 것들이랑 쓰레기를 버린 장소에 악취를 풍기는 더러운 쓰레기 더미가 있다. 어떤 사람이 그 옆의 길을 지나면서 둥근 금괴를 떨어뜨려 그 금괴는 악취를 풍기는 더러운 쓰레기 더미 속에서 쓰레기에 파묻혀 자취가 사라져버렸다. 이렇게 하여 이것은 10년, 20년, 30년, 40년, 50년, 100년 내지 1000년에 걸쳐서 거기에 떨어진 채로 있어서 쓰레기에 의하여 변화하는 성질의 것은 아니라도 어떤 사람에게도 도움이 되지 못하였다.

선남자여, 그런데 어떤 천안을 가진 사람이 그 금괴를 보고, 누군가를 향하여 다음과 같이 지시한다.

'여보세요, 가 보소. 이것은 가장 좋은 보배인 금이 썩은 것이랑 쓰레기 더미에 파묻혀 있는 것이다. 그것을 깨끗이 씻어서 금의 용도로 쓰시오.'

선남자여, 썩은 것이랑 쓰레기 더미라고 하는 것은 여러 가지 번뇌를 가리키는 것이다. 금괴라고 하는 것은 불괴(不壞)인 것을 가리키는 것이다. 천안을 가진 신이라고 하는 것은 바르게 완전한 깨달음을 얻은 여래를 가리키는 것이다.

선남자여, 이와 같이 바르게 완전한 깨달음을 얻은 여래도 또, 모든 중생들에게 여래의 불괴(不壞)인 본성이 있으므로 이것을 뒤덮고 있는 썩은 것이랑 쓰레기와 같은 번뇌를 제거하기 위하여 중생들에게 법을 연설하는 것이다.

(T16-462b24) 復次善男子. 譬如臭穢諸惡積聚. 或有丈夫懷挾金磚於傍而過. 忽然悞落墜于穢中. 而是金寶沈沒臭穢. 或經十年或

二十年. 或五十年或百千年處於糞穢. 是其本體不壞不染. 亦不於人能作利益. 善男子有天眼者. 見彼金磚在於臭穢. 告餘人言丈夫汝往. 於彼糞穢之中有金勝寶. 其人聞已則便取之. 得已淨洗隨金所用. 善男子臭穢積聚者. 是名種種煩惱及隨煩惱. 彼金磚者是名不壞法. 有天眼者則是如來應正遍知. 善男子. 一切有情如來法性眞實勝寶. 沒於煩惱臭穢之中. 是故如來應正等覺. 爲於有情除諸煩惱臭穢不淨. 而說妙法當令成佛. 出現世間而作佛事.

그리고 그때 세존께서는 다음과 같은 게송(偈頌)을 읊으신다.

예를 들면 어떤 사람이 가지고 있는 금괴를
쓰레기 더미에 떨어뜨렸을 때,
이것은 거기서 짧지 않은 세월에 걸쳐서
그대로 있어도 불괴(不壞)의 성질을 지니고 있느니라.(1)
천안으로 그것을 보고,
다른 사람에게 알린다.
'여기에 가장 좋은 보배인 금이 있다.
깨끗이 씻으면 그것은 도움이 될 것이다.'
여래의 눈으로 보는 모든 중생도 그와 마찬가지이니라.(2)
번뇌의 수렁 속에 빠져 있지만,
그들에게는 번뇌가 일시적으로 부착되어 있는 것임을 알고,
그 본성을 청정하게 하려고[36] 방편을 써서,

36) "번뇌가 일시적으로 부착되어 있는 것임을 알고, 그 본성을 청정하게 하려고" : 이 문장은 원시불교 이래의 기본적인 사유방식의 하나이다.

청정한 여래의 지혜를 깨닫게 하려고 진리를 연설하느니라.(3)

爾時世尊說伽他曰.

譬如有人懷金磚 忽然倶落於糞穢
彼處穢中多歲年 雖經久遠而不壞
有天眼者而觀見 告餘人言此有金
汝取應洗隨意用 如我所見諸有情
沒煩惱穢流長夜 知彼煩惱爲客塵
自性淸淨方便說 令證淸淨如來智

5. 가난한 집의 지하에 묻혀 있는 보장(寶藏)의 비유

그런데 또 선남자여, 예를 들면 어느 가난한 사람의 집 안의 창고 바로 밑의 땅속에 보물과 금으로 가득 차 있었다. 창고의 크기 정도인 큰 보장(寶藏)을, 일곱 사람 키 높이(12.6m)로 흙을 덮고, 그 밑에 파묻은 것이다. 이 보장(寶藏)은 그 가난한 사람을 향하여 다음과 같이 말할 수 없는 것이다.

'인간이여, 나야말로 큰 보장이며, 흙에 파묻혀 여기 있어요.'

말하자면 큰 보장은 심성(心性)에 의하여 사유하는 존재가 아니며, 그 집의 주인인 가난한 사람은 그 위를 걸어 다니면서도 가난한 마음으로 촌탁(忖度)하여 지하에 큰 보장이 있는 것을 조금도 모른다. 또 듣지 못하고, 보지 못한다.

선남자여, 그와 마찬가지로 모든 중생들이 애착하는, 집에도 비교할 만한 작용의 배후에 10력, 4무소외, 18불공법[37], 그 밖의 모든 부처의 덕성의 큰 보장인 여래장이 있는데도 그 중생들은 형색, 음성, 향기, 맛, 촉각 등에 홀려서 고뇌하므로 생사의 세계에서 윤회하며, 그 덕성의 큰 보장에 관하여는 보지 못하고 듣지 못한다. 하물며 손에 쥐는 것도 할 수 없고, 또 정화하기 위하여 노력하는 일도 없다.

선남자여, 그래서 여래께서는 세간에 오시어 보살의 몸속에 이와 같이 덕성의 큰 보장(寶藏)을 품고 있는 것을 바르게 시현하신다. 보살들은 또 덕성의 큰 보장에 관한 것을 믿고, 땅을 파서 보장을 끌어내는 것처럼 파들어 간다. 이렇게 하여 세간에서는 바르게 완전한 깨달음을 얻은 여래라고 부르며, 위대한 덕성의 보장이 된 뒤에 중생들을 위하여 미증유의 인상(因相)[38]과 비유, 작용의 유래와 목적을 연설하는 가운데에 장애가 없는 변재를 갖추고[39], 10력·4무소외·18불공법,

---

37) 18불공법(Aṣṭādaśa-āveṇika-buddhadharma, 十八不共法) : 거룩하신 부처님은 무량한 겁에 걸쳐서 선업을 닦아 번뇌를 멸하고, 우주의 궁극적인 진리를 가장 정확하게 깨달은 분이므로 일반 범부들과는 비교가 되지 않을 정도로 위대한 지혜와 덕을 갖추고 있습니다. 거룩하신 부처님만이 갖는 그러한 능력이 경전에서 여러 가지로 설해지는데, 그 중에서 대표적인 것이 십팔불공법입니다. 불공법(不共法)이라는 말은 범부는 물론 아라한이나 벽지불 또는 보살과도 구별되는 거룩하신 부처님 독자의 법이라는 뜻으로 십력(十力)·사무소외(四無所畏)·삼념주(三念住)·대비(大悲)의 18가지를 말합니다. 18불공법(Aṣṭādaśa-āveṇika-buddhadharma)=십력(十力Daśabalāni)+사무외(四無畏, Catvārivaiśāradyāṇi)+삼념주(三念住, Triṇismṛtyupasthānāni)+대비(大悲, Mahākaruṇā)

38) 미증유의 인상(因相) : '미증유의 인상'이란 '이제까지 일찍이 없었던 종류의 근거'라는 뜻이다. 중생 모두가 여래를 속에 품고 있는 것, 바로 장래에 여래가 될 수 있는 인자를 품고 있다는 의미이다.

39) 장애가 없는 변재를 갖추고 : 이 문장의 원어는 아쌍가-쁘라띠바나(asaṅga-pratibhāna)이며, 때가 끼지 않은 변재라는 뜻이다. 쁘라띠바나(pratibhāna)는 본디 '마음속에 번뜩이다'라는 뜻인데, 불전에서는 특별히 '변설(辯舌)의 번뜩임'을 말한다. 그래서 장애가 없는 변재[無碍辯才]로 번역한다.

그 밖의 모든 부처님의 덕성의 보장인 큰 보장의 시주(施主)가 되신다.

선남자여, 그와 같이 바르게 완전한 깨달음을 얻은 여래도 또 더없이 깨끗한 여래의 눈을 가지고, 중생의 모든 것을 이와 같이 보고, 여래의 지혜, 10력·4무외·18불공법, 그 밖의 모든 부처님의 덕성의 보장을 정화하기 위하여 보살들에게 법을 연설하는 것이다.

(T16-462c15) 復次善男子譬如貧窮丈夫. 宅內地中有大伏藏. 縱廣正等一俱盧舍. 滿中盛金. 其金下深七丈大量. 以地覆故. 其大金藏曾不有言語. 彼丈夫丈夫我在於此名大伏藏. 彼貧丈夫心懷窮匱. 愁憂苦惱日夜思惟. 於上往來. 都不知覺. 不聞不見彼大伏藏在於地中. 如是如是善男子一切有情住於執取作意舍中. 而有如來智慧. 力無所畏諸佛法藏. 於色聲香味觸耽著受苦. 由此不聞大法寶藏. 況有所獲. 若滅彼五欲則得清淨. 復次善男子如來出興於世. 於菩薩大衆之中. 開示大法種種寶藏. 彼勝解已則便穿掘. 入菩薩住如來應供正遍知. 爲世間法藏. 見一切有情未曾有因相. 是故譬喻說大法藏爲大施主. 無礙辯才無量智慧. 力無所畏不共佛法藏. 如是善男子. 如來以清淨眼. 見一切有情具如來藏. 是以爲於菩薩宣說妙法.

그리고 그때 세존께서는 다음과 같은 게송(偈頌)을 읊으신다.

예를 들면 가난한 사람의 집의 지하에
금과 보물이 가득 찬 보고가 있다.
그에게는 움직임도 자만하는 마음도 없기 때문에

다음과 같이 말할 수 없다.
'나는 너의 것이다.'(1)
그때 그 집주인은 가난뱅이가 되었어도
그 보장을 알아채지 못하고,
누구도 그에 대하여 알려주지 않기 때문에
가난한 사람은 그대로 그 위에서 계속하여 산다.(2)
그와 마찬가지로 여래는 여래의 눈을 가지고,
가난한 사람과도 닮은 모든 중생들에게는 큰 보장이 있으며,
흔들림 없는 선서(善逝)의 몸이 있다고 본다.(3)
그것을 보고 여래는 보살을 향하여 다음과 같이 연설하노라.
'그대는 여래의 지혜의 보장을 가지고 있기 때문에,
가난한 것이 아니라 세간의 주인이 되고,
무상(無上)인 법의 보장이 될 것이니라.'(4)
누구든 여래의 연설에 마음을 쏟으면
그 중생에게는 모두 보장(寶藏)이 있다.
누구든 그것을 믿고 스스로 노력하면
그는 아주 빨리 최승의 보디(bodhi, 菩提)[40)]를 깨달을 지니라.(5)

---

40) [SED]p.733a, bodhi
√budh to wake, wake up, be awake; to perceive, notice, understand; to have an insight into.(깨닫다, 깨닫게 하다, 깨어 있다; 인지하다, 알아차리다, 이해하다; ~을 꿰뚫어보다)
bodhi m.f.(with Buddhists or Jainas) perfect knowledge or wisdom(by which a man becomes a Buddha or Jina), the illuminated or enlightened intellect(of a Budha or Jaina). (불교도나 자이나교도에게, 인간이 부처님이나 자이나가 되는 완전한 지식이나 지혜, 부처님이나 자이나의 깨달은 지식)
한역경전에서는 '보디(菩提)' 또는 '모지(冒地)'라고 음사하며, 우리는 또 이것을 '보리'라고 읽으며, 『반야심경(般若心經)』의 끝 부분에 있는 '보디 쓰와하(bodhi

爾時世尊說伽他曰.
譬如貧人家伏藏 金寶充滿在於中
是彼不動不思惟 亦不自言是某物
彼人雖復爲主宰 受於貧乏而不知
彼亦不說向餘人 而受貧窮住苦惱
如是我以佛眼觀 一切有情處窮匱
身中而有大伏藏 住諸佛體不動搖
見彼體爲菩薩說 汝等穿斯大智藏
獲得離貧作世尊 能施無上之法財
我皆所說而勝解 一切有情有伏藏
若能勝解而精勤 速疾證於最勝覺

6. 아므라 열매 속의 씨알의 비유

그런데 또 선남자여, 예를 들면 아므라나무(amra, 菴羅)의 열매이든 잠부나무(jambu, 閻浮)의 열매이든 따라나무(tāra)의 열매이든 등나무의 열매이든 모두 겉껍질로 둘러싸고 있는 가운데에 싹이 트는 씨알

---

svāhā)'에서는 '모지'라고 읽고, 각(覺)·오(悟)·도(道)·오도(悟道)·깨달음이라고 번역한다.
bodhi-vṛkṣa m. the tree of wisdom under which perfect wisdom is attained or under which a man becomes a Buddha, the sacred fig-tree(지혜의 나무로, 그 아래에서 완전한 지혜가 성취되거나 그 아래에서 인간이 부처님이 된 지혜의 나무, 성스러운 무화과나무)
보리수(菩提樹)라고 한역하며, bodhitree라고 영역하고, 보디나무라고 번역한다.
[SED]p.733a, bodhicitta(보디의 마음).

이 들어 있다. 그것이 파괴되는 일 없이 땅에 떨어져 싹이 터서 잘 자라면 드디어 큰 나무의 왕이 된다.

선남자여, 그와 마찬가지로 여래도 여래의 눈으로 세상에 사는 중생의 여래장이 탐욕(rāga, 貪欲)·성냄(dveṣa, 瞋恚)·어리석음(moha, 愚癡)을 비롯한 근원적 집착(渴愛)과 근원적 무지(無明)라고 하는 번뇌의 겉껍질 속에 아직 태아와 같은 상태에 있는 저 여래의 본성[41]을 보느니라. 그래서 이것을 중생[42]이라고 부른다. 그 가운데에서 번뇌의 세력이 소멸된 존재는 니르와나[43]에 들어간다. 근원적 무지(無明)라고 하는 번뇌의 껍질을 잘 제거하였기 때문에 중생계 가운데에서 지혜가

---

41) 태아와 같은 상태에 있는 저 여래의 본성 : '태아와 같은 상태에 있는 저 여래의 본성'이란, 여래장을 의미하는 표현의 한 방식이다.

42) 중생이란 ㈜43의 상태에 있는 여래장을 가리키는 것이다.

43) 니르와나(nirvāṇa, 涅槃) : [SED]p.557b nirvāṇa, nir-√vā to blow(as wind)(바람처럼 불다); to cease to blow(부는 것을 멈추다); to be blown out or extinguished; to put out(끄다). nirvāṇa mfn. blown or put out, extinguished(as a lamp or fire)(램프나 불이 꺼진), calmed, quieted(고요해진, 침착해진, 평온해진) n. extinction of the flame of life(생명의 불꽃을 끄는 것), dissolution(죽음), death or final emancipation from matter and reunion with the Suprime Spirit(최고의 신과의 재결합, 물질로부터의 해방, 이탈); (with Buddhists and Jainas) absolute extinction or annihilatioon (=śūnya) of individual existence or of all desires and passion(불교나 자이나교에서는, 개인적인 존재의 소멸, 적멸, 또는 모든 욕망과 열정의 소멸); perfect calm or happiness, highest bliss.(평정이나 행복, 최고의 행복). nirvāṇa라는 용어를 분해하여 설명하면 다음과 같다. nir/ …부터 밖으로, 사라진, 무(無), 이(離); vā/ (바람이) 불다; ṇa/ 것, 일. 그러므로 니르와나(nirvāṇa)는 본디 사라져버리는 것, 생명의 빛이 꺼져버리는 것이라는 뜻이다. 그러나 이것이 불교사상을 드러내는 용어로 수용되면서 완전한 해탈을 의미하게 된 것이다. 한역(漢譯)에서는 열반(涅槃), 열반나(涅槃那), 니원(泥洹)이라고 음사하며, 멸(滅), 적멸(寂滅), 멸도(滅度), 원적(圓寂), 무위(無爲), 무생(無生), 무작(無作) 등이라고 번역한다. 탐욕(rāga)·성냄(dveṣa)·어리석음(mohā), 3독(tri-viṣaṃ, 三毒)을 소멸하여 모든 번뇌의 속박에서 벗어나 진리를 체득한 경지를 의미하는 말씀이다.

높은 집단이라는 보살 속에 들어간다.[44] 그 중생계 가운데에서 지혜가 높은 집단이라는 존재 속의 최승자(最勝者), 그는 여래와 똑같이 법을 연설하여 신들을 포함한 세간의 존재들이 우러러 보며, 여래라는 이름을 얻는 것이다.[45]

선남자여, 여기 여래는 이와 같이 관찰하며, 보살 마하살에게 여래의 지혜를 이해시키기 위하여 그 의의를 교시하는 것이다.

(T16-463a14) 復次善男子譬如藤子·多羅子·贍部果子·阿摩羅果子. 由其子芽展轉相生成不壞法. 若遇地緣種植於其. 久後成大樹王. 如是如是善男子. 如來以如來眼. 見一切有情欲瞋癡貪無明煩惱乃至皮膚邊際. 彼欲瞋癡無明煩惱藏中有如來藏性. 以此名爲有性. 若能止息名爲清涼. 則名涅槃. 若能淨除無明煩惱是有情界. 是則名爲大智聚體. 彼之有情名大智聚. 若佛出現於天世間說微妙法. 若見此者則名如來. 善男子若彼見如來應正等覺. 令諸菩薩摩訶薩. 咸皆悟解如來智慧令顯現故.

그리고 그때 세존께서는 다음과 같은 게송(偈頌)을 읊으신다.

예를 들면 아므라나무의 열매는
모두 그 속에 아므라나무의 배아가 들어 있다.

---

44) 중생계 가운데에서 지혜가 높은 집단이라는 보살 속에 들어간다. : 이 집단은 보살집단으로 향상된 것을 가리킨다.

45) 여래라는 이름을 얻는 것이다 : 보살집단에서 드디어 니르와나를 증득한 여래의 계위에 이른 것을 가리킨다. 그러므로 주(44) 중생(여래장) ---> 주(46) 보살 ---> (47) 여래라고 하는 세 계위가 성립되는 과정을 추론할 수 있다.

따라나무와 잠부나무에도 모두 똑같이 들어 있다.
그 속에 배아를 품고 있는 열매를 심으면 싹이 튼다.(1)
그와 마찬가지로 법을 자재하게 지배하는 님,
세상의 도사인 여래도 또 아므라나무의 열매에 비교할 만한,
모든 중생들 속에 선서(善逝)의 몸이 있다고
더럽게 물들지 않은 가장 거룩한 여래의 눈을 가지고
관찰하신다.(2)
저 파괴할 수 없는 보장(寶藏)을 중생이라고 부른다.
무명 속에 머무르지만 아만하지 않고,
싸마디를 얻어 안정하면 드디어 적정이 된다.
여기에서 흔들리는 것은 아무 것도 없다.(3)
마치 커다란 줄기도 씨앗에서 생겨나는 것처럼,
이 중생도 어떻게 하면 깨어나며,
신들을 포함한 세간의 구제자가 될까를
여래는 생각하며,
그들을 정화시키려고 가르침을 연설하는 것이다.(4)

爾時世尊說伽他曰.
譬如藤子之中樹 藤芽一切而可得
於根贍部咸皆有 由其種植復得生
如是我見悉無餘 一切有情喩藤子
無漏最勝佛眼觀 是中備有如來體
不壞是藏名有情 於中有智而不異
安住在定處寂靜 亦不動搖無所得

爲彼淨故我說法 云何此等成正覺
猶如種子成大樹 當爲世間之所依.

7. 누더기에 감싸여 길에 버려진 불상의 비유

그런데 또 선남자여, 예를 들면 어떤 가난한 사람이 칠보로 만든 손바닥처럼 커다란 불상을 가지고 있다. 그런데 그 사람은 그 불상을 지니고 광막한 사막을 지나는 여행을 하려고 한다. 되도록이면 다른 사람의 눈에 띄지 않고, 또 도둑에게 도둑을 맞지 않으려고, 그 불상을 악취를 풍기는 누더기로 포장을 하였다. 그런 뒤에 그 사람은 광막한 사막을 지나다 어떤 잘못으로 죽음을 맞게 되었다. 그때 누더기에 감싸인 칠보로 만든 불상도 그 길가에 버려진 것이다. 누구도 그것을 알아차리지 못하고 그냥 짓밟고 지나가버리는 것이다. 그런 가운데 악취를 풍기는 불상을 싼 그 누더기 조각이 바람에 펄럭거리기 때문에 그로부터 불쾌한 냄새를 풍긴다. 이 황야에 사는 신들은 신의 눈으로 그것을 관찰하고, 다른 사람들에게 다음과 같이 가르쳐 주었다.

"여러분, 이 누더기 속에 보석으로 만든 불상이 들어 있다. 세간의 모든 중생들이 예배를 드리기에 가장 잘 어울리므로 그것을 꺼내시오."

선남자여, 그와 마찬가지로 여래도, 또 모든 중생이 번뇌로 뒤덮여 있으므로 비난을 받게 되고, 긴 세월에 걸쳐 생사윤회의 황야에서 늘 떠돌아다니고 있는 것을 관찰한다. 그러므로 선남자여, 여러 가지 번뇌로 말미암아 축생으로 태어난 중생조차도 여래를 잘 닮은 여래의 몸이 있는 것을 본다.

선남자여, 여기에서 여래는, 어떻게 하면 중생의 몸속에 품고 있는 여래의 지혜에 바탕을 둔 관찰이 번뇌로부터 벗어나서 청정하게 될까, 어떻게 하면 나와 세간의 모든 중생이 예배를 받을 수 있을까를 생각하며, 번뇌로 뒤덮여 있는 상태에서 해방시키려고, 모든 보살들을 위하여 법을 연설하는 것이다.

(T16-463b05) 復次善男子譬如貧人. 以一切寶作如來像長可肘量. 是貧丈夫欲將寶像經過險路. 恐其盜劫卽取臭穢故破弊帛. 以纏其像不令人測. 善男子是貧丈夫在於曠野忽然命終. 如來寶像在於臭穢弊惡帛中. 棄擲于地流轉曠野. 行路之人往來過去踐踏跳驀. 不知中有如來形像. 由彼裹在臭穢帛中棄之在地. 而皆厭惡豈生佛想. 是時居住曠野諸天以天眼見. 卽告行路餘人而言. 汝等丈夫此穢帛中有如來像. 應當速解一切世間宜應禮敬. 如是如是善男子. 如來以如來眼. 見一切有情如彼臭穢故帛煩惱. 長於生死險道曠野之所流轉. 受於無量傍生之身. 彼一切有情煩惱臭穢故弊帛中. 有如來體如我無異. 如來爲解煩惱穢帛所纏裹故. 爲諸菩薩而說妙法. 云何得淨如來智見去離煩惱. 得一切世間之所禮故猶如於我.

그리고 그때 세존께서는 다음과 같은 게송(偈頌)을 읊으신다.

예를 들면 보석으로 만들어진 불상이
코를 찌를 듯 악취를 풍기는 누더기로

몇 겹이나 감긴 채로 길가에 버려져 있었다.(1)
신이 천안을 가지고 그것을 보고, 사람들에게 말하였다.
'이것은 보석으로 만든 불상이다.
몇 겹이나 싸여 있는 이 누더기를 빨리 열어 보시오.'(2)
그와 마찬가지로 여래의 천안은 이와 닮아서
그 눈으로, 모든 중생도 또 번뇌로 뒤덮여서 대단히 괴로워하며,
윤회의 괴로움에 늘 들볶이고 있는 것을 본다.(3)
여래는 또 번뇌 덩어리의 내부에서
승리자의 몸이 선정에 들어 흔들리는 일도 없고,
변화하는 일도 없는데,
그것을 누구도 해방시켜 주지 않는 것을 본다.(4)
여래는 그것을 보고 권고한다.
'열어라! 가장 거룩한 깨달음에 들어 있는 이들이여,
중생들의 본성은 늘 이와 같으니라.
여기에 번뇌의 누더기에 감싸인 승리자가 있느니라.'(5)
여래에 의하여 지혜가 계발되어 모든 번뇌를 소멸하였을 때,
이 중생은 부처님의 이름을 얻으며,
신과 인간의 마음을 기쁘게 하리라(6)

爾時世尊說伽他曰.
譬如穢帛令厭惡 纏裹彼之如來體
寶像穢帛之所纏 棄於曠野險惡處
諸天天眼而見已 卽告行路餘人言
寶像在彼臭帛中 應當速解而恭敬

我以天眼如是見 我觀一切諸有情
被煩惱帛之所纏 極受憂惱生死苦
我見煩惱穢帛中 結跏趺坐如來體
安住寂然不傾動 皆無所有解脫者
爲見彼已而驚悟 汝等諦聽住勝覺
一切有情法如是 於怖畏中常有佛
卽解彼已現佛身 彼時一切煩惱靜
是故號名於如來 人天歡喜而供養

8. 빈천한 여인이 전륜성왕을 잉태한 비유

그런데 또 선남자여, 예를 들면 빈천하여 의지할 곳도 없는 여인으로서 안색도 파리하고, 악취를 풍겨서 사람이 싫어하며, 지금이라도 숨질 것 같은, 추한 괴물과 같은 사람이 양로원에 살고 있었다. 그녀는 그곳에 살면서 아기를 잉태하였다. 장래 반드시 전륜성왕(轉輪聖王)이 될 것임에 틀림없는 태아[46]가 그녀의 자궁 속에서 자라고 있는데도 자궁 속의 태아에 대하여 다음과 같이 아무런 생각조차도 하지 못한다.

'내 뱃속에 있는 이 태아는 어떤 아이일까!'

그때는 자기 자궁 속에 태아가 있는지 어떤 지조차 생각하지 못하고 있는 것이다. 그뿐인가, 그녀는 빈천한 출신이기 때문에 기운은 쇠약해지고, 다만 더욱 비천하고 어리석은 사람, 약소한 사람이라는 생

---

46) 태아(sattva, 胎兒) : 여기에서 말씀하는 태아의 원어는 쌋뜨와(sattva)이며, 이는 자궁 속의 생명체를 가리킨다.

각이 항상 따라다녀서 안색도 파리하고, 악취를 풍기면서 양로원에 살며 그저 세월을 보낸다.

선남자여, 이와 마찬가지로 모든 중생들도 또 자기를 구제하여 주는 이도 없고, 생사윤회에 괴로워하면서 양로원에 비유할 만한 윤회생존의 주처(住處)에 살고 있다. 그렇지만 중생에게는 여래의 혈통[如來種姓][47]이 흐르고 있으며, 그들의 내부에 자리를 잡고 있지만, 중생들은 그것을 알지 못한다. 선남자여, 그래서 여래는 중생이 스스로를 경멸하는 일이 없도록 보살들에게 다음과 같이 법을 연설하는 것이다.

'선남자여, 그대들은 스스로 열정을 잃지 않도록 열심히 정진하기 바란다. 또 그대들에게는 여래가 살고 있어서 때가 되면 그 모습을 드러낼 것이다. 그때에는 그대들은 보살의 무리에 끼어서 벌써 중생이라고 불리는 일이 없을 것이다. 드디어 부처라는 이름을 얻어 벌써 보살이라고 불리는 일도 없을 것이다.'

(T16-463c06) 復次善男子或有孤獨女人. 惡形臭穢容貌醜陋如畢舍支. 人所見者厭惡恐怖. 止於下劣弊惡之家. 偶然交通腹中懷妊. 決定是爲轉輪王胎. 然彼女人雖復懷妊亦曾無有如是思念. 唯懷貧匱下劣之心. 由心羸劣常作是念. 我形醜陋寄於下劣弊惡之家. 而過時日. 亦不足知是何人類生於我腹. 如是如是善男子. 一切有情無主無依. 生三有中寄於下劣弊惡之舍. 爲生死苦之所

47) 여래의 혈통(gotra, 如來種姓) : 고뜨라(gotra)는 종성(種姓, 種性)을 가리키며, 여기에서는 가계(家系), 가문(家門), 혈통(血統)이라는 뜻이다. 그 집안에 전하여 내려오는 핏줄, 그 집의 특징을 나타내는 본질이라고 하는 의미도 된다. 이것도 여래장 개념의 하나로 쓰인 것이다.

逼迫. 然一一有情有如來界具如來藏. 是彼有情不覺不知. 善男子如來不令一切有情而自欺誑. 佛爲說法. 善男子汝等莫自欺誑. 發大堅固精進之心. 汝等身中皆有佛體. 於其後時畢成正覺. 汝今已入於菩薩數卽非凡夫. 久後亦墮於如來數卽非菩薩.

그리고 그때 세존께서는 다음과 같은 게송(偈頌)을 읊으신다.

예를 들면 의지할 곳도 없고, 안색도 파리하며,
자태가 추하고, 어리석은 한 여인이 양로원에 살고 있었다.
그런데 때를 만나 그곳에서 아기를 잉태하였다.(1)
그녀의 자궁에는 반드시 전륜성왕으로서 많은 보물을 갖추고,
위덕이 수승하며, 4대주(四大洲)의 주인이신 님을 품고 있느니라.(2)
어리석은 그녀는 이와 같이,
미래의 왕이 자궁 속에 있는지 없는지도 모르고,
양로원에 살면서 가난뱅이라고 생각하며 그저 세월을 보낸다.(3)
그와 마찬가지로 여래는 모든 중생도 또 의지할 데 없이
괴로움을 안겨준 것에 핍박을 당하고,
삼계의 하찮은 즐거움에 빠져서
자신의 내부에 태아와 같은 여래의 본성이 있는 것을 보느니라.(4)
그와 같은 모습을 보고 보살을 향하여 다음과 같이 연설한다.
'세상에 도움이 되는 사람이 자궁 속에 있는데도
모든 중생은 본성을 모르고 있기 때문에
자신은 어리석다는 생각을 품어서는 아니 된다.'(5)
그대들은 열심히 정진하여라.

그렇게 하면 스스로의 몸은 머지않아 승리자가 되리라.
때가 되면 깨달음(bodhi, 菩提)을 얻고,
몇 천만의 중생을 해탈시키리라.(6)

爾時世尊說伽他曰.
譬如婦人無依主 形容醜惡令厭怖
寄於弊惡下劣家 或時而有王胎孕
彼懷如是之胎孕 決定是爲轉輪王
其王威德七寶圍 統領四洲爲主宰
彼愚醜女曾不知 於已腹中有如是
在於賤貧弊惡舍 懷貧窮苦心憂惱
我見一切諸有情 無主受於窮迫苦
在於三界中耽樂 身中法藏如胎藏
如是見已告菩薩 一切有情具法性
胎中世利有光明 應生恭敬勿欺誑
發堅精進以修持 不久自身成作佛
不久當坐菩提場 解脫無量俱胝衆

9. 거푸집 속의 진금불상의 비유

그런데 또 선남자여, 예를 들면 말의 상(像)이나 코끼리의 상(像)이나 여인의 상(像)이나 또는 남자의 상(像)을 밀랍으로 만들어 거푸집[鑄型] 속에 넣고 흙을 씌운다. 그리고 불로 데워서 녹이고, 밀랍이 녹아

내린 뒤에 금을 녹여서 붓는다. 녹여서 부은 것이 속에 가득 차면 천천히 냉각시킨다. 그래서 균질(均質)이 된 그 형상들은 모두 밖의 거푸집은 검고 더러운 데도 속의 것은 금으로 만든 것이 되는 것이다. 그런 뒤에 장인(匠人)이 그 가운데에서 어느 상(像)이든 냉각이 되면 거푸집을 망치로 쪼아서 떼어내는 순간 속에 있던 금으로 된 상(像)은 깨끗해지게 된다.

선남자여, 그와 마찬가지로 여래도 또, 여래의 눈으로 모든 중생이 거푸집 속의 상(像)과 같은 것이며, 밖의 무명이나 수면(隨眠) 속의 공간은 부처님의 덕성으로 가득 차 있으며, 때가 끼지 않은 지혜의 보물을 가진 여래가 아름답게 들어 있는 것을 본다.

선남자여, 그래서 여래는 모든 중생을 이와 같이 관찰하고 나서 보살들에게로 가서 이와 같이 법문을 연설하는 것이다. 그렇게 한즉 번뇌가 소멸하며, 청량하게 된 보살들은 자기의 내부에 있는 여래의 지혜라고 하는 보물을 정화시키려고, 금강저와 같은 여래의 가르침의 힘으로 밖으로부터 온 모든 번뇌를 깨뜨려 부순다.

선남자여, 장인(匠人)이란 여래를 가리키는 것이다. 선남자여, 바르게 완전한 깨달음을 얻은 여래는 불안을 가지고, 모든 중생을 이와 같이 관찰한다. 그래서 그들을 번뇌로부터 해방시키고, 부처님의 지혜를 확립하게 하려고 법을 연설하는 것이다.

> (T16-464a05) 復次善男子. 譬如以蠟作模. 或作馬形象形男形女形. 泥裹其上而用火炙. 銷鍊眞金鑄於模內. 候其冷已. 是其工匠將歸舍宅. 其模外爲黑泥覆弊. 形狀燋惡內有金像. 或工匠及工匠弟子. 知其模冷卽壞其泥旣淨持已. 於須臾頃是金寶像則便淸淨.

如是如是善男子. 如來以如來眼觀見一切有情. 如金像模外爲煩惱泥所覆裹. 於內虛沖滿有佛法無漏知寶. 善男子我今觀見一切有情悉皆如是. 在菩薩衆而說妙法. 若菩薩摩訶薩. 若得寂靜清涼. 如來爲彼有情. 以金剛器仗淨其法眼. 除其煩惱及隨煩惱. 爲淨如來智寶藏故. 善男子如來猶如持寶像者. 善男子而破彼色及隨煩惱. 令得解脫是名如來. 善男子如來應正等覺. 見一切有情如來藏. 爲無邊俱胝煩惱藏中之所沈沒. 爲彼有情破煩惱藏. 於佛智見安立無上正等菩提.

그리고 그때 세존께서는 다음과 같은 게송(偈頌)을 읊으신다.

예를 들면 형상(形像)은 겉을 거푸집으로 둘러싸고,
비어 있는 속에 금을 녹여서 가득히 메우면
몇 백 몇 천 개가 될 수 있다.(1)
장인은 잘 냉각된 것을 알고, 금으로 만든 것을 이와 같이
청정한 상(像)으로 하는데, 어떤 작업을 해야 할까를 생각하고,
형상(形像)을 둘러싸고 있는 거푸집을 깨뜨린다.(2)
그와 마찬가지로 여래는 모든 중생도
또 금상(金像)이 거푸집 속에 숨겨 있는 것처럼
겉에는 피부와 같은 번뇌가 있지만,
속에는 부처님의 지혜가 있음을 본다.(3)
이 중생들 속의 보살인 수행자는
번뇌가 소멸하여 청량하게 된 수행자로서
그들은 번뇌를 남김없이 제거하고,

법이라고 하는 도구를 가지고 그것을 깨뜨려 버린다.(4)
금상을 보면 아름다운 것처럼
여기에서 청정하게 된 승리자의 아들은 누구이며,
10력(十力)을 가지고 신체를 가득 채우고,
신들을 포함한 세간에서 공양을 받는다.(5)
여래는 모든 중생을 그와 같이 보고,
여래는 보살을 그와 같이 본다.
그들은 이와 같이 청정하게 되어 선서(善逝)가 된다..
그 선서들은 불안을 시현한다.(6)

爾時世尊說伽他曰.
譬如外色泥作模 於內空虛無所有
銷鍊眞金滿鑄瀉 其數或百或一千
工匠之人知冷已 則破其泥現於像
泥除則淨其寶像 匠意琱琢皆成就
我見一切諸有情 猶如金像在泥模
煩惱於外而蓋覆 如來之智處於內
若得寂淨及淸涼 前際淸淨智菩薩
以法器仗而捶擊 煩惱由斯悉摧壞
所有如來之佛子 猶如金像令可愛
常得天世人供養 圓滿身相具十方
我見一切諸有情 如是淸淨成善逝
成就善逝成佛眼 滿足無上薩婆若

4장 경전을 수지하는 공덕

그때 세존께서는 금강혜 보살에게 말씀하신다.

금강혜여, 선남자이든 선여인이든, 또 재가 신자이든 출가 수행자이든, 어떤 사람이라도, 『여래장경』을 수지(受持)·독경(讀經)·송경(誦經)·서사(書寫)·공양(供養)하고, 다른 사람에게도 상세하게 강설(講說)하며, 바르게 해설(解說)하면 그 공덕은 대단히 많이 쌓일 것이다.

또 금강혜여, 다른 보살이 있는데, 여래의 지혜를 완성하려고 노력할 때, 각각의 세계의 각각의 부처님에게 공양을 올리려고 상서로움을 나타낸다. 이와 같은 선정에 들어가고, 선정의 힘을 몸에 익혀서 몇 100x1000 꼬띠(koṭi, 10,000,000)·나유따(nayuta, 那由他, 100兆x100兆)나 되는 갠지스강의 모래알보다도 많은 불국토에서 갠지스강의 모래알의 수보다도 많은 모든 부처님·모든 보살·모든 성문과 함께 계시는 여래의 각각을 위하여 계절에 맞춰서 넓이 1평방 요자나, 높이 10 요자나(yojana, 踰繕那, 약 8km)[48]이며, 모든 종류의 보석으로 되어 있으

48) 요자나(yojana, 踰繕那): 길이의 단위 가운데의 하나이다.
① 7/100억cm 쁘라마누(Paramāṇu) 극미진(極微塵)
② 아누(Aṇu) 미진(微塵): 쁘라마누의 7배

며, 천계(天界)의 아름다운 향기를 가지고, 여러 가지 꽃을 아로새기며, 예쁜 가구를 갖춘 쾌적한 누각을 갠지스강의 50지류(支流)의 모래알의 몇 100x1000배만큼이나 매일같이 만든다. 그리고 100x1000겁(kalpa, 劫) 동안 이와 같이 공양을 올린다고 하더라도, 그것보다도 선남자이든 선여인이든 누군가가 보리심(bodhicitta, 菩提心)을 일으켜 『여래장경』 속의 하나의 비유만이라도 몸에 익혀 서사하는 사람이 있으면, 금강혜여, 그 형성된 공덕의 양에 비하여 앞의 누각을 만든 공덕은 100분의 1, 1,000분의 1, 100,000분의 1에도 미치지 못한다. 또 계량도 분할도 산수도 비유도 미치지 못하며, 비교할 수도 없다.

금강혜여, 어느 보살이 무상의 깨달음을 구하려고 부처님·보살·성문들에게 100x1000겁 동안 만다라꽃(māndāra, 曼陀羅華)[49],

---

③ 로하라자쓰(Loharajas) 금진(金塵): Aṇu미진(微塵)의 7배
④ 아브라자쓰(Abrajas) 수진(水塵): loharajas의 7배
⑤ 샤샤라자쓰(Śaśarajas) 토모진(兎毛塵): abrajas의 7배
⑥ 아위라자쓰(Avirajas) 양모진(羊毛塵): śaśarajas의 7배
⑦ 고라자쓰(Gorajas) 우모진(牛毛塵): avirajas의 7배
⑧ 와따야나치드라라자쓰(Vātāyanacchidrarajas) 극유진(隙遊塵): gorajas의 7배
⑨ 릭샤(Likṣā; 蟣; 서캐 기): vātāyanacchidrarajas의 7배
⑩ 유까(Yūka; 蝨; 이 슬): likṣā의 7배
⑪ 야와(Yava; 麥, 보리 맥, barley, barley-corn): yūka의 7배
⑫ 앙굴리빠르완(Aṅguliparvan; 指節): yava의 7배
⑬ 앙굴리(Aṅguli; 指): aṅguliparvan의 3배
⑭ 하쓰따(Hasta; 肘; 팔뚝 주): 앙굴리(aṅguli)의 24배 (1尺6寸)
⑮ 다누쓰(Dhanus; 弓=vyāma; 尋): 하쓰따(hasta)의 4배 (6尺4寸)
⑯ 끄로샤(Krośa; 俱盧舍): 다누쓰(dhanus)의 500배 (3200尺)
⑰ 요자나(Yojana; 踰繕那=由旬): 끄로샤(krośa)의 8배(25600尺)=7756.8m=7.7568km

49) 만다라꽃(māndāra, 曼陀羅華): 만다라(māndāra)는 천묘화(天妙華), 적의화(適意華), 열의화(悅意華), 백화(白華)라고 한역한다. 빛이 곱고, 방향(芳香)을 풍기며, 고결하여 이 꽃을 보는 사람의 마음을 기쁘게 해 준다고 하는 천계의 꽃을 가리킨다.

100x1000카리(khāri, 斛)[50]를 뿌린다고 치자. 그런데 금강혜여, 다른 쪽에서는 비구·비구니·선남자·선여인이 있는데, 그들은 보디심을 일으켜, 이 『여래장경』의 법요를 청문하고, 합장하고 예배를 올리면서 '수희합니다'라고 한 마디라도 말하였다고 하면, 금강혜여, 그들이 형성하는 복덕이나 선근과 비교하여 앞에서 말한 꽃잎이나 꽃다발을 가지고, 여래를 위하여 쌓은 복덕의 형성이나 선근의 형성은 100분의 1, 1,000분의 1, 100,000분의 1에도 미치지 못한다. 또 계량도 분할도 산수도 비유도 미치지 못하며, 비교할 수도 없다.

(T16-464b06) 佛告金剛慧菩薩言. 善男子若在家出家善男子善女人. 於此如來藏經典法要. 受持讀誦書寫經卷. 爲他廣說得福無量. 或有善男子善女人或餘菩薩. 爲於積集如來智故. 精勤供養一切如來. 於一一世界. 成就如是色三摩地. 由此色三摩地威力. 過恒河沙諸佛世界. 過恒沙數俱胝那庾多現在諸佛. 於一一佛所供養承事. 幷及菩薩聲聞僧衆. 如是乃至過五十恒河沙諸佛世尊. 當於和暢安樂之時. 各送百千珍妙樓閣. 一一量高十踰繕那. 縱廣正等一踰繕那. 如是一切以寶成天妙香器. 散種種花成辦種種受用之具. 日日如是乃至千劫. 金剛慧若苾芻苾芻尼鄔波索迦鄔波斯迦. 發菩提心於此如來藏經. 取其一喩. 或在於身或在經卷. 金剛慧以此福業與前福業. 如來安立百分迦羅分千分百千分俱

50) 카리(khāri; 斛): 카리(khāri)는 구리(佉梨)라고 음역하고, 곡(斛)이라고 한역한다. 1카리=10말(斗), 1말(斗)은 18*l* 로 계산하므로, 1카리=180*l* 쯤 이다. 카리 meaning bushel. Translated as 곡(斛), a measure of about ten 두(斗). Also transliterated as 구려(佉慮) and 구륵(佉勒). [사분율(四分律) T 1428.22.791b13, 구사론(俱舍論) T 1559.29.219c2]

胝分. 俱胝百分. 俱胝千分俱胝百千分. 俱胝那庾多百千分. 不及於此迦羅一分. 乃至算數譬喻所不能及. 金剛慧若有善男子善女人. 求無上菩提者. 於彼諸佛世尊幷及菩薩聲聞大衆. 取曼陀羅花百千斛. 日日供養復滿千劫. 金剛慧若餘苾芻苾芻尼鄔波索迦鄔波斯迦. 發菩提心聞此如來藏經法要. 乃至合掌禮敬作隨喜語. 金剛慧以此勝福善根. 與前善根獻花功德. 如來安立比前功德. 百分迦羅分千分無數分. 不如一分.

그리고 그때 세존께서는 다음과 같은 게송(偈頌)을 읊으신다.

한 중생이 깨달음을 원하여 『여래장경』을
청문(聽聞)·수지(受持)·독경(讀經)·송경(誦經)·서사(書寫)·공양하고,
공경하는 마음으로 한 시송(詩頌)만이라도 강설(講說)하며,(1)
또는 이 『여래장경』을 청문하고, 가장 거룩한 깨달음을 구한다면,
얼마만큼의 복덕의 모임이 이뤄질까,
그 공덕을 여기에서 비교하여 보노라.(2)
이 최승의 신통력에 의하여, 용감한 사람이 1000겁 동안
시방세계의 부처님과 보살과 성문들에게 공양을 올리고,(3)
갠지스강의 모래알의 수보다도 많고, 불가사의할 만큼의
보석으로 된 훌륭한 궁전을 각각의 부처님의 세계에 건립하며,(4)
그 높이 10요자나이고, 가로 세로 각각 1요자나이며,
도향과 소향을 갖추고, 그 가운데에 보석으로 된 의자를 놓고,(5)
비단이랑 예쁜 천을 100매나 깔고, 의자와 그 밖의 좌석도,
갠지스강의 모래알의 수보다도 많은

한 분 한 분의 부처님에 봉공하면,(6)
갠지스강의 모래알의 수보다도 많은 모든 세계의,
각각의 한 세계에 한 분씩 계시는 부처님들에게도
모두 똑같이 봉공하고 공경하는 뜻으로 공양하는 것에 비교하여,(7)
어떤 지혜로운 사람이 이 『여래장경』을 청문하여,
다만 한 비유라도 잘 수지하고 견지하여 다른 사람에게 강설하면,
이것은 앞의 것들보다 복덕이 더 많으니라.(8)
용감한 사람이 갖는 복덕도 이것에 비교하면
아주 적은 것이어서 분할도 비유도 미칠 수 없다.
중생들이 모두 귀의할 곳이며,
그는 아주 빨리 최승의 깨달음(bodhi, 菩提)을 얻을 것이니라.(9)
지혜로운 보살이면서 만일 모든 중생의 내부에
이 여래의 태아와 같은 본성이 있는 것을 사유하면,
그는 아주 빨리 스스로 깨달을 수 있는 존재, 부처가 될 것이니라.(10)

爾時世尊說伽他曰.
或有樂求菩提者 聞此經典而受持
乃至書寫於經卷 若能恭敬於一偈 1
應聽彼福而無量 發生無量福德藏
得聞如來之藏經 若能求勝菩提行 2
以神通力住上乘 供養恭敬人中尊
幷及十方聲聞衆 乃至滿足於千劫 3
多千劫數如恒沙 超於彼數不思議
一一世間行無量 純以寶作妙樓閣 4

其量高十踰繕那 縱廣有一踰繕那
塗香燒香而供養 於中七寶微妙座 5
以妙繒綵敷其上 及餘妙座皆敷設
其數猶如恒河沙 一一供養於諸佛 6
一一送彼如來所 所有刹中諸如來
其數猶如恒河沙 悉皆供養而承事 7
若有智者聞此經 取於一喻而正行
若能受持及讀誦 此福超過前福聚 8
勇者此福德比之 分割譬喻所不及
有情歸依於此經 疾證於彼無上覺 9
此如來藏相應法 若智菩薩能思惟
一切有情勝法性 速疾覺悟自然智 10

5장 금강혜 보살은 누구인가?

1. 상방광명 여래

금강혜여, 다음 방법에 의해서도 위에서 연설한 것과 같이 이 법문이 보살에게 여래의 지혜를 완성할 수 있는 이익을 준다는 것을 알아야 한다.

금강혜여, 일찍이 광대하고 무량하며 불가사의하고 비교도 할 수 없으며 언어로는 나타낼 수 없는 무수한 겁보다도 훨씬 더 오래 전인 과거세에, 바로 그때[51] 상방광명(常放光明)이라고 하는 여래·응공(應供)·등정각(等正覺)·명행족(明行足)·선서(善逝)·세간해(世間解)·무상사(無上士)·조어장부(調御丈夫)·천인사(天人師)·불세존(佛世尊)[52]께서 이 세계에 출현하셨다.

금강혜여, 그 여래는 왜 상방광명이라고 부르는 것일까? 금강혜여,

51) 과거세에 출현하신 부처님에 관한 이야기를 시작할 때의 실마리를 끌어내는 정형구이다. 이 문장에 이어서 부처님의 명호를 여래10호로 들고 있으며, 그 출현하는 세계와 이름과 깔빠(kalpa, 劫)의 이름까지 밝혀 주는 것이 보편적이다.

52) 여래10호 : 여래·응공(應供)·등정각(等正覺)·명행족(明行足)·선서(善逝)·세간해(世間解)·무상사(無上士)·조어장부(調御丈夫)·천인사(天人師)·불세존(佛世尊).

저 상방광명 여래는 아직 깨달음을 얻으려고 수행하는 보살이었을 때, 어머니의 자궁 속에 들어서자마자 그는 어머니의 자궁 속에 있으면서 신체에서 발광(發光)하고, 동방에 있는 10개의 불국토의 미진의 물(水)보다도 더 많은 100x1000의 세계를 광명으로 늘 덮고, 그와 똑같이 남·서·북·남동·남서·북서·북동·하방·상방의 시방(十方)에 있는 열 개의 불국토의 미진보다도 더 많은 광명으로 늘 덮었다. 바로 그 보살의 기뻐하고, 아름다우며, 아주 기뻐하고, 사람을 즐겁게 하는 신광(身光)[53]은 앞에서 연설한 만큼의 100x1000의 세계를 광명으로 늘 덮고 있는 것이다.

금강혜여, 그들 100x1000의 세계에서 어머니의 자궁 속에 있는 그 보살의 빛을 받은 중생들은 누구나 대위광(大威光)을 가지며, 예쁜 용모와 안색을 띠고, 기억력·판단력·인식력을 갖게 되고, 말재주를 갖는 사람이 되었다. 그리고 그들 100x1000의 세계에서는 지옥이든 축생이든 또는 야마의 세계나 아쑤라의 세계에 태어난 중생이든 모든 중생은 그 보살의 광명을 받은 것만으로 각자가 살고 있던 윤회로부터 벗어나서 인간이나 신으로 환생하였다. 그들은 그 보살이 내는 빛과의 접촉만으로 위없는 완전한 깨달음에의 길에서 물러서는 일이 없게 되었다. 더욱 또 그들 불퇴전인 사람들에게 그 빛이 접촉하면 즉시 그들은 모두 모든 존재는 본디 불생인 것을 인식하며, 무생법인(無生法忍)을 얻었다. 또 「500공덕품」이라고 부르는 다라니(dhāraṇī, 多羅尼)[54]

53) 신광 : 이 신광은 말할 것도 없이 여래의 지혜의 빛을 상징하는 것으로 이것이 어머니의 태 내에 있을 때부터, 니르와나에 든 이후까지도 영원불변하게 빛을 내고 있는 것은, 그와 같은 지혜의 광명으로 대표되는 여래의 본질, 드디어는 불교 교리에서 법신의 이름으로 고정되는 것을 나타내고 있다.

54) 다라니(dhāraṇī, 多羅尼) : 고뇌를 소멸시키는 일종의 기도로 사용되는 신비스

도 획득하였다.

그 어머니의 자궁 속에 있는 보살의 신광(身光)에 접촉한 모든 100x1000의 세계는 모두 유리 보석으로 된 것이 되고, 금실로 바둑판의 눈처럼 교묘하게 잘 짜여 있다. 그 바둑판의 눈이 모두 또 꽃·열매·향기·빛깔을 갖춘 보배 나무[寶樹]를 낳았다. 그 보배 나무들은 바람에 휘날려서 바람에 흔들리면 귀에 여러 가지 경쾌한 소리를 낸다. 곧 부처라고 하는 소리, 법(dharma, 法)이라고 하는 소리, 승가(saṃgha, 僧伽)라고 하는 소리, 보리살타(bodhisattva, 菩提薩埵)라고 하는 소리, 보살의 5력(pañca-balāni, 五力)[55]·5근(pañca-indriyāṇi, 五根)[56]·7각지(Sapta-bodhy-aṅgāni, 七覺支)[57]·해탈(mokṣa, 解脫)·싸마디

런 시나 주문(dhāraṇī f. a mystical verse or charm used as a kind of prayer to assuage pain); 한문경전에서는 '다라니(多羅尼)'라고 음사하며, 총지(摠持)·주문(呪文)·주(呪)·진언(眞言)이라고 번역한다.

55) 5력(pañca-balāni, 五力) : 5력은 신력(śraddhā-balāni, 信力)·정진력(virya-balāni, 精進力)·염력(smṛti-balāni, 念力)·정력(samādhi-balāni, 定力)·혜력(prajñā-balāni, 慧力)을 가리키며, 5가지 빼어나게 작용하는 힘으로 니르와나에 다다르게 하는 힘이다.

56) 5근(pañca-indriyāṇi, 五根) : 5근은 신근(śraddhā-indriya, 信根)·정진근(virya-indriya, 精進根)·염근(smṛti-indriya, 念根)·정근(samādhi-indriya, 定根)·혜근(prajñā-indriya, 慧根)을 가리키며, 해탈에 이르기 위한 5가지 힘이며, 니르와나에 도달하기 위한 수행과정으로 자량이 되는 것인 37도품 속의 5가지로 자리 잡고 있다.

57) 7각지(Sapta-bodhy-aṅgāni, 七覺支) : ① 택법각지(擇法覺支) 가르침 가운데에서 진실인 것을 선택하여 취하고 거짓인 것을 버린다. ② 정진각지(精進覺支) 일심으로 정진한다. ③ 희각지(喜覺支) 진실의 가르침을 실행하는 기쁨에 안주한다. ④ 경안각지(輕安覺支) 몸과 마음을 편안하게 하여 안락하게 생활한다. ⑤ 희각지(捨覺支) 대상에 대한 집착을 버린다. ⑥ 정각지(定覺支) 마음을 집중하여 혼란하지 않게 한다. ⑦ 염각지(念覺支) 생각을 평온하게 지닌다.

(samādhi, 三昧)[58]·등지(samāpatti, 等至)[59]라고 하는 소리이다. 그들 보배 나무가 내는 소리에 의하여 또, 이들 100x1000의 세계 모두는 커다란 환희를 얻고, 태연자약하였다. 그래서 이들 모든 불국토에서는 벌써 지옥, 축생, 야마의 세계나 아쑤라의 권속이 사라져버린다.

또 어머니의 자궁 속에 있는 보살은 그 중생들 앞에서 둥근 달과 같은 자세를 보인다. 그렇게 한측 중생들은 자궁 속에 있는 보살에게 낮에 3번, 밤에 3번씩 합장하고 예배를 드린다.

금강혜여, 그와 같이 저 보살이 잉태되어 출생하고, 깨달음을 몸소 얻을 때까지 저 보살의 신광은 끊임없이 계속하여 빛을 내면서 몸소 깨달음을 얻고 나서도 그 세존의 몸에서는, 끊임없이 계속하여 빛이 나타났다. 이와 같이 해서 그 세존의 신광은 완전한 니르와나에 들어갈 때까지도 계속하여 빛을 냈다. 금강혜여, 이와 같은 까닭으로 신과 인간들은 그 세존을 상방광명이라고 부르는 것이다.

또 금강혜여, 그 세존, 말하자면 바르게 완전한 깨달음을 얻은 상방광명 여래가 비로소 명료한 깨달음을 얻었을 때, 1000인의 권속을 거

58) 싸마디(samādhi, 三昧) samādhi m. putting together, concentration of the thoughts(생각의 집중), profound or abstract meditation(심오한, 추상적인 명상), intense contemplation of any particular object (so as to identify the contemplator with the object meditated upon(명상가가 명상하는 사물을 확인할 정도로 어떤 특별한 대상을 강렬하게 생각함); this is the eighth and last stage(이는 8번째이며, 마지막 단계임); with Buddhists samādhi is the fourth and last stage of dhyāna or intense abstract meditation)(불교에서 samādhi는 dhyāna의 4번째이며 마지막 단계임) 한문경전에서는 '삼매(三昧)'라고 음사하며, 등지(等持)라고 번역한다.

59) 등지(samāpatti, 等至) : 정(定)의 한 가지이며, 정신통일의 힘에 의하여 마음이 안온(安穩)하면서 평등인 상태를 가리킨다. 등지(等至), 삼마발저(三摩鉢底), 삼마발제(三摩跋提).

느린 무변광(ananta-prabha, 無邊光)이라고 하는 보살이 출현한다. 금강혜여, 무변광 보살은 바르게 완전한 깨달음을 얻은 상방광명 여래를 향하여, 『여래장경』에 대하여 질문을 한다.

그래서 바르게 완전한 깨달음을 얻은 상방광명 여래께서는 그들 보살들을 환영하고, 간청을 들어주시며, 한 좌석에 앉은 채로, 오백 대겁(mahākalpa, 大劫) 동안이나 이 『여래장경』을 자세하게 해설하셨다. 상방광명 여래께서는 『여래장경』을 알아들을 수 있는 말로 말씀하시며, 가르침의 실천이나 말씀의 설명이나 몇 100x1000의 비유를 들어 그들 보살들에게 자세하게 해설하였기 때문에, 시방(十方)에 있는 10개의 불국토의 미진의 수만큼의 모든 세계에서도 보살들이 『여래장경』을 어려움 없이 거의 다 이해하였다.

금강혜여, 그때 『여래장경』을 청문하고, 또는 적어도 여래장이라고 하는 이름만이라도 들은 보살들은 누구나 모두 최종적으로 선근을 완성하고, 그와 같은 덕성으로 몸을 장식하며, 바르고 완전한 깨달음을 얻는다. 다만 네 명의 보살만은 예외이다.

금강혜여, 그때 무변광이라고 부르고 있던 저 보살이라고 하는 것은 누군가 다른 사람이라고 그대는 생각할지도 모르지만, 그런 것이 아니다. 금강혜여, 그대야말로 그때 무변광이라고 불리고 있던 것이다. 저 세존께서 설법을 하고 계실 때에도 아직 바르고 완전한 깨달음을 얻지 못한 네 명의 보살들은 누구 누구일까? 그들은 바로 문수사리(mañjuśrī 文殊師利)·대세지(mahāsthāmaprapta, 大勢至)·관자재(Āryāvalokiteśvara, 觀自在)와 그리고 그대 금강혜(vajramati, 金剛慧)의 네 사람이다. 금강혜여, 그와 같이 『여래장경』을 청문한 것만으로도 보살 마하살들에게 부처님의 지혜가 성취할 정도로 이익은 큰 것이다.

(T16-464c24) 佛告金剛慧. 以此得知如是法門. 於諸菩薩摩訶薩成多利益. 能引薩婆若智. 金剛慧我念過去無量無數廣大不思議無量不可說劫從此已後. 當於是時有佛. 名常放光明如來應正等覺明行圓滿善逝世間解調御士無上丈夫天人師佛婆伽梵. 金剛慧以何因緣彼佛世尊. 名常放光明金剛慧彼佛世尊常放光明. 如來應正等覺爲菩薩時在母胎中. 以身光明透徹于外. 普照東方十佛刹土微塵等百千世界. 如是照已. 乃至南西北方四維上下. 各十佛刹微塵等百千世界普皆照曜. 金剛慧彼諸世界. 由於菩薩在母胎中身光普照. 而是光明令人適悅發生歡喜. 金剛慧由彼菩薩身光照故. 微塵數百千世界. 是中有情爲光照觸. 獲大威德色相具足. 具念具慧具行具智具於辯才. 是彼諸世界中一切有情. 墮于地獄傍生閻魔羅界阿蘇羅趣者. 由彼菩薩身光明照. 光纔觸已. 一切皆捨惡趣之身生於人天. 是彼諸世界所有人天. 由於菩薩身光照觸. 皆於無上菩提. 得不退轉獲五神通. 是彼諸世界所有不退轉菩薩. 以彼菩薩身光照觸. 光纔觸已悉皆成就無生法忍. 各各獲得名五百功德轉陀羅尼. 如是微塵百千世界. 由彼菩薩身光明照成吠琉璃. 黃金爲繩以界八道. 一切寶樹八行布列. 花果莊嚴色香殊異. 是諸寶樹香風搖擊. 從其樹出和雅悅意微妙之聲. 所謂佛聲法聲僧聲菩薩聲. 菩提聲根力覺分解脫等持等至之聲. 由寶樹聲. 彼微塵數百千界中一切有情. 悉皆獲得法喜禪悅. 是諸世界中所有一切有情. 遠離地獄傍生閻魔羅界阿蘇羅趣. 是彼菩薩在母腹中. 光明如月合掌而住. 晝夜六時常放光明. 乃至誕生. 金

剛慧是彼菩薩. 亦初生已便成正覺. 彼佛世尊旣成佛已. 而於身中常放光明. 乃至般涅槃時常放光明. 彼佛世尊般涅槃後. 所有舍利置於塔中常放光明. 金剛慧以是因緣. 彼時人天號彼世尊. 名爲常放光明如來. 復次金剛慧. 彼佛世尊常放光明. 如來住世之時. 有一菩薩名無量光. 與二十俱胝菩薩以爲眷屬. 是時無量光菩薩. 於彼常放光明如來應正等覺. 已曾問此如來藏法門. 金剛慧是彼常放光明如來應正遍知. 於五百劫不起于座. 廣宣說此如來藏經. 以種種句於法了別. 無礙辯才百千譬喩. 哀愍攝受彼菩薩故. 是故廣演此如來藏甚深法要. 於彼十方各十佛刹微塵數俱胝百千世界中. 菩薩以小功力而皆警覺. 金剛慧彼中菩薩. 聞此如來藏經. 乃至得聞此經名號. 一切漸次善根成熟. 已成熟已. 各於異國而成正覺. 除四菩薩摩訶薩不取菩提. 金剛慧勿生異念. 當彼之時無量光菩薩. 豈異人乎卽汝身是. 何以故. 汝金剛慧於彼. 往昔爲菩薩時名無量光. 金剛慧彼佛世時. 其四菩薩不取菩提者. 所謂曼殊室利菩薩得大勢菩薩. 觀自在菩薩則汝金剛慧. 是爲第四. 金剛慧如是大利益如來藏法要. 菩薩摩訶薩. 由聞此故佛智成就.

그리고 그때 세존께서는 다음과 같은 게송(偈頌)을 읊으신다.

헤아릴 수 없을 만큼의 겁 이전의 과거세에,
상방광명 세존께서 출현하시고, 그 몸에서 빛을 내시어,
몇 100x1000 꼬띠(10,000,000)·나유따(100兆x100兆)의
불국토를 비추시었다.(1)

승리자가 비로소 깨달음을 얻은 것을 알고,
무변광 보살은 그때 그 승리자,
이상세계에 오신 자재하신 부처님에게 간청하였다.
『여래장경』을 늘 자세하게 연설하여 주소서.(2)
누구든지 그 승리자의 말씀 속에서,
『여래장경』을 지도자로부터 몸소 들은 사람은,
모두 아주 빨리 최승의 깨달음을 얻는다.
다만 네 명의 보살을 제외하고.(3)
그들은 대세지(mahāsthāmaprapta, 大勢至),
관자재(Āryāvalokiteśvara, 觀自在),
문수사리(mañjuśrī, 文殊師利)가 3번째이며,
그리고 그대 금강혜(vajramati, 金剛慧)가 4번째이다.
그때 그들은 『여래장경』을 들은 것이다.(4)
그때 승리자에게 질문하여,
『여래장경』을 자재하게 한 선서(善逝)의 아들,
무변광 보살이야말로 당시의 그대 금강혜 자신이다.(5)
여래도 또 일찍이 전세의 수행을 쌓을 때,
이상세계에 잘 오신 사자당 여래로부터,
『여래장경』의 이름을 들었다.
공경하며 청문하고 합장 예배를 드렸다.(6)
이와 같이 닦은 까르마에 의하여
여래는 최승의 깨달음을 아주 빨리 얻었다.
그러므로 지혜로운 보살들은
언제나 이 최승의 『여래장경』을 수지해야 하느니라.(7)

爾時世尊說伽他曰.

昔常放光明世尊 過去之世無量劫
以身常放大光明 照曜俱胝百千界
初成無上正覺已 彼時無量光菩薩
問彼世尊此法王 如是經典彼時說
常彼佛時聞此經 從於彼佛而聞已
悉皆獲得勝菩提 唯除於此四菩薩
得大勢及觀自在 曼殊室利爲第三
第四卽汝金剛慧 當於是時聞此經
昔時無量光菩薩 卽是於汝金剛慧
當於彼時爲佛子 我曾於先行勝行
聞此妙經之名號 從師子幢如來所
恭敬合掌聞此經 我昔由此善根業
速得最勝菩提位 是故智者持此經.

2. 아난다, 묻다

금강혜여, 선남자든 선여인이든 업장(業障)에 얽혀 있는 사람이라면 누구라도 이 『여래장경』을 청문(聽聞)·수지(受持)·독송(讀誦)·서사(書寫)·공양(供養)하고, 공경하는 마음으로 다른 사람에게도 상세하게 강설하며, 바르게 해설(解說)하면 그 선행에 의하여 어려움 없이 그 업장은 소멸할 것이다.

그래서 그때 다문제일(多聞第一) 아난다[60] 존자는 세존을 향하여 다음과 같이 말씀을 사뢰었다.

"세존이시여, 선남자든 선여인이든, 누구든지 업장에 얽히지 않고, 이 『여래장경』의 가르침을 따라서 수행한 사람들이 아주 많은 부처님으로부터 많은 가르침을 청문하였다면 그 가르침을 다른 사람들에게 가르치고, 출가하여 수행을 할까요?"

세존께서 말씀하신다.

"아난다여, 선남자 또는 선여인으로서 한 부처님의 설법을 모두 수지하려고 출가하는 사람들도 있다. 아난다여, 선남자 또는 선여인으로서 200 부처님, 300 부처님, 400 부처님, 500 부처님, 1,000 부처님, 2,000 부처님, 3,000 부처님, 5,000 부처님, 6,000 부처님, 7,000 부처님, 8,000 부처님, 9,000 부처님, 10,000 부처님, 100,000 부처님, 내지 100,000 꼬띠(koṭi, 10,000,000) 부처님으로부터의 설법을 모두 수지하려고 출가하는 사람들도 있다. 아난다여, 보살이면서 그 가르침을 몸에 익히고, 독경(讀經)·송경(誦經)하고, 공경하는 마음으로 다른 사람에게도 상세하게 가르치며, 책으로 만들어 바르게 해설하는 사람은 다음과 같이 사유한다.

---

60) 아난다(Ānanda, 阿難陀) ; 아난다는 다문제일(多聞第一). 아난다(阿難陀)라고 음사하며 환희(歡喜), 무염(無染) 등으로 한역한다. 거룩하신 부처님의 종제이기도 한 아난다 존자는 늘 부처님 곁에서 부처님을 모시고 있었다. 때문에 그 누구보다도 부처님의 설법을 가장 많이 들었다. 이런 이유로 해서 아난다 존자는 제 1회 결집 때 부처님으로부터 들은 말씀을 외워 냄으로써 경전을 결집할 수 있었다. 그래서 모든 경전에는 '내가 어느 때 어느 곳에서 거룩하신 부처님께서 이렇게 말씀하시는 것을 들었다'는 뜻으로 '여시아문(如是我聞)'이라는 문구가 붙게 된 것이다. 아난다 존자는 부처님의 이모 마하빠자빠띠가 출가할 수 있도록 부처님께 간청하여 허락을 얻어냈다. 이것은 여성의 출가를 가능토록 한 일이었다.

'나는 이제야말로 바르고 완전한 깨달음을 얻고 싶다.'

이와 같이 발심한 사람은 지금 그러한 것처럼 그대로 신들, 인간, 아쑤라를 포함한 세간의 중생들로부터 예배를 받을 것이며, 공양을 받을 것이다.

(T16-465c09) 爾時世尊復告金剛慧菩薩言. 若善男子善女人. 被於業障之所纏縛. 得聞此如來藏經. 受持讀誦爲他敷演. 由彼聞此經典讀誦受持. 諷誦敷演書寫經卷. 以小勤勞業障消滅佛法現前. 爾時具壽慶喜白佛言. 世尊若有善男子善女人纏縛業障. 彼得幾佛世尊. 加持說法. 獲得多聞. 得與如是法要相應. 佛言慶喜. 若善男子善女人. 於百佛所得加持說法. 或有二百或三四五百. 或千或二千. 或三四五六七八九. 或十千佛所加持說法. 或有二百千. 或有俱胝那庾多百千佛所. 得說法聞持. 慶喜若有菩薩. 得此如來藏法. 書寫經卷讀誦受持. 思惟其義爲他廣說. 而彼菩薩應作是念. 我今獲得無上菩提. 其人應受人天阿蘇羅供養恭敬. 佛說是已唯然歡喜.

그리고 그때 세존께서는 다음과 같은 게송(偈頌)을 읊으신다.

보살로서 『여래장경』을 청문한 뒤에,
자신은 최승의 깨달음을 얻고 싶다고
생각하는 사람은 그 손에 이 『여래장경』을 가진 사람,
그이야말로 이제 세간의 예배를 받으리라.(1)
그는 세간의 보호자이며, 지도자이고,

교사·대법사로서 칭찬을 받을 것이니라.
이 『여래장경』을 손에 쥔 사람,
그는 이와 같이 법왕이라고 칭송을 받을 것이니라.(2)
그 손에 이 『여래장경』을 쥔 사람,
사람 가운데의 영웅,[61] 법의 횃불을 쥔 사람,
그는 해와 달처럼 숭앙을 받을 것이며,
세간의 보호자인 세존처럼 예배를 받을 것이니라.(3)

爾時世尊復說伽他曰.
菩薩聞此修多羅 作是思惟獲勝覺
若有人手得此經 人天禮拜應恭敬
諸佛世尊大導師 稱讚彼人人中最
亦名最勝之法王 若經入于彼人手
是人照曜如滿月 應受禮敬如世尊
能持法炬爲世雄 由入此經於彼手.

61) 사람 가운데의 영웅 : '사람 가운데의 영웅'은 부처님에 대한 경칭의 하나이다.

제6장 법회를 마치다

세존께서 위와 같이 말씀하신즉, 금강혜 보살 마하살, 그리고 그 밖의 모든 보살들과 성문·연각과 비구(bhikṣu, 比丘)·비구니(bhikṣuṇī, 比丘尼)·청신사(upāsaka, 淸信士)·청신녀(upāsika, 淸信女)의 4부대중과 신(deva, 天)·인간(manuṣya, 人間)·간다르와(Gandharva, 乾闥婆)[62]·아쑤라(Asura, 阿修羅)[63] 등도 포함한 세간의 중생들은 세존께서 말씀하신 가르침을 듣고, 모두 대단히 기뻐하며 찬탄하고 봉행한다.

(T16-466a03) 爾時世尊說是經已. 幷諸菩薩諸大聲聞衆. 人天阿蘇羅等. 聞佛所說歡喜奉行.

62) 간다르와(Gandharva, 乾闥婆) : 모든 집의 향기를 심방하여 음악을 연주하면서 식사를 구하여 자활하는 제석천의 음악신(音樂神)이다.

63) 아쑤라(Asura, 阿修羅) : [SED]p.121a asura; asura m. a spirit, good spirit, supreme spirit(said of Varuṇa). (정신, 영혼, 와루나가 말한 최고의 영혼); the chief of the evil spirits(악령의 우두머리); an evil spirit, demon, ghost(악마, 영혼, 악령).

『부증불감경』

Anūnatvā pūrṇatva nirdeśa

일러두기

1. 보디루찌 삼장이 번역한 『대정신수대장경(大正新脩大藏經)』 제16권, No.668 『불설부증불감경(佛說不增不減經)』을 번역의 저본(底本)으로 한다.
2. 참고문헌으로는, 高崎直道 譯 『대승불전(大乘佛典)』, 12 여래장계경전(如來藏系經典), 日本 中央公論社, 1980을 활용했다.
3. T : 『대정신수대장경(大正新脩大藏經)』
4. SED : *Sanskrit-English Dictionary,* Sir Monier Monier-Williams, Oxford University Press, 1899
5. 싼쓰끄리뜨어 한글 발음 표기 : 한국불교학회의 불교학술용어표준화안을 따른다.

해 제

1. 번역자 보디루찌(Bodhiruci, 菩提流支, ?~527)에 대하여

『불설부증불감경(佛說不增不減經)』의 번역자인 보디루찌(Bodhiruci, 菩提流(留)支, ?~527)는 북인도에서 태어났다. 508년(後魏 永平 元年)에 낙양에 와서 영녕사(永寧寺)에 주석하면서 역경에 종사한다. 『금강반야경』·『금강반야경론』·『십지경론』·『입릉가경』·『심밀해탈경』·『불설부증불감경』 등 30여 부의 경전이 있다. 보디루찌는 아쌍가(Asaṅga, 無着, 395~470)·와쑤반두(Vasubandhu, 世親, 400~480)의 초기 유식사상을 전하였기 때문에, 당시의 불교계에 커다란 영향을 미치고, 라뜨나마띠(Ratnamati, 勒那摩提)와 함께 『십지경론』도 번역하였다. 그래서 지론종의 개조가 되고, 또 『무량수경론』을 역출하여 중국에서 정토교가 발흥하는 전기를 마련하였기 때문에, 후세에는 정토교의 제1조로 숭앙을 받고 있다.

2. 경전의 내용과 사상에 대하여

(1) 보디루찌(Bodhirucci, 菩提流支)가 525년에 번역한 『불설부증불감경』은 한역(漢譯) 한 가지만 현존하며, 『대정신수대장경』 제16권, No.668에 실려 있다. 그리고 『구경일승보성론』에 이 『불설부증불감경』 전체의 1/3 가까이 인용되어 있으므로, 싼쓰끄리뜨(Sanskrit)의 원전(原典)을 상당히 알 수 있다. 그리고 『불설부증불감경』은 4세기 중엽에 성립된 것으로 보고 있다.

이 경전은 한자(漢字)로 불과 3,000자(字)를 조금 넘는 아주 짧은 소부(小部)의 경전이지만, 여래장사상사에 있어서는 참으로 중요한 것이다. 여래장사상은 여래장경에서 처음으로 강한 의지를 가지고 주장하였다. 그렇지만 아직 소박한 범위를 벗어나지 못하고, 단순하게 중생의 성불의 가능성을 중생의 마음속에서 발견하고, 이것을 여래장이라고 부른 것뿐이다. 더 나아가 여래장 그 자체의 성질이나, 그것과 번뇌와의 관계에 대해서는 아무 것도 말씀한 것이 없다. 이 뒤를 이어서, 『불설부증불감경』은 일보 진전하여 이러한 문제들을 논의하고, 교리적 조직까지 발전시킨 것이다.

『불설부증불감경』은 후세에 이르러서 와쑤반두(Vasubandhu, 世親, 400~480)의 불성론이 이것을 예상하고 있으며, 그 뒤에 출현한 작자 불명의 『구경일승보성론』 그리고 또 『입대승론』에도 인용되어 있다. 『불설부증불감경』이 외견상 아주 짧은 소부임에도 불구하고, 여래장의 교리사에 있어서 특별히 주목해야 할 지위에 있는 까닭이다.

(2) 먼저 『불설부증불감경』을 연설하게 된 인연을 찾는다.

마가다국(Magadha, 摩竭提)의 라자그리하(Rājagṛha, 王舍城)의 그리드라꾸따산(Gṛdhrakūṭa, 靈鷲山)에서, 1250인의 비구와 헤아릴 수 없이 많은 보살 마하살들도 함께 있었다. 이때 지혜제일(智慧第一) 샤리뿌뜨라(舍利弗)가 부처님에게 무시이래로 6도를 윤회하여 3계를 유전하는 중생의 수에는 증감이 있느냐, 없느냐고 질문을 한다.

부처님께서는 중생계가 늘거나 줄거나 한다고 생각하는 것은 모두 다 잘못이라고 단정한다. 그와 같은 오류는 내가 재세할 때는 생겨나지 않았는데, 내가 니르와나에 든 후 500년이 지날 무렵, 겉으로는 사문의 모습을 하고 다니면서, 이와 같이 증견이나 감견을 주장한 것이다. 그런데 이와 같이 말도 안 되는 주장이 생겨나는 까닭은, 어쨌든 불요의경에 의지하여, 공견(空見)을 멀리하고, 부처님이 연설한 초발심의 본지를 알지 못하는 등의 이유에 바탕을 깔고 있는 것으로 본다.

한 걸음 더 나아가 이들 2가지 사견을 세분하여, 감견에는 단견(斷見)·멸견(滅見)·니르와나는 없다는 사견[無涅槃見]의 3가지 사견이 있으며, 증견에는 니르와나는 무(無)로부터 시작하여 생겨난다고 하는 견해[涅槃始無生見]·니르와나는 인(因)도 연(緣)도 없이 홀연히 생겨난다고 하는 견해[無因無緣忽然有見]의 2가지 사견을 들어 설명하고, 최후에 가서는 "이 2가지 견해는 다만 한 근원[一界]에 기대어서 다만 한 근원에 동화하고, 다만 한 근원에 합일하는 것이다. 그런데 어리석은 범부는 모두 다만 한 근원을 있는 그대로 알지 못하기 때문이며, 다만 한 근원을 있는 그대로 보지 못하기 때문에, 아주 악한 대사견심을 일으킨다. 그래서 중생계는 증가하여 넘칠 것이라고 말하기도 하고, 혹은 중생계가 감소하여 줄어들 것이라고 말하기도 한다."고 결론을 내린다.

(3) 이와 같이 중생계의 증(增)·감(減)을 논하는 가운데에 『불설부증불감경』의 제호(題號)가 생겨나게 된 까닭을 볼 수 있다. 단순하게 그것만으로는 여래장사상과 아무런 관계가 없다. 따라서 우리는 더 나아가 바로 일법계(一法界)에 대하여 『불설부증불감경』의 설명을 듣지 않으면 안 된다.

(4) 『불설부증불감경』에 의하면, 일법계란 바로 제일의제이며, 바로 중생계이며, 여래장이며, 법신이라고 주장하는 것이다. 바로 여래장을 매개로 하여 중생과 법신을 일치시키는 것이다. 미혹한 중생과 증오(證悟)의 법신은 둘 다 함께 여래장을 본질로 하고 있으며, 동일한 것이기 때문에 이러한 의미에서 진여·여래장이 일법계라고 불리게 된 것이다. 그런데 『불설부증불감경』은 법신의 자리에서든 중생의 자리에서든 어느 쪽이든 둘 다 함께 평등이라고 연설한다. 법신은 불생(不生)·불멸(不滅)·부단(不斷)·불이(不異)이어서 언제나 청량한 존재인데, 번뇌와의 관계로 말미암아 3가지 상태로 나누어진다.

① 무시이래로 번뇌에 덮여서 감춰져 있는 중생,
② 번뇌를 끊으려고 10빠라미따 등의 보디행을 닦고 있는 보살,
③ 모든 번뇌를 다 끊어버리고 청정무애인 여래이다.

이와 같이 번뇌와의 관계로 3가지 구별된다고 하더라도, 그들은 어쨌든 법신이라고 하는 점에 있어서는, 그들 사이에 아무런 차이가 없다는 것이다. 그러므로 "중생계는 바로 법신, 법신은 바로 중생계이다. 이 둘은 뜻은 같아도 이름만 다르다."는 것뿐이다. 여기에 있어서, 생

성·소멸의 변화하는 무상(無常)·고(苦)·공(空)·무아(無我)의 중생과 불생(不生)·불멸(不滅)·상항(常恒)·청량(淸凉)·불변(不變)의 법신이 여래장을 매개로 하여 계합한다는 것이다. 중생의 가치가 여기에 이르러서 절대적인 것이 되고, 이 절대가치로 고조(高潮)된 중생관의 입장에서 비로소 광대하고 원만한 이상도 심원한 행법(行法)도 성립하는 것이다.

(5) 이상은 법신의 자리에서 말한 것인데, 그런데 중생의 자리에서라고 말할 때는 다음과 같이 된다.

무시이래로 번뇌에 덮여서 감춰져 있고, 파랑에 표류하며 생사를 왕래하는 중생의 마음속에도 법신은 엄연히 존재한다. 중생계에 자리를 잡고 있을 때는, 이것을 여래장이라고 부른다. 이러한 것은 벌써 여래장경에서 여러 가지 비유를 들어 설명하고 있는데, 『불설부증불감경』은 더욱 일보를 더 나아가 여래장의 형상(形相)을 3가지로 나누어서 논하고, 그렇게 하여 중생계 가운데에 여래장의 출(出)·몰(沒)·미(迷)·오(悟)의 여러 가지 형상이 있는 까닭을 명확하게 하고 있다.

① 여래장 본제상응체 및 청정법 : 여래장과 근본적으로 상응하는 진여법계 및 자성청정심을 가리키는데, 이것은 번뇌와는 독립하는 심성 본정 자체를 의미하며, 바로 『대승기신론』의 심진여문에 해당한다.

② 여래장 본제불상응체 및 번뇌불청정법: 여래장과 근본적으로 상응하지 않는 망법 및 망심을 가리키는데, 이 망심은 바로 『대승기신론』의 심생멸문에 해당하며, 객진번뇌에 염오된 자성청정심이다. 이 불청정법인 망법은 다만 여래의 보디[智]만이 끊을 수 있

는 것이다.

③ 여래장 미래제 평등항(平等恒) 및 유법: 앞의 2가지를 종합한 근원적인 입장으로서 ①의 법계와 ②의 망법을, 여래장을 중축으로 하여 종합하고 있다. 바로 일체 제법의 근본이고, 불생·불멸·상항·불변인 불가사의의 법계와 이에 의지하여 성립하는 중생을 아울러서 중생은 법계의 이명(異名)이라고 결론을 짓고 있다. 중생의 의의가 실제로 고조(高潮)되었다고 말해야 할 것이다.

(6) 이것을 요체로 하면, 『불설부증불감경』은 중생 성불의 가능성을 마음속의 여래장에서 구하며, 더 나아가 그 발현(發現)을 연설하고, 그것을 근거로 중생·보살·여래, 3가지가 어떻게 다른가, 그 까닭을 설명한다. 이런 점에서 여래장경에 비교하면, 상당히 진보한 것이라고 보아도 좋을 것이다.

(7) 그런데도 여래장과 번뇌와의 관계를 논하는 입장, 특별히 여래장 (4)-②의 성질을 서술함에 있어서, '본제여래장과 상응하지 않는 객진번뇌에 덮여서 감춰져 있다고 서술하는 것'은, 여래장과 불상응인 작용 그 자체가 번뇌가 되는 것인가, 그렇지 않으면 또, 여래장 이외에 번뇌라는 것이 그 전부터 존재하고, 그것에 의지하여 염오된 것인가는 명확하지 않다. 따라서 더욱 깊이 파고 들어가서 여래장과 번뇌와의 근본적 교섭 관계 여하, 바로 진여와 무명과의 교섭이 어떻게 하여 성립되었는가라고 하는 것이 문제이다. 그것은 드디어 미(迷)·오(悟)라는 2가지 대립을 어떻게 하여 일심(一心)/일원(一元)으로 통일시킬 것인가라고 하는 지극히 곤란한 문제와 봉착하게 되는 것이다.

동시대 혹은 그보다 약간 후대의 산물로 생각되는『승만사자후일승대방편방광경』, 그보다 더 후대에 출현한『무상의경』등, 그리고 이들 경전을 바탕으로 하여 논전(論典)을 저술한 와쑤반두(Vasubandhu, 世親, 400~480)·작자 불명의『구경일승보성론』등의 여러 논전, 그리고 또『대승기신론』가운데에서 우리는, 이 문제를 해결하려고 목숨을 걸고 진리를 밝히려고 정진한 인도의 논사(論師)들의 숭고한 정신을 엿볼 수 있다.

제1장 법회를 열다

1. 나는 이와 같이 들었다.

어느 때, 바가와뜨(bhagavat, 世尊)께서는, 마가다(Magadha, 摩竭提)[1]의

1) 마가다(Magadha, 摩羯陀): 갠지스강(Gaṅgā, 恒河) 중부 유역의 고대 인도의 왕국으로서 당시 16대국의 하나로 일찍부터 번영한 나라이다. 중심지는 갠지스강 남쪽의 비하르(Bihar) 지역이고, 처음의 수도는 라자그리하(Rājagṛha, 王舍城)이며, 다음에는 수도로서의 전략적 조건과 인구 증가에 따라서 빠딸리뿌뜨라(Pāṭaliputra)로 천도하였다. 마가다 왕국은 앙가(Aṅga)와 리차위(Licchavi of Vaiśālī)를 정벌하면서 비하르 지역과 벵골 지역의 대부분으로 영토를 확장했다. 인도에서 탄생한 두 개의 중요한 종교인 불교와 자이나교가 마가다에 뿌리를 두고 있으며, 인도의 가장 큰 두 개의 제국인 마우리야 왕조와 굽따 왕조 역시 마가다에서 출발하였다. 이러한 제국들에 의해 고대 인도의 과학, 수학, 천문학, 종교, 철학 등이 발달하였고 인도의 전성기로 불린다. 고따마 붓다 시대에 빔비싸라(Bimbisāra, BCE 546~BCE 486)와 아자따샤뜨루(Ajātaśatru)의 두 왕이 즉위하여 국위를 높이고 갠지스강 유역의 전역을 통일하였다. 그중 빔비싸라(Bimbisāra)는 온화하고 현명한 왕이었다. 그는 정치적 수완을 발휘하여 단기간에 소국(小國) 앙가를 장악했다. 이 소국의 수도 참파는 갠지스강의 델타 지대에 있는 중요한 항구였고, 그때문에 빔비싸라왕은 갠지스강의 항행(航行)의 지배권을 장악하여 남인도 및 동남아시아의 연안지방과 교역을 할 수가 있었다. 그밖에도, 왕은 행정 조직을 정비하여 능률을 높였으며, 도로의 건설이나 그 밖의 공공사업을 활발하게 일으켰다. 또한 스스로 자주 순행(巡幸)하여 현지 상황을 검열했다. 전하는 바에 의하면, 풍요한 철광산(鐵鑛山)을 배후에 둔 산속에, 전체 길이 약 40킬로미터나 되는 성벽으로 에워싸인 라자그리하도 그가 건설하였다고 한다. 그리고 또 '왕사성의 비극'의 주인공이기도 한 빔비싸라왕은 위데하(Videha)국의 공주인 와이데히(Vaidehī, 韋提希)와 결혼하

수도 라자그리하(Rājagṛha, 王舍城)[2]의 그리드라꾸따(Gṛdhrakūṭa, 靈鷲山)[3]에서 1250[4]인의 대비구(mahābhikṣu, 大比丘)로 구성된 교단(Saṃgha, 僧伽)에서 함께 머물고 계셨다. 그곳에는 또 무량무변의 헤아릴 수 없이 많은 보살 마하살들도 함께 있었다.

여 아자따샤뜨루 와이데이뿌뜨라(Ajātaśatru Vaidehīputra) 태자를 낳는다. 아들인 아자따샤뜨루 와이데이뿌뜨라 태자는 아버지인 빔비싸라왕을 감옥에 가둬 굶겨죽이고 왕위를 찬탈한다. 이와 같은 부자살육(父子殺戮)의 참극을 라자그리하의 비극이라고 한다.

2) 라자그리하(Rājagṛha, 王舍城): 인도 비하르주 파트나현(縣) 라자그리하를 가리킨다. 부처님 시대에는 마가다왕국의 수도였다. 1905년 이래 인도의 고고국(考古局)에서 발굴하여 조사한 결과 불전(佛典)과의 대비(對比)가 진행되었다. 유적은 부자(父子) 두 왕이 축조한 구성(舊城)과 신성(新城)으로 되어 있다. 부왕 빔비싸라의 왕성은 산의 능선을 따라 돌로 쌓은 40km의 외성벽(外城壁)과 7km의 내성벽(內城壁)으로 둘러싸여 있어, 일명 기리브라자(산성)라고도 불리는데, 방루(防壘)·주거·탑·사원 등이 발견되었다. 그 북쪽 교외의 평야부에는 그의 아들 아자따샤뚜루왕이 축조한 신(新)왕사성지가 있다. 주변 일대에는 부처님께서 자주 방문하여『묘법연화경(妙法蓮華經)』과『무량수경(無量壽經)』등을 설법하였다고 하는 그리드라꾸따(Gṛddrakuta, 독수리봉, 靈鷲山)를 비롯하여, 굽따왕조까지의 많은 불적(佛蹟)과 자이나교 ·힌두교 ·토속신 나가(Naga) 등의 종교유구(宗敎遺構)가 많다. 북방의 검은간토기에 선행하는 '조질(粗質) 붉은 토기시대'부터 사람이 거주하고 있었다. 그리고 라자그리하는 와이바와산(Vaibhava Hill; 이 산에 Saptaparni Cave, 칠엽굴이 있다), 위뿔라산(Vipula Hill), 라뜨나기리산(Ratnagiri Hill), 차타산(Chatha Hill; 이 산에 Gṛddrakuta, 독수리봉, 영취산이 있다), 쏘나산(Sona Hill; 이 산에 Bimbisara's Jail, 빔비싸라왕의 감옥터가 있다), 5산이 둘러싸고 있어 외적을 방어하는 데 입지적으로 유리한 조건이 되었다고 한다.

3) 그리드라꾸따(Gṛdhrakūṭa, 靈鷲山, Vulture Peak): 그리드라꾸따는 인도 비하르주 라자그리하를 둘러싸고 있는 5개의 산 가운데의 하나인 차타산(Chatha Hill)에 자리를 잡고 있다. 이 차타산의 봉우리에 독수리가 날개를 펴고 하늘을 비상하는 형상의 바위가 지금도 웅혼한 자태를 자랑하고 있다. 세존께서 설법한 산으로 유명하며, 그리고 여기서『묘법연화경』을 설법하시는 장면을 화폭에 담은 그림을 영산회상도(靈山會上圖)라고 부른다.『불설부증불감경』도 이곳을 무대로 한 경전이다. 또한 선종에서 금과옥조로 삼는 마하까쉬야빠(Mahākāśyapa, 大迦葉)의 염화미소(拈花微笑)에 관한 고사도 이곳을 무대로 만들어진 것이다.

4) 1250인 : '1250인의 비구로 구성된 집단'이라고 하는 것은, 샤꺄무니 부처님이 재세할 때의 제자의 수로써 가장 고전적 형태라고 볼 수 있다.

佛說不增不減經

元魏北印度三藏菩提流支譯

(T16, 466a13) 如是我聞. 一時, 婆伽婆住王舍城耆闍崛山中, 與大比丘衆千二百五十人俱. 諸菩薩摩訶薩無量無邊不可稱計.

제2장 샤리뿌뜨라, 묻다

2. 그때 지혜제일 샤리뿌뜨라(Śāriputra, 舍利弗)[5] 존자는, 회좌(會座)의 대중 속에 있었는데, 바로 자리에서 일어나서, 앞으로 나아가 부처님이 계시는 곳에 이르러 바로 부처님의 두 발에 이마를 대어 예배를 올리고, 물러나서 한쪽 자리에 앉아 합장을 하고 부처님께 사뢴다.

세존이시여, 모든 중생은 시작을 모르는 과거로부터 6도 윤회의 생존을 떠돌아 욕계·색계·무색계, 3계[6]를 오락가락하며, 난생(aṇḍja, 卵

---

5) 샤리뿌뜨라(Śāriputra, 舍利弗) : 지혜제일(智慧第一) 샤리뿌뜨라는 샤리 여사의 아들이라는 뜻으로서 이는 모계사회의 관습이 살아 있었다는 것을 알 수 있다. 사리불다(舍利弗多)라고 음사하고, 사리자(舍利子), 취로자(鶖鷺子), 신자(身子) 등으로 번역한다. 브라흐마나족 출신으로 육사외도의 한 사람인 산자야를 섬기어 7일 만에 그의 교지(敎旨)를 통달할 만큼 뛰어났다. 그래서 샤리뿌뜨라는 산자야의 신뢰를 받았으며 마하마우드갈리야야나와 함께 산자야의 제자 250인을 통솔하고 있었다. 그러나 그는 여전히 고(苦)를 끊지 못하고 궁극적인 깨달음을 성취하지는 못했다. 그러던 중 그의 스승이 죽자 불제자 앗싸지(Assaji, 阿設示)를 만나 제법무아(諸法無我)의 이치를 깨닫고 마하마우드갈리야야나와 함께 제자들을 데리고 불문(佛門)에 들어왔다.

6) 3계: 욕계·색계·무색계

- 욕계(kāma dhātu, 欲界): 감각적 욕구가 두드러진 세계이다.
- 색계(rūpa dhātu, 色界): 감각적 욕구는 사라지고 물질적인 것이 남아 있는 세계이며, 4선정에 의한 선정의 상태를 가리킨다.
- 무색계(arūpa dhātu, 無色界): 물질적인 것이 사라지고, 순수정신이면서도 마음이 지극히 가라앉은 상태이며 무색계정의 세계이다.

삼계의 구조

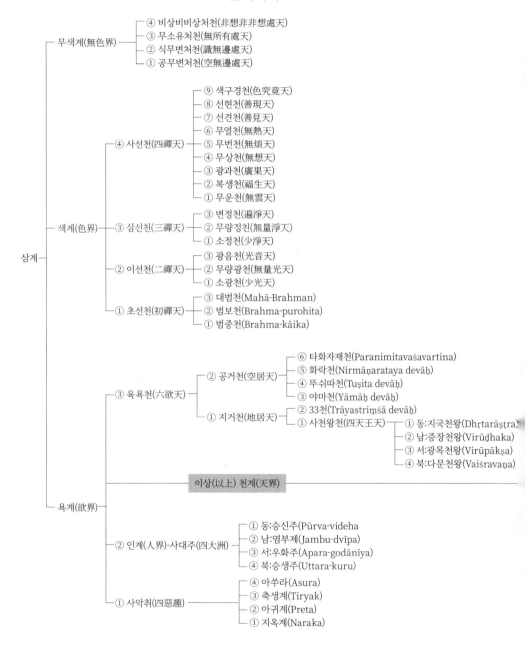

- 삼계
  - 무색계(無色界)
    - ④ 비상비비상처천(非想非非想處天)
    - ③ 무소유처천(無所有處天)
    - ② 식무변처천(識無邊處天)
    - ① 공무변처천(空無邊處天)
  - 색계(色界)
    - ④ 사선천(四禪天)
      - ⑨ 색구경천(色究竟天)
      - ⑧ 선현천(善現天)
      - ⑦ 선견천(善見天)
      - ⑥ 무열천(無熱天)
      - ⑤ 무번천(無煩天)
      - ④ 무상천(無想天)
      - ③ 광과천(廣果天)
      - ② 복생천(福生天)
      - ① 무운천(無雲天)
    - ③ 삼선천(三禪天)
      - ③ 변정천(遍淨天)
      - ② 무량정천(無量淨天)
      - ① 소정천(少淨天)
    - ② 이선천(二禪天)
      - ③ 광음천(光音天)
      - ② 무량광천(無量光天)
      - ① 소광천(少光天)
    - ① 초선천(初禪天)
      - ③ 대범천(Mahā-Brahman)
      - ② 범보천(Brahma-purohita)
      - ① 범중천(Brahma-kāika)
  - 욕계(欲界)
    - ③ 육욕천(六欲天)
      - ② 공거천(空居天)
        - ⑥ 타화자재천(Paranimitavaśavartina)
        - ⑤ 화락천(Nirmāṇarataya devāḥ)
        - ④ 뚜쉬따천(Tuṣita devāḥ)
        - ③ 야마천(Yāmāḥ devāḥ)
      - ① 지거천(地居天)
        - ② 33천(Trāyastriṃśā devāḥ)
        - ① 사천왕천(四天王天)
          - ① 동:지국천왕(Dhṛtarāṣṭra)
          - ② 남:증장천왕(Virūḍhaka)
          - ③ 서:광목천왕(Virūpākṣa)
          - ④ 북:다문천왕(Vaiśravaṇa)
    - 이상(以上) 천계(天界)
    - ② 인계(人界)-사대주(四大洲)
      - ① 동:승신주(Pūrva-videha
      - ② 남:염부제(Jambu-dvīpa)
      - ③ 서:우화주(Apara-godānīya)
      - ④ 북:승생주(Uttara-kuru)
    - ① 사악취(四惡趣)
      - ④ 아쑤라(Asura)
      - ③ 축생계(Tiryak)
      - ② 아귀계(Preta)
      - ① 지옥계(Naraka)

生)·태생(jarāyuja, 胎生)·습생(saṃsvedaja, 濕生)·화생(upapāduka, 化生), 4생 가운데에서 삶과 죽음을 반복하면서 헤매느라 괴로움을 받는 것이 끝이 없나이다. 세존이시여, 이와 같은 중생의 집단, 중생의 바다에는 도대체 증가하여 넘치거나 감소하여 줄거나 하는 일이 있습니까, 없습니까? 이 의의는 아주 심오하여 저로서는 잘 알 수 없습니다. 만일 사람들이 저에게 묻는다면 어떻게 대답을 하여야 합니까?

爾時 慧命舍利弗. 於大衆中, 卽從坐起. 前至佛所到已, 頂禮佛足. 退坐一面, 合掌白佛言. 世尊. 一切衆生從無始世來. 周旋六道, 往來三界. 於四生中, 輪迴生死, 受苦無窮. 世尊, 此衆生聚, 衆生海, 爲有增減, 爲無增減. 此義深隱, 我未能解. 若人問我, 當云何答.

제3장 세존, 가르치시다

3. 그때, 세존께서는 샤리뿌뜨라에게 말씀하신다. "좋아, 좋아![7]

샤리뿌뜨라여! 너는 모든 중생을 안온하게 하도록 하기 위하여, 모든 중생을 안락하게 하도록 하기 위하여, 모든 중생을 가엾이 여기도록 하기 위하여, 모든 중생을 이롭게 하도록 하기 위하여, 모든 중생을 풍요롭고 안락하게 하도록 하기 위하여, 모든 신들과 인간을 이롭게 하도록 하기 위하여,[8] 그들을 편하게 하려고, 나에게 더 없이 심오한 의의에 대한 질문을 한 것이다. 샤리뿌뜨라여, 만일 네가 여래·응공·정변지에게 이와 같은 의의를 묻지 않았다면, 많은 잘못을 저지르는 것이다.

까닭이 무엇인가? 현재의 생애 및 미래의 생애에서 모든 신들과 인간을 비롯한 모든 중생은 오랫동안 쇠퇴하고 고뇌하는 손해를 입고, 영원히 모든 이익과 안락을 잃을 것이다."

---

7) 좋아: [SED]1201b sādhu mfn. peaceful, secure, powerful, excellent, good, virtuous, honourable, righteous, well-born. 싸두(sādhu)는 한문 경전 속의 선재(善哉)의 원어이기도 하다. 여기에서는 good과 같은 뜻이므로 좋아, 좋아! 라고 번역한다.

8) 이 문장은 부처님의 출현의 목적을 드러내는 정형구이다.

爾時世尊, 告舍利弗, 善哉善哉.

舍利弗. 汝爲安隱一切衆生. 安樂一切衆生. 憐愍一切衆生. 利益一切衆生. 饒益安樂一切衆生. 諸天人故. 乃能問我是甚深義. 舍利弗. 汝若不問如來·應供·正遍知 如是義者, 有多過咎. 所以者何, 於現在世及未來世, 諸天人等, 一切衆生, 長受衰惱損害之事, 永失一切利益安樂.

1. 대사견이란 무엇인가를 가르치시다

4. 샤리뿌뜨라여, 대사견이란, 말하자면 윤회를 거듭함에 의하여 중생계가 증가하여 넘칠 것이라고 보기도 하고, 또는 깨달음에 의하여 중생계가 감소하여 줄어들 것이라고 보기도 하는 것이다. 샤리뿌뜨라여, 벌써 이 대사견을 가진 중생들은, 이 견해를 가지고 있으므로 타고난 시각장애인처럼 사물을 바르게 보는 눈이 없기 때문에, 오랜 세월에 걸쳐서, 헛되게 사도(邪道)를 행하고, 이런 인연으로 현재의 생애에서는 지옥이나 그 밖의 악도의 세계에 떨어진다.

샤리뿌뜨라여, 그들로서는 넘으려고 해도 넘을 수 없는 아주 험난한 곳이란, 말하자면 중생계가 증가하여 넘칠 것이라고 보고, 그 망집에 굳게 매여 있으며, 혹은 중생계가 감소하여 줄어들 것이라고 보고, 그 망집에 굳게 매여 있다. 샤리뿌뜨라여, 이 중생들은 그 망집에 굳게 매여 있기 때문에 오랜 세월에 걸쳐서 헛되게 사도(邪道)를 행하고, 이런 인연으로 미래의 생애에서는 지옥이나 그 밖의 악도의 세계에 떨어질 것이다.

舍利弗, 大邪見者, 所謂見衆生界增, 見衆生界減. 舍利弗, 此大邪見, 諸衆生等, 以是見故, 生盲無目, 是故長夜, 妄行邪道. 以是因緣, 於現在世, 墮諸惡趣. 舍利弗. 大險難者. 所謂取衆生界增, 堅著妄執, 取衆生界減, 堅著妄執. 舍利弗. 此諸衆生, 堅著妄執. 是故長夜, 妄行邪道, 以是因緣, 於未來世, 墮諸惡趣.

2. 증견과 감견에 대하여 가르치시다

5. 샤리뿌뜨라여, 여러 가지 인연으로 태어난 모든 어리석은 범부는, 진리의 세계[法界]는 오로지 하나라는 것을 있는 그대로 알지 못하기 때문에, 또 진리의 세계는 오로지 하나라는 것을 있는 그대로 보지 못하기 때문에 그릇된 생각이 일어난다. 말하자면 중생계가 증가하여 넘칠 것이라고 보기도 하고, 또는 중생계가 감소하여 줄어들 것이라고 보기도 하는, 그릇된 생각을 하는 것이다. 샤리뿌뜨라여, 여래인 내가 이 세상에 있을 때, 나의 모든 제자들은 이와 같은 그릇된 생각을 하지 않았다. 만일 내가 마하빠리니르와나(mahāparinirvāṇa, 大般涅槃)에 든 뒤, 500년이 지나면, 지혜가 모자란 많은 어리석은 중생이 나타날 것이다.[9] 그들은 불법(佛法)의 교단 안에서 머리를 깎고, 3의를 입고, 사문(śramaṇa, 沙門)의 자태로 나타난다 하더라도 그 내실은 사문으로서의 아무런 덕행도 없다. 이와 같은 무리들은, 실제로는 사문이 아닌데도 스스로를 사문이라고 자칭하고, 부처님의 제자가 아닌데

9) 여기에서는 말법사상의 가능성을 나타내고 있는 것을 알 수 있다.

도 부처님의 제자라고 참칭한다. 그리고 스스로, 나야말로 사문이며, 참된 부처님의 제자라고 주장한다. 이와 같은 부류들은 없는 것을 있다고 주장하는 견해(samāropa, 增見)[10]나, 있는 것을 없다고 주장하는 견해(apavāda, 減見)[11]를 일으키는 것이다.

왜 그런가?

① 이 중생들은, 여래의 궁극적 진의에 이르지 못한 불충분한 불요의경[12]에 의지하고 있으므로 지혜의 눈을 아직 뜨지 못하기 때문이다.

② 있는 그대로의 모든 것은 고정된 실체를 갖지 않는다고 보는 견해(如實空見)로부터 멀리 벗어나 있으므로, 여래가 증명한 최초의 발심의 취지를 제대로 알지 못하기 때문이다.

③ 여래가 보디(bodhi, 菩提)라고 하는 공덕을 얻기 위하여 무량의 수행을 거듭 쌓았다고 하는 것을 있는 그대로 알지 못하기 때문이다.

④ 여래가 획득한 무량한 덕성을 있는 그대로 알지 못하기 때문이다.

⑤ 여래의 무량한 힘을 있는 그대로 알지 못하기 때문이다.

⑥ 여래의 무량한 작용의 대상[境界]이 헤아릴 수 없음을 있는 그대로 알지 못하기 때문이다.

⑦ 여래의 작용하는 영역이 무량인 것을 믿지 않기 때문이다.

---

10) 증견(samāropa, 增見): 아무 것도 없는 무(無)인 것을 있다고 유(有)를 고집하는 그릇된 견해를 가리킨다.

11) 감견(apavāda, 減見): 실제로 있는 유(有)인 것을 없다고 무(無)를 고집하는 그릇된 견해를 가리킨다.

12) 불요의경(neya-artha, 不了義經): 아직 뜻이 명확하게 드러나도록 말씀하지 않았기 때문에, 이법(理法)을 다하지 못한 방편의 가르침을 서술하는 불완전한 경전을 말한다.

⑧ 여래는 불가사의하여 헤아릴 수 없다. 그러므로 모든 것을 마음대로 할 수 있는 힘을 가지고 계시는데, 그것을 있는 그대로 알지 못하기 때문이다.

⑨ 여래는 불가사의하여 헤아릴 수 없다. 그러므로 중생을 구제하려는 방편을 가지고 계시는데, 그것을 있는 그대로 알지 못하기 때문이다.

⑩ 여래는 무량한 작용의 대상을 헤아릴 수 없이 많이 분별하시는데, 그것을 있는 그대로 알지 못하기 때문이다.

⑪ 여래의 불가사의한 대비를 잘 이해할 수 없기 때문이다.

⑫ 여래의 마하빠리니르와나(mahāparinirvāṇa, 大般涅槃)의 참뜻을 있는 그대로 알지 못하기 때문이다.

샤리뿌뜨라여, 어리석은 범부는, 여래의 가르침을 듣고 길러진 지혜가 없기 때문에, 여래는 니르와나(nirvāṇa, 涅槃)에 드셨다고 듣고, 여래는 돌아가셨다고 생각하여 사람은 모두 다 죽음에 의하여 연속성이 단절되어버린다는 견해, 그리고 또 흔적도 없이 사라져버린다는 견해를 일으킨다. 사람은 죽으면 모두 연속성이 단절되어버려서, 흔적도 없이 사라져버린다는 생각을 일으키므로 중생계는 점차로 줄어든다고 말한다. 그래서 대사견과 지극히 무거운 죄업을 짓는 것이다.

舍利弗, 一切愚癡凡夫, 不如實知一法界故. 不如實見一法界故, 起邪見心. 謂衆生界增, 衆生界減. 舍利弗. 如來在世, 我諸弟子, 不起此見. 若我滅後, 過五百歲, 多有衆生愚無智慧. 於佛法中, 雖除鬚髮, 服三法衣, 現沙門, 然其內無沙門德行. 如是等輩, 實非沙門, 自謂沙門, 非佛弟子, 謂佛弟子. 而自說言. 我是沙門, 眞佛弟子. 如是等人, 起增減見. 何以故. ① 此諸衆生, 以依如來不了義經, 無慧眼故. ② 遠離如實空見故, 不如實知, 如來所證, 初發心故. ③ 不如實知, 修集無量菩提功德行故. ④ 不如實知, 如來所得, 無量法故. ⑤ 不如實知, 如來無量力故. ⑥ 不如實知, 如來無量境界故. ⑦ 不信如來無量行處故. ⑧ 不如實知, 如來不思議無量法自在故. ⑨ 不如實知, 如來不思議無量方便故. ⑩ 不能如實分別, 如來無量差別境界故. ⑪ 不能善入, 如來不可思議大悲故. ⑫ 不如實知, 如來大涅槃故.

舍利弗. 愚癡凡夫, 無聞慧故, 聞如來涅槃, 起斷見滅見. 以起斷想及滅想故. 謂衆生界滅. 成大邪見極重惡業.

3. 감견은 또 사견을 낳는다

6. 또 다음에, 샤리뿌뜨라여, 이 중생들은 있는 것을 없다고 하는 감견(減見)에 의하여, 더욱 3가지 그릇된 견해를 일으킨다. 이 3가지 사견은 이 감견과 서로 떨어질 수 없는 밀접한 관계가 있다. 그 떨어질 수 없는 관계는 인드라의 그물(indra-jāla, 因陀羅網)[13]의 그물코가 서로 물려 있는 것과 같다. 그럼 3가지 견해란 무엇인가?

① 단절이라는 견해이다. 말하자면 죽음에 의하여 완전히 멸진해서

13) 인드라의 그물(indra-jāla, 因陀羅網) : 인드라의 그물은 제망(帝網)이라고도 부르며, 제석천궁에 둘러쳐져 있는 보물로 짠 망(網)을 가리킨다. 하나하나의 그물코에 주옥이 매달려 있으며, 주옥들이 서로 비추고 있으며, 비춰진 구슬이 또 비춰서, 무한히 서로 반영(反映)하며, 서로간의 관계로 많은 사물이 중중무진으로 서로 교섭하고 있는 비유이다.

흔적도 없이 사라져버린다는 견해이다.

② 소멸이라는 견해이다. 말하자면 니르와나는 사람이 모두 소멸하는 것이라는 견해이다.

③ 니르와나는 없음이라는 견해이다. 말하자면 이 니르와나는 궁극적으로 존재하는 것이 아니며, 실체를 벗어나 있다[畢竟空寂][14]는 견해이다.

샤리뿌뜨라여, 이 3가지 사견은 이와 같이 사람을 결박하고, 이와 같이 사람을 얽어매고, 이와 같이 사람을 더럽힌다.

이 3가지 사견의 힘을 조건으로 하여 연쇄적으로 다시 2가지 사견이 생긴다. 이 2가지 사견과 저 3가지 사견은 서로 떨어질 수 없는 밀접한 관계가 있다. 그 떨어질 수 없는 관계는 인드라의 그물의 그물코가 서로 물려 있는 것과 같다. 그럼 2가지 사견이란 무엇인가?

① 무욕(無欲)이라는 사견이다.

② 궁극적으로 니르와나라고 하는 이상세계는 없다고 하는 사견이다.

샤리뿌뜨라여, 무욕이라는 사견[15]에 의하여 다시 2가지 사견을 일으킨다. 이 2가지 사견과 무욕이라는 사견은 서로 떨어질 수 없는 밀접한 관계가 있다. 그 떨어질 수 없는 관계는 인드라의 그물의 그물코

---

14) 필경공적(atyanta-vivikta, 畢竟空寂) : 아띠얀따-위윅따(atyanta-vivikta)의 위윅따(vivikta)는 본디 어떤 것으로부터 벗어나면, 고립된 것이라는 뜻이다. 염오로부터 벗어나면 청정(淸淨), 여러 가지 동요로부터 벗어나면 적정(寂靜), 실체로부터 벗어나면 공(空)·무(無)이다. 그러므로 불교의 근본교리인 열반적정(涅槃寂靜)을 공(空) 또는 무(無)라고 해석하는 것이다.

15) 무욕이라는 사견 : 무욕인 까닭은, 첫째는 불교가 아닌 외도(外道)의 가르침을 따라서 니르와나를 구하지 않기 때문에, 둘째는 부정(不淨)한 것을 청정한 것이라고 생각하기 때문에, 진실·청정한 니르와나를 구하지 않으므로 무욕견이라고 하며, 이들은 세속주의라고 본다.

가 서로 물려 있는 것과 같다. 그럼 2가지 견해란 무엇인가?

① 외도의 가르침에서 주장하는 계율이나 금계(禁戒)를 고집하는 견해[戒禁取見]이다.

② 부정(不淨)이라는 것을 청정이라고 보는 전도된 견해이다.

샤리뿌뜨라여, 궁극적으로 니르와나라고 하는 이상세계는 없다고 하는 견해에 의하여 다시 6가지 견해를 일으킨다. 이 6가지 견해와 궁극적으로 니르와나라고 하는 이상세계는 없다고 하는 견해는 서로 떨어질 수 없는 밀접한 관계가 있다. 그 떨어질 수 없는 관계는 인드라의 그물의 그물코가 서로 물려 있는 것과 같다. 그럼 6가지 견해란 무엇인가?

① 세간의 성립에는 시원이 있다고 하는 견해이다.

② 세간에는 종말이 있다고 하는 견해이다.

③ 중생은 환술이나 화작에 의하여 태어났다고 하는 견해이다.

④ 인생에는 괴로움도 즐거움도 없다는 견해이다.

⑤ 중생에는 의지처가 없다는 견해이다.

⑥ 고·집·멸·도 4가지 성스러운 진리[16]가 없다는 견해이다.

復次舍利弗, 此諸衆生, 依於滅見, 復起三見. 此三種見, 與彼滅見, 不相捨離, 猶如羅網. 何謂三見. 一者斷見. 謂畢竟盡. 二者滅見. 謂卽涅槃. 三者無涅槃見. 謂此涅槃, 畢竟空寂. 舍利弗. 此三種見, 如是縛, 如是執, 如是觸. 以是三見力因緣故. 展轉復生二

---

16) 4성제 : 고·집·멸·도 4가지 진리를 가리킨다. 4성제는 샤꺄무니 부처님이 와라나씨(Vārāṇasī) 사슴동산(Migadāya, 鹿野苑)에서 깨달음을 이루시고, 처음으로 설법을 하실 때[初轉法輪]의 가르침의 내용으로서 불교의 기본적인 골격이다.

種邪見. 此二種見與彼三見. 不相捨離, 猶如羅網. 何謂二見. 一者無欲見. 二者畢竟無涅槃見. 舍利弗. 依無欲見, 復起二見. 此二種見, 與無欲見. 不相捨離, 猶如羅網. 何謂二見. 一者戒取見. 二者於不淨中, 起淨顚倒見. 舍利弗. 依畢竟無涅槃見, 復起六種見. 此六種見, 與無涅槃見. 不相捨離, 猶如羅網. 何謂六見. 一者世間有始見. 二者世間有終見. 三者衆生幻化所作見. 四者無苦無樂見. 五者無衆生事見. 六者無聖諦見.

4. 증견은 또 사견을 낳는다

7. 또 다음에 샤리뿌뜨라여, 이 중생들은 없는 것을 있다고 보는 증견(增見)에 의하여 다시 2가지 그릇된 견해를 일으킨다. 이 두 가지 견해와 저 증견은 서로 떨어질 수 없는 밀접한 관계가 있다. 그 떨어질 수 없는 관계는 인드라의 그물의 그물코가 서로 물려 있는 것과 같다. 그럼 2가지 견해란 무엇인가?

첫째, 니르와나는 무(無)[17]로부터 시작하여 생겨난다고 하는 견해이다.

둘째, 니르와나는 인(因)도 연(緣)도 없이 홀연히 생겨난다고 하는 견해이다.

샤리뿌뜨라여, 이 두 가지 견해는 중생들로 하여금 여러 가지 가치

17) 일자열반시생견(一者涅槃始生見) : 글의 내용으로 볼 때, '일자열반시생견(一者涅槃始生見)'에서의 '시(始)' 다음에, '무(無)'를 보충하여야 이론에 맞으므로 '일자열반시생견'에 '무(無)'를 보충하여 '일자열반시무생견(一者涅槃始無生見)'으로 바꾼다.

있는 것[善法]에 대하여, 그것을 바라고 원하는 마음이나 그것을 얻으려고 부지런히 정진하는 마음을 지워버리려고 한다.

샤리뿌뜨라여, 이 중생들은, 이와 같은 2가지 견해를 일으키기 때문에, 예를 들면 위빠쉬인 부처님(Vipaśyin, 毘婆尸佛)으로부터 샤꺄무니 부처님(Śākyamuni, 釋迦牟尼佛)에 이르기까지, 과거 일곱 부처님[18]의 바르고 완전한 깨달음을 얻은 여래들이 차례차례 세상에 출현하시어 설법을 하신다고 하더라도, 여러 가지 가치 있는 것[善法]에 대하여 그것을 바라고 원하는 마음이나, 그것을 얻으려고 부지런히 정진하는 마음을 조금이라도 일으키려고 하지 않는다. 그럴 리가 없다는 것이다.

샤리뿌뜨라여, 이들 2가지 견해는 바로 무명이며, 여러 가지 번뇌의 근원이다. 말하자면 니르와나는 무(無)로부터 시작하여 생겨난다고 하는 견해이고 또한 니르와나는 인(因)도 연(緣)도 없이 홀연히 생겨난다고 하는 견해이다.

復次舍利弗. 此諸衆生, 依於增見, 復起二見. 此二種見, 與彼增見. 不相捨離, 猶如羅網. 何謂二見. 一者涅槃始無生見. 二者無因無緣, 忽然而有見. 舍利弗, 此二種見, 令諸衆生, 於善法中, 無願欲心, 勤精進心. 舍利弗, 是諸衆生, 以起如是二種見故, 正使七佛, 如來應正遍知, 次第出世, 爲其說法. 於善法中, 若生欲心.

---

18) 과거 7불(佛) : ① 위빠쉬인(Vipaśyin, 毘婆尸佛), ② 쉬킨(Śikhin, 尸棄佛), ③ 위슈와부(Viśvabhū, 毘舍浮佛), ④ 끄라꾸찬다(Krakucchanda, 拘留孫佛), ⑤ 까나까무니(Kanakamuni, 拘那含牟尼), ⑥ 까쉬야빠(Kāśyapa, 迦葉佛), ⑦ 샤꺄무니(Śākyamuni, 釋迦牟尼佛)

勤精進心, 無有是處. 舍利弗. 此二種見, 乃是無明, 諸惑根本. 所謂涅槃始生見, 無因無緣忽然而有見.

5. 사견은 재앙을 일으킨다

8. 샤리뿌뜨라여, 이들 증견·감견, 2가지 견해는 바로 가장 나쁜 근본적인 큰 재앙이 되는 것이다.

샤리뿌뜨라여, 이 2가지 견해에 의하여 모든 사견이 일어난다. 이 모든 사견과 저 2가지 견해는 서로 떨어질 수 없는 밀접한 관계가 있다. 그 떨어질 수 없는 관계는 인드라의 그물의 그물코가 서로 물려 있는 것과 같다. 모든 사견이란 바로 불교 안 혹은 불교 밖의, 조대(粗大)한 혹은 미세한, 또는 중쯤의, 여러 가지 견해로써, 말하자면 없는 것을 있다고 하는 증견[19]이나, 있는 것을 없다고 하는 감견[20]이다. 샤리뿌뜨라여, 이 2가지 견해는 다만 한 근원[一界][21]에 기대어서 다만 한

---

19) 증견(samāropa, 增見): 아무 것도 없는 무(無)인 것을 있다고 유(有)를 고집하는 그릇된 견해를 가리킨다.

20) 감견(apavāda, 減見): 실제로 있는 유(有)인 것을 없다고 무(無)를 고집하는 그릇된 견해를 가리킨다.

21) 한 근원(ekacitta, 一界) : 일계의 원어는 에까다뚜(eka-dhātu)이다. 다뚜(dhātu)의 본디 뜻은 '놓는 장소·토대(土臺)·의지처'이며, 그 위에 무엇인가를 놓다, 또는 그 속에 무엇인가를 넣어 놓는 장소로서 물질에 대한 공간을 생각하면 가장 알맞은 말이다. 더 나아가 기반(基盤), 근원(根元), 사물이 발생하는 원인, 본질, 요소, 물질의 원소, 어근(語根) 등의 의미로 쓰인다. 또 다른 한편, 동일한 성질, 본질을 가진 것은 집적(集積)해서 다른 것과 구별되기 때문에 종류·종족의 의미도 있으며, 더욱이 다른 것과 구별되는 일정한 범위·영역을 의미하는 것으로 해석한다. 한역(漢譯)의 계(界)는 후자의 의미를 취하고 있는 것으로 볼 수 있다. 예를 들면 세계(lokadhātu, 世界)를 들 수 있다. 앞에 나온 법계(法界)나 중생계(衆生界)도 각각 진

근원에 동화하고, 다만 한 근원에 합일하는 것이다. 그런데 어리석은 범부는 모두 다만 한 근원을 있는 그대로 알지 못하기 때문이며, 다만 한 근원을 있는 그대로 보지 못하기 때문에 아주 악한 큰 사견을 일으킨다. 그래서 중생계는 증가하여 넘칠 것이라고 말하기도 하고, 혹은 중생계가 감소하여 줄어들 것이라고 말하기도 하는 것이다.

舍利弗, 此二種見, 乃是極惡根本, 大患之法. 舍利弗, 依此二見, 起一切見. 此一切見, 與彼二見, 不相捨離, 猶如羅網. 一切見者. 所謂若內若外, 若麤, 若細, 若中, 種種諸見, 所謂增見減見. 舍利弗, 此二種見, 依止一界, 同一界, 合一界. 一切愚癡凡夫. 不如實知彼一界故, 不如實見彼一界故, 起於極惡大邪見心. 謂衆生界增. 謂衆生界減.

리의 영역(진리의 세계), 중생의 영역(중생의 세계)의 의미라고 생각해도 되기 때문에 그와 같은 언어가 동시에 요소·근원·본질의 의미도 가지고 있다고 생각하므로 불교의 교리적 사고의 특색이 있다. 다시 말하면, 법계(法界)라고 말하는 것은 법의 근원, 곧 가르침의 근원(세존의 가르침의 원천인 세존이 깨달은 진리, 바로 연기의 이법)임과 동시에 그 가르침의 영역, 가르쳐 주신 진리의 세계이며, 또 만물[諸法]의 근원으로서 사물의 본성·본질(법성)임과 동시에 만물[일체법(一切法)] 그 자체, 또는 만물이 놓여 있는 장소, 전 우주(全宇宙)라고 말하는 것과 동등한 의미를 갖는다. 이와 같은 모든 의미를 포함해서 절대의 세계라고 말할 수도 있다. 여기에서는 그와 같은 2중의 의미를 중생계(衆生界)에 대해서도 갖게 함과 동시에 그 중생계가 법계와 동일한 계(界), '다만 하나의 근원'이라고 주장하려고 하고 있는 까닭이다. 이것이 이 경전의 주제이기도 하다.

그리고 공간은 인도(印度)의 사유방식으로는 허공계로 그것은 가장 보편적인 것이며, 그래서 불변(不變)하는 것의 대표로서 때때로 비유적으로 사용되었다. 허공은 존재의 전체 영역임과 동시에 개개의 물질(형태가 있는 것) 속으로 깊이 들어가 있다고도 설명할 수 있는데, 이것은 브라흐만(Brahman)과 아뜨만(Ātman)의 관계와도 흡사하다. 그것이 속으로 깊이 들어가 있는 물질에 있어서, 그것은 본질을 형성하고 있는 것으로 된다. 그런 의미에서 그것은 만물의 근원이다.

제4장 샤리뿌뜨라, 또 묻다

9. 그때, 지혜제일 샤리뿌뜨라는 부처님께 다음과 같이 사뢴다.

"세존이시여, 다만 한 근원(根元)이란 도대체 무엇입니까? 그리고 왜, 어리석은 범부는 모두 다만 한 근원[一界]을 있는 그대로 알지 못하고, 다만 한 근원을 있는 그대로 보지 못하기 때문에 아주 악한 대사견심을 일으켜서 중생계가 증가하여 넘칠까 봐 망상하고, 혹은 중생계가 감소하여 줄까 봐 망상합니까?"

샤리뿌뜨라는, "거룩하신 세존이시여, 이 의의는 아주 심오하여 저로서는 잘 알 수 없습니다. 부디 원하옵건대, 세존께서는 저를 위하여 해설하시어 이해할 수 있도록 하여 주옵소서."라고 말씀드린다.

爾時, 慧命舍利弗, 白佛言. 世尊, 何者, 是一界而言. 一切愚癡凡夫, 不如實知彼一界故, 不如實見彼一界故, 起於極惡大邪見心, 謂衆生界增, 謂衆生界減. 舍利弗言, 善哉世尊, 此義甚深, 我未能解. 唯願如來, 爲我解說, 令得解了.

제5장 세존, 법신을 가르치시다

10. 그때, 세존께서는 지혜제일 샤리뿌뜨라에게 말씀하신다.

“이 심오한 의의는 다만 여래의 지혜에 의해서만 알 수 있는 것이며, 또 여래의 마음이 작용하는 자리이다.

샤리뿌뜨라여, 이와 같은 심오한 의의는 모든 성문이나 연각들의 지혜로는 알 수도 없고, 볼 수도 없고, 관찰할 수도 없다. 하물며 어찌 어리석은 범부들이랴! 그들은 추측할 수조차 없다. 다만 여래의 지혜만이 여래의 지혜를 알고, 보고, 관찰할 수 있다.

샤리뿌뜨라여, 성문이나 연각이 가지고 있는 지혜로는 여기에서 말씀하고 있는 의의를 다만 여래에 대한 추앙을 그냥 그대로 믿어야 할 뿐이며, 도저히 있는 그대로 알고, 보고, 관찰할 수 있는 것이 아니다.

샤리뿌뜨라여, 이 심오한 의의라고 하는 것은 바로 제일의제(第一義諦)를 가리킨다. 제일의제라고 하는 것은 바로 중생의 본질과 같은 말이다. 중생의 본질[衆生界]이라고 하는 것은 여래장을 가리킨다. 여래장이라고 하는 것은 바로 법신을 가리킨다.

爾時世尊. 告慧命舍利弗. 此甚深義, 乃是如來智慧境界. 亦是如來, 心所行處. 舍利弗, 如是深義, 一切聲聞·緣覺智慧, 所不能知, 所不能見, 不能觀察. 何況 一切愚癡凡夫. 而能測量. 唯有諸佛如來智慧, 乃能觀察·知·見此義. 舍利弗. 一切聲聞·緣覺所有智慧, 於此義中, 唯可仰信, 不能如實知見觀察. 舍利弗, 甚深義者, 卽是第一義諦. 第一義諦者, 卽是衆生界. 衆生界者, 卽是如來藏. 如來藏者, 卽是法身.

11. 샤리뿌뜨라여, 내가 연설하는 법신이라는 것은 갠지스강의 모래알의 수보다도 더 많다. 그리고 법신은 불가사의한 부처님의 모든 덕성과 분리할 수 없는 것이다. 또한 법신은 여래의 지혜에서 나오는 덕성과 떼려고 해도 뗄 수 없는 것이다.

샤리뿌뜨라여, 예를 들면 세간에서 일상적으로 쓰는 등불은 그 속성인 광명·열기·불빛과 분리할 수 없는 것이며, 속성과 떼려고 해도 뗄 수 없는 것이다. 또 마니보주도 그 속성인 광택·색채·형상과 분리할 수 없는 것이며, 속성과 떼려고 해도 뗄 수 없는 것이다.

샤리뿌뜨라여, 그와 같이, 여래가 말씀하신 법신은 갠지스강의 모래알의 수보다도 더 많다. 그리고 법신은 불가사의한 부처님의 모든 덕성과 분리할 수 없는 것이다. 또한 법신은 여래의 지혜에서 나오는 덕성과 떼려고 해도 뗄 수 없는 것이다.

샤리뿌뜨라여, 이 법신은 생겨나지도 않고 소멸하지도 않는 진리이다. 그것은 과거로 거슬러 올라가도 끝이 없으며, 미래의 끝도 없다. 왜냐하면 두 극단을 벗어난 것이기 때문이다. 샤리뿌뜨라여, 과거로 거슬러 올라가도 끝이 없다는 것은 태어난 때를 초월한 것이기 때문이며, 미래의 끝도 없다는 것은 소멸할 때를 초월한 것이기 때문이다.

샤리뿌뜨라여, 여래의 법신은 상주이다. 다함이 없는 성질의 것으로써 다름이 없는 성질의 것이기 때문이다. 샤리뿌뜨라여, 여래의 법신은 늘 그대로이다. 상주하는 귀의의 대상으로써 미래의 언제까지나 평등이기 때문이다. 샤리뿌뜨라여, 여래의 법신은 희론을 벗어나서 적정이고 청량하다. 분별을 벗어난 것으로써 주·객, 둘이 아닌 것이기 때문이다. 샤리뿌뜨라여, 여래의 법신은 영원하여 불변이다. 인위(人爲)가 아닌 성질의 것으로써 소멸하지 않는 것이기 때문이다.

舍利弗, 如我所說法身義者, 過於恒沙, 不離不脫, 不斷不異. 不思議佛法, 如來功德智慧. 舍利弗. 如世間燈, 所有明·色·及觸, 不離不脫. 又如摩尼寶珠, 所有明·色·形相, 不離不脫. 舍利弗. 如來所說法身之義, 亦復如是. 過於恒沙, 不離不脫, 不斷不異. 不思議佛法, 如來功德智慧. 舍利弗, 此法身者, 是不生不滅法. 非過去際, 非未來際. 離二邊故. 舍利弗, 非過去際者, 離生時故. 非未來際者, 離滅時故. 舍利弗, 如來法身常. 以不異法故, 以不盡法故. 舍利弗, 如來法身恒. 以常可歸依故, 以未來際平等故. 舍利弗, 如來法身淸涼. 以不二法故, 以無分別法故. 舍利弗, 如來法身不變. 以非滅法故, 以非作法故.

12. 샤리뿌뜨라여, 바로 이 같은 법신이 갠지스강의 모래알의 수보다도 더 많은 헤아릴 수 없는 번뇌에 얽매여서 시작을 모르는 과거로부터 윤회생존의 흐름에 몸을 맡기고 표류하면서 태어났다 다시 죽기

를 반복하고 있을 때 중생이라고 부른다.

샤리뿌뜨라여, 틀림없이 똑같은 법신이 윤회생존의 고뇌를 싫어하고, 모든 욕망의 대상에서 벗어나서 10가지 궁극적인 빠라미따[22]를 닦고, 8만 4천의 가르침의 덕목을 통섭(通攝)하고, 그것을 몸에 익혀서 보디행(bodhicārya, 菩提行)을 실천하고 있을 때 보살이라고 부른다.

다시 다음에, 샤리뿌뜨라여, 바로 똑같은 법신이 세간의 모든 번뇌의 얽매임에서 벗어나서 고뇌를 모두 뛰어넘어 부수적 번뇌의 염오를 다 제거한다. 그리고 또 그는 맑고 깨끗한 청정함을 얻어 피안의 청정한 본성에 안주하며, 중생들로부터 존경을 받는 경지에 올라 모든 알아야 할 영역에 있어서 그에 버금감이 없는 승리자가 된다. 또한 그는 덮여서 감춰진 염오(染汚)도 없고, 더욱 다른 사람에 의하여 방해를 받지 않으며, 존재하는 모든 것에 대한 자재력을 얻었을 때, 완전한 깨달음을 이룬 여래라고 부른다.

그러므로 샤리뿌뜨라여, 중생계를 벗어나서 법신이 있는 것이 아니며, 법신을 벗어나서 중생계가 있는 것이 아니다. 중생계가 바로 법신이며, 법신이 바로 중생계이다. 샤리뿌뜨라여, 이 둘은 뜻은 같고, 이름만 다를 뿐이다.

舍利弗, 卽此法身, 過於恒沙, 無邊煩惱所纏, 從無始世來, 隨順世間, 波浪漂流, 往來生死, 名爲衆生. 舍利弗, 此法身, 厭離世間, 生死苦惱, 棄捨一切諸有欲求, 行十波羅蜜, 攝八萬四千法門, 修菩提行, 名爲菩薩. 復次舍利弗. 卽此法身, 離一切世間, 煩惱

22) 10빠라미따 : 보시, 지계, 인욕, 정진, 선정, 지혜, 방편, 원(願), 역(力), 지(智).

使纏, 過一切苦, 離一切煩惱垢. 得淨得清淨. 住於彼岸清淨法中, 到一切衆生所願之地, 於一切境界中, 究竟通達, 更無勝者. 離一切障, 離一切礙, 於一切法中, 得自在力, 名爲如來應正遍知. 是故舍利弗, 不離衆生界有法身, 不離法身有衆生界, 衆生界卽法身, 法身卽衆生界. 舍利弗. 此二法者, 義一名異.

제6장 세존, 여래장을 가르치시다

13. 또 샤리뿌뜨라여, 내가 위에서 연설한 것과 같이 중생의 세계 속에 또 3가지 특질이 있는데, 모두 다 진실이므로 진여[23]와 다름이 없고, 차별이 있는 것이 아니다.

그럼 3가지 특질이란 무엇인가?

① 여래장은 청정한 덕성과 언제 시작하였는지도 모르게 공존하며, 더욱 그것과 본질적으로 결합하는 특질이 있는 것이다.

② 여래장은 번뇌에 덮여서 감춰진 청정하지 않은 성질과 언제 시작하였는지도 모르게 공존하고 있지만, 그것과 본질적으로는 결합하지 않는 특질이 있는 것이다.

③ 여래장은 미래의 끝까지 평등이며, 확고하여 변함이 없는 특질이 있는 것이다.

---

23) [SED]p.433c tathatā : tathā indeclinable so, thus, in that manner, also, true, 그냥 그대로, 있는 그대로, 참으로 그러한, tathatā f. true state of things, true nature, suchness, 진여(眞如), 여(如), 여여(如如), 본디 있던 그대로의 것, 본디 그대로의 것, 있는 그대로의 것.

샤리뿌뜨라여, 다음과 같이 알아야 한다.

① 여래장은 청정한 덕성과 언제 시작하였는지도 모르게 공존하며, 더욱 그것과 본질적으로 결합하는 특질이 있다고 하는 것은 이 여래장이 있는 그대로 허망하지 않으며, 부처님의 모든 덕성과 불가분리이며, 지혜와 분리할 수 없는 청정한 진여, 법의 근원(根元; 法界)이라고 하는 불가사의한 존재라고 하는 것이다. 처음부터, 과거의 끝으로부터, 여래장에는 청정이면서 본질적으로 결합하는 본성(本性)이 있는 것이다. 샤리뿌뜨라여, 나는 이 청정한 진여, 법의 근원[法界]인 점을 근거로 하여 중생을 위하므로 이것을 불가사의한 자성청정심[24]이라고 연설하는 것이다.

또 샤리뿌뜨라여, 다음과 같이 알아야 한다.

② 여래장은 번뇌에 덮여서 감춰진 청정하지 않은 성질과 언제 시작하였는지도 모르게 공존하고 있지만, 그것과 본질적으로는 결합하지 않는 특질이 있다고 하는 것은 과거의 끝으로부터 존재하지만, 분리성의 지혜와는 관계가 없는, 본질적으로 결합하지 않는, 번뇌에 덮여서 감춰진 청정하지 않은 성질은 다만 여래의 보디(bodhi, 菩提)의 지혜에 의해서만 단절시킬 수 있다고 하는 것이다. 샤리뿌뜨라여, 나는 본질적으로 결합하지 않은 번뇌에 덮여서 감춰진 불가사의한 법의 근원(根元; 法界)인 점을 근거로 하여 중생을 위하므로 이것을 임시로 부착한 번뇌(āgantuka kleśa, 客塵煩惱)에 의하여 더럽혀진 자성청정심이라고 하는 불가사의한 것을 연설하는 것이다.

---

24) 자성청정심(prakṛti-pariśuddhudaṃ-cittam, 自性清淨心) : 사람들이 본래 갖추고 있는 마음[心]은, 스스로 맑고 깨끗하며, 모든 염오를 여읜 마음을 가리킨다.

또 샤리뿌뜨라여, 다음과 같이 알아야 한다.

③ 여래장은 미래의 끝까지 평등이며, 확고하여 변함이 없는 특질이 있다고 하는 것은 바로 이 여래장이 선·불선의 모든 성질의 근본이며, 여래의 모든 덕성을 갖추고, 모든 덕성과 결합하고 있는 진실하지 않은 세속의 현상에 섞여서도 진실한 모든 덕성과 불가분리이며, 지혜와 분리할 수 없는 모든 덕성을 지탱하며, 일체의 모든 덕성을 통섭하고 있다고 하는 것이다. 샤리뿌뜨라여, 나는 이 불생·불멸이면서 상주·청량·적정·변함이 없는 귀의의 대상으로서의 불가사의한 청정법계라고 하는 점을 근거로 하여 중생계라고 부르는 것이다.

그러한 까닭이 무엇인가? 중생계란 바로 이들은 불생·불멸인 것이면서 상주·청량·적정·변함이 없는 귀의의 대상이며, 불가사의한 청정법계와 같은 것이면서 이름만 다를 뿐이다. 그러므로 나는 이 법을 근거로 하여 중생계라고 부르는 것이다.

샤리뿌뜨라여, 이들 3가지 특질은 모두 다 진실이므로 진여와 다름이 없고, 차별이 없는 것이다. 이것은 진실이므로 진여와 다름이 없고, 차별이 없는 법에 있어서는 아주 나쁜 불선(不善)인 2가지 사견은 궁극적으로 생겨나지 않는다. 왜 그런가? 모든 것을 있는 그대로 보기 때문이다. 샤리뿌뜨라여, 말하자면 감견과 증견이라고 하는 2가지 사견은 모든 여래가 필경은 멀리하고 있는 것이며, 여래에 의하여 큰 꾸짖음을 받아야 한다.

復次舍利弗, 如我上說, 衆生界中, 亦三種法, 皆眞實, 如不異不差. 何謂三法. 一者如來藏, 本際相應, 體及淸淨法. 二者如來藏, 本際不相應, 體及煩惱纏, 不淸淨法. 三者如來藏, 未來際平等,恒及有法. 舍利弗, 當知. 如來藏, 本際相應, 體及淸淨法者. 此法, 如實不虛妄, 不離, 不脫智慧, 淸淨眞如, 法界不思議法. 無始本際來, 有此淸淨相應法體. 舍利弗, 我依此淸淨眞如法界, 爲衆生故, 說爲不可思議法, 自性淸淨心. 舍利弗, 當知. 如來藏, 本際不相應, 體及煩惱纏不淸淨法者, 此本際來, 離脫, 不相應煩惱所纏, 不淸淨法, 唯有如來菩提智之所能. 舍利弗. 我依此煩惱所纏, 不相應不思議法界, 爲衆生故, 說爲客塵煩惱所染, 自性淸淨心, 不可思議法. 舍利弗, 當知. 如來藏, 未來際平等, 恒及有法者, 卽是一切諸法根本, 備一切法, 具一切法, 於世法中, 不離不脫眞實一切法. 住持一切法, 攝一切法. 舍利弗, 我依此不生不滅, 常恒·淸涼·不變歸依, 不可思議, 淸淨法界, 說名衆生. 所以者何. 言衆生者, 卽是不生不滅, 常恒淸涼不變歸依, 不可思議, 淸淨法界, 等異名. 是義故, 我依彼法, 說名衆生. 舍利弗. 此三種法, 皆眞實, 如不異不差. 於此眞實, 如不異不差法中, 畢竟不起極惡不善二種邪見. 何以故. 以如實見故. 舍利弗, 所謂減見增見, 此二邪見, 諸佛如來, 畢竟遠離, 諸佛如來之所呵責.

제7장 샤리뿌뜨라여, 사견을 깨라

14. 샤리뿌뜨라여, 여기에서 만에 하나라도 비구(bhikṣu, 比丘) 혹은 비구니(bhikṣuṇī, 比丘尼), 혹은 재가인 청신남 및 청신녀가 하나의 사견을 일으키거나 또는 그 밖의 사견을 일으킨다고 가정하자. 그들에게 여래는 세존이 아니므로 이런 사람들은 나의 제자가 아니다.

샤리뿌뜨라여, 이 사람들이 2가지 사견을 일으킨 인연으로 무지의 어둠에서 무지의 어둠으로 들어가며, 암흑에서 더욱 짙은 암흑으로 향하는 것이므로 나는 이런 사람들을 이찬띠까(icchantika, 一闡提)[25] 라고 부르는 것이다.

그러므로 샤리뿌뜨라여, 너는 이제 이 가르침을 배워서 저 중생들을 교화시켜 2가지 사견을 벗어나도록 해서 정도 속에서 안주하도록 해야 한다. 샤리뿌뜨라여, 이들과 같은 가르침을 너 스스로도 배워서 저 2가지 사견을 벗어나 정도 속에서 안주해야 한다.

467c20∥舍利弗, 若有比丘·比丘尼·優婆塞·優婆夷, 若起一見, 若

---

25) 이찬띠까(icchantika, 一闡提) : 불교를 비방하기 때문에 성불의 가능성이 없는 사람을 가리킨다.

起二見. 諸佛如來, 非彼世尊, 如是等人, 非我弟子. 舍利弗, 此人, 以起二見因緣故, 從冥入冥 從闇入闇, 我說是等, 名一闡提. 是故, 舍利弗, 汝今應學此法. 化彼衆生, 令離二見, 住正道中. 舍利弗. 如是等法, 汝亦應學, 離彼二見, 住正道中.

제8장 법회를 마치다

15. 부처님께서 이 경전을 연설하시기를 마쳤을 때, 지혜제일 샤리뿌뜨라 존자를 비롯하여 비구(bhikṣu, 比丘)·비구니(bhikṣuṇī, 比丘尼), 청신남·청신녀·보살-마하살(bodhisattva-mahāsattva, 菩薩摩訶薩), 그리고 헤아릴 수 없이 많은 신(deva, 神)·용(Nāga, 龍)[26]·약샤(Yakṣa, 夜叉)[27]·간다르와(Gandharva, 乾闥婆)[28]·아쑤라(Asura, 阿修羅)[29]·가루다(Garuḍa, 金翅鳥)[30]·낑나라(Kiṃnara, 緊那羅)[31]·마호라가(Mahoraga, 摩

26) 용왕(Nāgarāja, 龍王) : 뱀 모양을 닮은 바다나 강에 사는 귀신이며, 天龍八部衆의 하나이다.

27) 약샤(Yakṣa, 夜叉) : 사람을 씹어 먹고사는 신이다.

28) 간다르와(Gandharva, 乾闥婆) : 모든 집의 향기를 심방하여 음악을 연주하면서 식사를 구하여 자활하는 제석천의 음악신(音樂神)이다.

29) [SED]p.121a asura : asura m. a spirit, good spirit, supreme spirit (said of Varuṇa). (정신, 영혼, 와루나가 말한 최고의 영혼); the chief of the evil spirits(악령의 우두머리); an evil spirit, demon, ghost(악마, 영혼, 악령).

30) [SED]p.348c 가루다(garuḍa) : garuḍa m. Name of a mythical bird. 인도 신화에서 가공의 큰 새. 이상화된 영묘한 새. 사천하의 대수(大樹)에 앉으며, 용을 먹고 살며, 양쪽 날개를 펼치면 336만리라고 한다. 불교에서는 천룡팔부중(天龍八部衆)의 하나로 치며, 밀교에서는 범천·대자재천이 중생을 구제하기 위하여 이 새의 모습을 빌려서 나타난다고 한다. 한문경전에서는 '가루다(迦樓羅)'라고 음역하며, 금시조(金翅鳥), 묘시조(妙翅鳥)라고 번역한다.

31) 낑나라(Kiṃnara, 疑神) : 정수리에 뿔이 하나 있으며, 형태는 사람을 닮아서 면모

睺羅迦)[32]·인간(manuṣya, 人間)·非人(amanuṣya, 非人, 天龍八部) 등 모든 대중이 다 아주 환희·찬탄하며, 『불설부증불감경』을 신수봉행하겠다고 발원한다.

467c27‖佛說此經已, 慧命舍利弗, 比丘·比丘尼·優婆塞·優婆夷·菩薩摩訶薩, 及諸天·龍·夜叉·乾闥婆·阿修羅·迦樓羅·緊那羅·摩睺羅伽·人·非人等, 一切大衆, 皆大歡喜, 信受奉行, 佛說不增不減經.

가 대단히 단정하므로 보는 사람으로 하여금 이것을 인간인가 아닌가를 의심하기 때문에 낑나라(Kiṃnara)라고 한다.

32) 마호라가(Mahoraga, 摩睺羅迦) : 뱀의 무리에 속하는 신이다.

『승만경』

Śrīmālādevī-siṃha-nāda-sūtra

일러두기

1. 구나바드라 삼장이 한역한 『대정신수대장경(大正新脩大藏經)』 제12권, No.353 『승만사자후일승대방편방광경(勝鬘師子吼一乘大方便方廣經)』을 번역의 저본(底本)으로 하며, 문장의 내용을 더욱 잘 드러내기 위하여, 당 보디루찌 삼장이 한역한 『대정신수대장경(大正新脩大藏經)』 제11권, No. 310 『승만부인회(勝鬘夫人會)』도 함께 활용했다.
2. 참고문헌으로는 蓮澤成淳 譯 『國譯一切經印度撰述部』, 寶積部 七, 日本大東出版社, 1978과 高崎直道 譯 『大乘佛典』, 12 如來藏系經典, 日本中央公論社, 1980을 활용했다.
3. T : 『대정신수대장경(大正新脩大藏經)』
4. SED : *Sanskrit-English Dictionary*, Sir Monier Monier-Williams, Oxford University Press, 1899
5. 싼쓰끄리뜨어 한글 발음 표기 : 한국불교학회의 불교학술용어표준화안을 따른다.

해 제

1. 번역자

(1) 『승만사자후일승대방편방광경』의 번역자 구나바드라에 대하여

구나바드라(Guṇabhadra, 求那跋陀羅, 394~468)는 Guṇabhadra를 한글로 음역한 것이며, 한역 경전에서는 구나발타라(求那跋陀羅)라고 음역하고, 공덕현(功德賢)이라고 한역(漢譯)한다. 중인도의 출신이다. 5명(明)에 정통하며, 처음에는 『잡아비담심론』 등 소승을 배웠으나, 이것을 버리고 드디어 대승으로 전환하였다. 특히 『대품반야경』이나 『화엄경』에 밝았다. 스리랑카(Śrīlaṅka)를 경유하여 435(元嘉 12년), 유송(劉宋) 광주(廣州)에 도착하였다. 문제(文帝)의 영접을 받고 건강(建康)으로 들어와 기원사(祇洹寺)에 주석하였다. 안연지(顔延之)·팽성왕(彭城王) 의강(義康)·남초왕(南譙王) 의선(義宣) 등이 사사하였으며, 특히 남초왕으로부터 후의를 받았다. 먼저 기원사에서 『잡아함경』을 역출하고, 동안사(東安寺)에서 『대법고경』을 번역하였으며, 이어서 단양군(丹陽郡)에서 『슈리말라데위씽하나다경』(Śrīmālādevī-siṃha-nāda-sūtra, 勝鬘師子吼一乘大方便方廣經)과 『능가아발다라보경(4권)』을 역출하였다. 남초왕이 형주(荊州)를 진압함에 따라 신사(辛寺)에서 주석하면서 『무우왕경(無憂王經)』·『과거현재인과경』·『무량수경』·『니원경(泥洹經)』·『앙굴마라경(央掘魔羅經)』·『상속해탈바라밀요의경』·『현재불명경』·『제일의오상약』·『팔길상경』 등을 역출하였다. 이들 가운데에서 『슈리말라데위씽하나다경』은 대표적인 여래장 경전으로서 많이 연구를 하였으며, 『능가아발다라보경(4권)』은 특별하게 선종의 소의경전으로 중요시되었다. 또한 『상속해탈바라밀요의경』은 『해심밀경』 가운데의 한 품이며, 여기서 비로소 요가계(Yoga, 瑜伽系)의 경전이 역출된 것이라고 볼 수 있다.

남초왕은 그에게 『화엄경』을 강설하여 주기를 간청하였으나, 그는 중국어를 잘 구사할 수 없었다. 그것을 부끄러워하여 아침저녁으로 관음(觀音) 보살을 일심으로 정념하고 있었는데, 어느 날 밤 꿈속에서 하얀 옷을 입고, 일검(一劍)을 찬 사람이 한 사람의 생머리(生首)를 손에 들고 다가와서, 그의 머리를 잘라버리고, 그가 손에 들고 있던 생머리로 바꿔버렸다. 바로 그 순간 중국어를 자유롭게 말할 수 있게 되었다는 일화가 전하여지고 있다.

또 남초왕이 난을 일으켰으나 효무제에게 평정을 당하였기 때문에 그 뒤에는 효무제의 공양을 받게 되었다. 효무제가 그에게 남초왕과의 인연을 어떻게 생각하느냐고 물었을 때, 그는 10년 동안이나 공양을 받았는데, 어떻게 그 공덕을 잊을 수 있겠느냐고 대답하여 효무제를 놀라게 하였다. 뒤에 백탑사(白塔寺)에 주석하였는데, 462(大明6년)의 큰 한발 때에는 기우제를 모셔 영험을 얻었다고 한다. 대승의 교학에 정통하였기 때문에 당시의 사람들로부터 마하야나(Mahāyāna, 摩訶衍)라는 칭호를 받았다.

(2)『승만부인회』의 번역자 보디루찌에 대하여

보디루찌(Bodhiruci, 菩提流志, ?~727)는 인도의 남부지방 출신이다. 당나라 고종 때인 683년(永淳 2년)에 사신을 시켜서 초대하였으나, 무후(武后) 때인 693년(長壽 2년)에 낙양에 왔다. 693년부터 불수기사(佛授記寺) 대주동사(大周東寺)에서 『보우경(寶雨經)』·『실상반야경(實相般若經)』·『대승가야정경(大乘伽耶頂經)』·『반야육자삼구경(般若六字三句經)』 등 여러 가지 경론을 역출하였다. 그 사이에 의정(義淨)과 함께 실차난타(實叉難陀)의 신역 『화엄경(華嚴經)』의 역출을 도와주었다. 706년(神龍 2년), 장안(長安)의 숭복사(崇福寺)에서 화제(和帝)의 칙명에 의하여 현장(玄奘)이 완성하지 못한 『대보적경(大寶積經)』 역출을 개시(開始)하여 예종(睿宗) 때인 713년(先天 2년)에 120권의 역출을 완료하였다. 그리고 727년(개원(開元) 15년)에 시적하였다.

2. 경전의 내용과 사상에 대하여

『슈리말라데위씽하나다경』(Śrīmālādevī-siṃha-nāda-sūtra, 勝鬘師子吼一乘大方便方廣經)은 여래장 사상을 이론적·체계적으로 전개한 경전이며, 그 성립은 4세기 중엽으로 추정된다. 『구경일승보성론』(Ratnagotravibhāga-mahāyānottaratantra-śāstra, 究竟一乘寶性論)에

서 여래장사상을 논술할 때마다 거의 인용하고 있으며, 『대승집보살학론』(Śikṣāsamuccaya, 大乘集菩薩學論)에서도 인용하고 있다. 이와 같이 인용된 것을 통하여 원전의 일부를 알 수 있으나, 싼쓰끄리뜨(Sanskrit) 원본은 전하지 않는다.

중국에서는 『슈리말라데위씽하나다경』(Śrīmālādevī-siṃha-nāda-sūtra, 勝鬘師子吼一乘大方便方廣經)은 경전을 번역한 기록에 의하면 세 번 번역되었다. 제1역은 다르마락샤(Dharmarakṣa, 曇無讖, 412 ~433)의 번역으로 『승만경(勝鬘經)』 1권이며, 제2역은 436년(劉宋 文帝 元嘉 13년 8월 14일)에 구나바드라(Guṇabhadra, 求那跋陀羅, 394 ~ 468)가 단양군(丹陽郡) 양주(揚州)에서 번역한 『슈리말라데위씽하나다경』이며, 제3역은 710년에 당의 보디루찌(Bodhiruci, 菩提流志, 683~727)가 번역하여 편성한 『대보적경(大寶積經)』 49회(會) 속의 제48회에 수록되어 있는 『승만부인회(勝鬘夫人會)』이다.

다르마락샤가 번역한 제1역은 곧바로 사라져서 현재는 존재하지 않으며, 구나바드라가 번역한 제2역은 『대정신수대장경(大正新脩大藏經)』 12, NO.353, 그리고 보디루찌가 번역한 제3역은 『대정신수대장경』 11, No.310에 실려 현존한다. 그리고 티베트역이 현존한다.

지금 한글로 번역함에 있어서 구나바드라가 한역(漢譯)한 제2역인 『슈리말라데위씽하나다경』을 저본으로 하며, 아울러 보디루찌의 제3역도 함께 활용한다.

많은 학자들의 연구에 의하면, 구나바드라가 번역한 『슈리말라데위씽하나다경』과 보디루찌가 번역한 『승만부인회(勝鬘夫人會)』를 대조하여 본 결과 동본(同本)의 이역(異譯)이라는 것이다.

참고문헌으로는, 蓮澤成淳 譯 『國譯一切經印度撰述部』, 寶積部

七, 日本 大東出版社, 1978과 高崎直道 譯『大乘佛典』, 12 如來藏系經典, 日本 中央公論社, 1980을 활용했다.

3. 슈리말라 왕비의 원력에 대하여

이 경에서는 아요디야(Ayodhyā, 阿踰陀)의 슈리말라(Śrīmālā, 勝鬘) 왕비가 주인공으로 활약한다. 왕비는 그 당시 인도에서 최대강국 가운데의 하나인 꼬쌀라(Kosala)의 쁘라쎄나지뜨(Prasenajit, 波斯匿) 왕과 말리까(Mallikā, 末利) 왕비와의 사이에서 태어난 성품이 곱고 행복하게 자란 공주였다. 이 나라의 수도인 슈라와쓰띠(Śrāvastī, 舍衛城)는 그 당시 인도에서 가장 번성하던 도시의 하나이며, 불교 최대의 사원인 기원정사(Jetavana, 祇園精舍)가 자리를 잡고 있는 곳이기도 하다. 거룩한 부처님은 이곳에서 여러 차례에 걸쳐서 안거를 하시기도 하였다.

그런데 이 공주는 슈라와쓰띠의 서남쪽으로 150km쯤 떨어져 자리를 잡고 있는 아요디야국의 야쇼미뜨라(Yaśomitra, 友稱) 왕에게로 시집을 가 새로운 삶을 시작한 것이다. 이후 이 공주의 활동의 무대는 아요디야로 바뀐다.

거대한 가가라강(Ghāghara)을 등지고 있는 이 풍요로운 아요디야는 힌두교도들의 7대 영장(靈場) 가운데의 하나로 인도에서는 유명한 종교도시의 하나이다. 불교에서는 샤끼야족(Śākya, 釋迦)이, 힌두교에서는 라마신(Rama)이 태어난 곳이라고 하여 예로부터 이름 높은 성지로 알려져 순례자들이 끊이질 않는다.

1528년에는 무갈 제국의 바부르(Jahīr-al-Dīn Muḥammad Bābur)[1] 왕이 라마를 모신 힌두사원을 헐어버리고 무슬림사원인 모스크를 세웠기 때문에, 힌두교도들은 성지를 환원하는 꿈을 버리지 않은 것이다. 그러다가 영국에서 독립하여 새로운 나라를 세운 인도는 힌두교의 부흥운동이 새롭게 전개되고, 1949년부터 힌두교도는 이곳의 소유권을 거세게 주장하기 시작하여 무슬림과 다툼을 벌인다. 서로 자신들의 성지임을 내세우면서 종교분쟁의 진원지로 바뀌었는데, 1992년에는 힌두교도들이 한꺼번에 20만 명이 몰려들어 순식간에 모스크를 파괴시켜버렸다. 그리고 이때 2천여 명의 목숨을 앗아가기도 하였기 때문에, 계엄령을 내리고 무장 병력을 투입하여 누구도 접근을 하지 못하도록 막아버리기도 한 곳이다. 이렇게 종교적인 색채가 강한 아요디야를 무대로 설정한 배경을 현대에 사는 우리는 한번 음미할 필요성이 있다고 본다.

어느 날 종교적 정서가 짙은 꼬쌀라의 말리까 왕비와 쁘라쎄나지뜨 왕은 거룩한 부처님의 가르침을 온 누리에 널리 홍포하고 싶은 서원을 실현하려고, 여관(女官)인 짠디라(Candirā, 旃提羅)로 하여금 그들의

---

1) 자히르 알딘 무함마드 바부르(Jahīr-al-Dīn Muḥammad Bābur, 1483 ~ 1530) : 바부르왕은 안디잔(지금의 우즈베키스탄의 한 지방) 출신의 모험가로 여러 차례 실패를 경험했으나, 1504년 결국 아프가니스탄의 카불에서 왕국을 세우는 데 성공했다. 그곳에서 그는 군대를 모아 1526년까지 인근 지역을 정복하고, 이후 로디 왕조를 공격하고 약탈해 무굴 제국의 기초를 쌓았다. 그의 자서전이 남아 있다. 바부르는 아버지를 통해 티무르의 피를 이어받았고, 그의 어머니를 통해 칭기스칸의 피를 이어받았다. 바부르의 혈통은 티무르와 차가타이-투르크계에 속했으나, 주변의 환경, 문화, 교육 등은 페르시아 문화의 영향을 많이 받았기에 그는 그 문화를 존중했고, 이는 페르시아 문화가 인도 대륙에 전파되는 계기가 되었다. 또, 페르시아 문화는 그로 하여금 훌륭한 문학적·예술적 기질과 사료 편찬 기술을 갖추게 해 주었다. 후마윤은 그의 부왕 바부르를 1530년 22세에 계승하였다.

공주인 슈리말라 왕비에게 편지를 전하도록 하였다. 그들의 공주로 하여금 거룩한 부처님의 가르침을 신수·봉행하여 많은 사람들에게 행복과 평화를 실현하라는 내용을 보냈던 것이다.

『위말라끼르띠니르데샤경』(Vimalakīrti-nirdeśa-sūtra, 維摩詰所說經)이 청신사(upāsaka, 淸信士)인 위말라끼르띠(Vimalakīrti, 維摩詰) 거사가 진리를 진술하는 것이라면, 이 경은 청신녀(upāsikā, 淸信女)인 슈리말라 왕비가 진리를 진술하는 것이다. 이는 재가신도들의 새 불교운동을 발단으로 해서 일어난 대승불교의 연장선상에서 일불승사상에 근거한 청신사와 청신녀의 평등성을 가르치려고 하는 의도가 깔려 있는 것은 아닐까! 여자와 남자의 평등사상을 실현하려는 그 배경을 음미할 필요성이 있다고 본다.

다만 『슈리말라데위씽하나다경』을 진술하는 슈리말라 왕비는 역사적으로 존재한 실제 인물은 아니다. 대승의 정신을 선양하려는 창의적인 발상을 구현하기 위하여, 『위말라끼르띠니르데샤경』에서의 위말라끼르띠(Vimalakīrti, 維摩詰) 거사와 똑같이 대승의 보리살타(bodhisattva, 菩提薩埵)를 구현한 것으로 볼 수 있다.

왜냐하면 대승불교는 대승의 가르침을 수지·해설하고 자리(自利)·이타(利他)를 실천하는 사람이라면 누구나 다 보살이기 때문이다. 이와 같은 논리라면 대승 운동을 하는 불교도는 모두 보살인 것이다. '누구나 다 보살'이라는 슬로건은 아주 긍정적이고 생동감 넘치는 발상의 전환이라고 말하지 않을 수 없다. 남자와 여자, 재가와 출가, 가진 사람과 그렇지 못한 사람, 젊은이와 늙은이를 전혀 가리지 않는다. 오로지 대승에 얼마나 투철한가를 물을 뿐이다. 그러므로 여성이면서 재가자인 슈리말라 보살은 뛰어난 변재로 부처님의 가르침을 연설하는 것이다.

슈리말라 보살은 대승의 자리(自利)·이타(利他)를 구현하기 위하여 불타는 대원(大願)을 일으킨 자유주의의 여성이라고 볼 수 있다. 거룩한 부처님의 바른 가르침을 바르게 앎으로써 이승을 초월하고, 삼승을 한 군데로 모아 드디어는 유일한 일승불교를 실현하려는 것이다.

4. 일불승을 내걸다

번뇌의 근원은 무명이다. 무명으로부터 두 가지의 번뇌가 일어난다. 하나는 주지번뇌(住地煩惱)이며 또 다른 하나는 전번뇌(纏煩惱)이다. 전자는 잠재적인 상태의 번뇌라면 후자는 이미 발현해버린 상태의 번뇌이다. 주지번뇌에는 또 네 가지가 있으니, (1) 일반적인 편견 속에 존재하는 잠재적 번뇌인 견일처주지번뇌, (2) 범부의 세계인 욕망의 세계에서의 특유의 집착 속에 존재하는 잠재적 번뇌인 욕애주지번뇌, (3) 육체를 가지고 있는 것의 세계에서의 특유의 집착 속에 존재하는 잠재적 번뇌인 색애주지번뇌, (4) 윤회 전생을 하는 모든 현상의 집착 속에 존재하는 잠재적 번뇌인 유애주지번뇌이다.

그런데 이 네 가지의 주지번뇌가 가지고 있는 힘은 모든 전번뇌의 기초가 되는 것이긴 하지만, 이것을 또 무명주지의 큰 힘에 비교하면 아무 것도 아니다. 그만큼 무명주지는 질기고 강력한 것이다. 그러므로 이것은 성문의 지혜로는 끊을 수 없다. 다만 여래의 깨달음의 지혜를 빌려서만이 소멸시킬 수 있다. 이것은 대승이야말로 진실한 가르침이어서 그것이 가능하다고 본다.

예를 들면 어떤 종류의 씨앗이나 초목·약초·삼림도 모두 대지에 의존하며, 대지에 뿌리를 내리고 발육·성장하듯이 성문이나 벽지불, 세간적인 것이나 출세간적인 선법의 모든 것은 대승에서 연원한다. 우리가 3승을 말하기는 해도 그것은 방편이며 최종적으로는 일불승이라고 하는 유일한 길에 귀착한다. 일불승이라고 하는 유일한 길, 즉 일승을 체득함에 의하여 비로소 무상의 완전한 깨달음을 얻는다.

5. 여래장사상(Tathāgatagarbha-vāda)을 주창하다

여래장이라는 용어는 『대방등여래장경』에 비로소 나타난다. 그 경에서는 9가지의 비유를 들어 여래장이 거룩한 부처님의 가르침 속에서 무엇을 의미하는가를 상징적으로 제시하여 주고 있다. 여래장의 원어인 싼쓰그리뜨 따타가따가르바(tathāgatagarbha)를 분해하면 tathā+gata+garbha로 된다. tatha는 'so that, same, 그냥 그대로, 사실 그대로, 여(如)'라는 뜻이며, 다음에는 gata는 'gone, 가버렸다. 거(去)' 또는 'come, 와버렸다, 래(來)'라는 뜻으로 풀이할 수 있다. 앞의 말을 따르면 여거(如去), 뒤의 말을 따르면 여래(如來)이다. garbha는 √grah라는 동사로부터 온 남성명사이며, the womb; the inside; a child, 태(胎), 자궁(子宮), 태아(胎兒), 장(藏), 아기 보라는 뜻이다. tathāgatagarbha는 '여래의 자궁'으로도 풀이되고, '자궁 속에 들어 있는 여래'로도 풀이할 수 있는데, 중국의 번역가들은 '여래장(如來藏)'이라고 번역하여 쓰고 있다. 우리말로는 '부처님의 마음자리'라고 옮기면 본디의 의미가 잘 살아날 것으로 보인다.

자궁의 기능은 무엇인가? 자궁은 태아와 함께 생각되는 것이지 만일 태아를 빼놓고 생각하면 별로 의미가 없다. 그래서 자궁은 언제나 태아와 함께 취급할 때 그 기능이 가장 온전하게 드러난다. 그렇다면 '여래의 자궁' 속에는 무엇이 들어 있을까? 여래의 씨알이 들어 있다. 여래의 씨알은 무엇인가? 중생이다. "인간은 모두 철학자이다. 전문적인 철학자와 그렇지 않은 철학자 사이에 있을 수 있는 차이는 있지만 양적인 것이지 질적인 차이는 아니다."라고 말하는 것처럼 중생은 작은 거룩한 부처일 뿐이다. '자궁 속에 들어 있는 여래'로 봐도 뜻은 같다.

이 『슈리말라데위씽하나다경』에서는 여래장사상이 어떻게 전개되고 있는가. 여래장은 성스러운 진리의 의의를 해석할 경우의 기초이다. 그런데 여래장이라고 하는 기초가 아주 심원하므로 성스러운 진리의 의미도 또한 심원하며, 난지·난해하다. 이론의 영역이 아니며, 어디까지나 세간적인 상식으로는 미칠 수 없고, 다만 총명한 지자만이 알 수 있다는 것이다.

여래장은 생사·윤회하는 경우의 의지처이다. 여기서 윤회란 중생의 조금 전의 순간의 몸에 있는 모든 감관이 작용을 잃든 잃지 않든 아직 감수하지 않는 모든 감관을 새로 몸에 받는 것을 말한다. 죽음과 삶을 나타내는 윤회라고 하는 이름은 여래장의 별명이다. 세간의 상식적인 말투인 죽음이란 모든 감관의 기능이 정지함을, 삶이란 새로운 감관의 발생을 의미한다.

그러나 여래장은 죽음과 삶을 초월한다. 왜냐하면 여래장은 연기의 법칙에 근거한 생멸·변화를 특질로 하는 유위의 존재의 영역을 초월하여 상주·견고·적정·영속적이다. 그러므로 여래장은 본질적으로 법신과 결합한 불가분리의, 또 깨달음의 지혜와는 떼려야 뗄 수 없는 바의 무위법에 있어서의 의지처이며 기반인 것이다. 동시에 법신과는 본질적으로 모순되고 그로부터 분리되며, 깨달음의 지혜와는 무관계한 유위법에 있어서도 또한 의지처이며 기반인 것이 여래장이다.

여래장이 만일 중생의 내부에 없다면 사람이 고뇌를 싫어하고 니르와나를 소망하여 동경하고 구하는 서원을 세우지 않을 것이다. 왜 그런가 하면 6식과 심법지라고 하는 이들 7가지는 순간적인 존재로써 한 순간도 지속하지 못하고, 따라서 고뇌를 감수하는 일도 없으므로 그것들이 고뇌를 싫어하고 니르와나를 소망하여 동경하고 구하는 서원을 세우는 것은 이치에 맞지 않는다. 이에 대하여 여래장은 비롯함도 모르고 끝장도 없는 불생불멸의 것이므로 고뇌를 감수한다. 그러므로 여래장은 더더욱 고뇌를 싫어하고 니르와나를 소망하여 동경하고 구하는 서원을 세우는 주체라고 말할 수 있다.

이 경에서는 여래장이 공성을 나타내는 데 있어서 2가지를 내용으로 하고 있다. 첫째는 공여래장이다. 여래장에는 본디부터 법신과는 무관계이며, 깨달음의 지혜로부터 단절된 모든 번뇌의 장애가 결여되어 있다는 것을 의미한다. 번뇌가 전혀 없다는 뜻에서 공이다. 둘째는 불공여래장이다. 번뇌는 허망하여 존재하지 않는데, 여래장은 법신과는 떼려야 뗄 수 없는 불가분의 관계에 있다. 그러므로 갠지스강의 모래알 수(數)보다도 더 많은 불가사의한 거룩한 부처의 모든 덕성을 갖추고 있다는 것을 의미한다. 덕성을 고루 갖추고 있다는 뜻에서 불공이다.

6. 슈리말라 왕비는 여인도 성불할 수 있는 길을 튼다

거룩한 부처님의 자비와 평등의 정신에 바탕을 둔 구제의 문제를 생각한다면, 여·남의 구별은 있을 수 없다. 이와 같은 정신이 잘 살려진 것이 이 경전이다. 와이샬리(Vaiśālī)를 무대로 해서 위말라끼르띠(Vimalakīrti, 維摩詰) 거사는 불이(不二)의 법문을 설파하였다면, 아요디야를 무대로 하여 슈리말라 왕비는 중생을 평화의 세계로 인도해야 함을 설파하였다고 볼 수 있다. 여기서 '자궁 속에 들어 있는 여래'인 이 왕비는 거룩한 부처님으로부터 수기를 받고 큰 서원을 세운다. 그녀는 깨달음에 이를 때까지 서원을 굳게 지킬 것을 발원한다. 그녀의 10가지 서원은 오늘날 불교운동을 함에 있어서도 많은 것을 시사하고 있기 때문에 그 내용이 무엇인가를 알아보기로 한다.

세존이시여, ……

① 앞으로 나는 계율에서 벗어나는 마음을 결코 일으키지 않겠습니다.

② 앞으로 나는 스승들에 대하여 불경스러운 마음을 결코 일으키지 않겠습니다.

③ 앞으로 나는 어떤 경우에도 중생에 대하여 분노하거나 해를 끼치는 마음을 결코 일으키지 않겠습니다.

④ 앞으로 나는 타인의 행복이나 성공을 부러워하는 마음을 결코 일으키지 않겠습니다.

⑤ 앞으로 나는 조금이라도 인색한 마음을 결코 일으키지 않겠습니다.

⑥ 앞으로 나는 자기 자신의 향락을 위하여 축재를 하지 않겠습니다.
⑦ 앞으로 나는 보시·애어·이행·동사의 사섭법에 의하여 중생들을 위하여 도움이 되기를 발원합니다. 결코 자신을 위한 이익을 얻을 목적으로 중생을 매혹하지 않겠습니다. 다만 무잡념·무권태·불퇴전의 마음으로 중생을 따뜻하게 포용하겠습니다.
⑧ 앞으로 나는 의지할 곳 없는 사람·포박당한 사람·병으로 고통을 받는 사람·고뇌하는 사람·가난한 사람·큰 재앙을 만난 사람들을 보면, 그들을 돕지 않고는 한 발자국이라도 버리고 지나쳐버리지 않겠습니다.
⑨ 앞으로 나는 돼지고기나 새고기 등을 매매하는 죄를 지으면서 생활하며, 여래가 말씀하신 가르침이나 계율을 소홀히 하는 성질을 가진 사람을 보면, 결코 무관심하게 지나치지 않겠습니다. 어느 부락이나 마을, 도회지나 시골, 왕성의 안이나 밖에서 누구를 막론하고 나의 명령이 미치는 한, 응징해야만 할 부류들을 절복하며, 구제해야만 할 부류들에 대하여는 이를 섭수합니다. 이것은 왜 그런가 하면, 이 절복과 섭수에 의하여 이 세상에 정법을 영원히 존재하게 하기 위함입니다. 정법이 영원히 존재한다면 신이랑 인간의 몸으로 태어나는 이는 증대하고, 사후에 악도에 떨어지는 이는 감소할 것입니다.
⑩ 앞으로 나는 정법을 몸에 익히는 것을 잃어버리는 것과 같은 마음을 결코 일으키지 않겠습니다. 왜냐하면, 만일 정법을 몸에 익히는 것을 잃어버리면 대승의 가르침을 잃어버립니다. 대승의 가르침을 잃어버리면 빠라미따를 잃어버립니다. 빠라미따를 잃어버

리면 대승을 구하지 못합니다. 만일 보살·마하살이면서 대승에 안주하지 못하면, 그 사람은 정법을 몸에 지니려 하지 않고, 스스로 그릇된 길에 머무르게 됩니다. 그들은 어리석은 범부의 지위로 떨어지는 운명이 되고 말 것입니다. 나는 이것을 죄악이라고 인정하고 큰 죄인으로 간주합니다. 정법을 몸에 익힘으로써 나도 또한 미래의 보살들도 헤아릴 수 없는 복덕을 얻는다고 하는 목적을 성취할 것입니다.

이 10가지 내용을 통해서 대승불교의 참된 정신을 구현하기 위하여 우리 자신이 무엇을 해야 할 것인가.

첫 번째 발원은 계율을 세운 것으로 본다. 출가와 재가를 막론하고 계율을 지키지 않으면 탐욕이 치성하고, 우리의 삶의 질서가 흐트러지므로 먼저 지계를 잘해야 한다는 것이다.

두 번째 발원은 스승에게 불경하는 일이 없도록 하겠다는 것이다. 우리는 선지식으로부터 가르침을 받는다. 선지식으로부터 가르침을 받아 무명의 세계에서 벗어나 깨달음의 세계로 들어간다는 것이다.

세 번째 발원은 불살생·불해(不害)를 세우는 것이다. 사람이 분노심을 일으키면 극단적으로 타인을 크게 해친다. 오계 가운데에서도 불살생을 말하는 것은 남의 목숨을 나의 목숨처럼 소중하게 여겨 더불어 살라는 가르침을 펴려고 하기 때문이다.

네 번째 발원은 희(喜)·노(怒)·애(哀)·락(樂)을 함께 하려는 공리주의적인 정신이 깊이 깔려 있다. 사람의 행복이나 성공은 노력 끝에 이루어지는 것이다. 우리는 그럴 때 축하하여 주거나 기뻐하는 사람도 있지만 자신이 애써 노력하지는 않고 부러워하기만 하는 사람이 있다.

우리의 일상생활에서 흔히 있을 수 있는 일을 경계하는 깊은 뜻이 담겨 있다.

다섯 번째 발원은 보시를 실현하려는 결의를 다지는 것이다. 사람이 인색하면 헐벗고 굶주린 사람을 보아도 동정심이 없다. 나누어 가짐으로써 남을 불행으로부터 건져 주려는 정신을 살리려고 보시를 실천하겠다는 의지를 표명하고 있는 것이다.

여섯 번째 발원은 사치한 생활을 하지 않고 몸소 검소한 생활을 하면서 마음으로 풍요를 누리는 삶을 실천하겠다는 것이다. 사치와 향락은 사람을 타락으로 이끌기 쉽다. 그런데 재산을 모아 사치와 향락에 쓴다면 무슨 보람이 있겠는가. 우리는 주변에서 헐벗고 굶주린 사람을 많이 볼 수 있지 않는가.

일곱 번째 발원은 사섭법을 몸소 실천하는 주인공이 되겠다는 것이다. 재가와 출가를 가릴 것 없이 세상에서 생활을 하고 있다. 그 속에서 지켜야 할 사회적인 실천의 덕목이 사섭법이다. 이와 같은 것을 실천하기 위해서는 혹세무민하거나 쓸데없는 생각을 버려야 하는 것은 너무도 당연한 일이다.

여덟 번째 발원은 불쌍하고 힘없는 민초를 구제하는 일에 앞장을 서겠다는 의지의 발로이다. 이 세상에는 여러 가지 일로 불안해하거나 고뇌하는 사람이 많다. 이런 사람들에게 자비를 베풀지 않고서는 결코 자리를 뜨지 않겠다는 것이다.

아홉 번째 발원은 그 당시의 타종교와의 관계를 원만하게 하려는 화합정신과 이 땅에 평화를 실현하려는 것이다. 인도에서는 채식과 육식을 엄격하게 구별하여 청정(淸淨)과 부정(不淨)의 기준으로 삼는 관습이 있다. 힌두교도들은 채식을 많이 하고 있다. 그들은 채식을 하는 것으로써 스스로를 청정하다고 규정하고, 육식을 하는 타종교인을 비난하였다. 이에 불교에서도 은연중에 육식을 삼가하고 채식을 시작한 것이다. 이런 새로운 불교운동에 적극적으로 호응하지 않을 경우에는 왕권을 빌려 응징이라도 하겠다는 절복과 또한 적극적으로 구제의 대상을 찾아나서는 섭수를 표방하는 의지를 잘 드러내고 있다.

열 번째 발원은 정법을 실현하여 이 땅에 평화를 실현하겠다는 것이다. 정법을 따르는 것이 대승을 수호하는 것이다. 대승이야말로 지혜를 완성할 수 있다. 지혜를 완성하는 길만이 대승을 영원히 보존하고 전승하는 길이며, 대승의 흔들림이 없을 때 중생을 모두 구제할 수 있다는 인류 구원관을 제시하는 것이다.

왕비는 이 10가지 발원을 함축하여 다음과 같이 3대원(三大願)으로 제시하고 있다.

> 첫째, 이 진리에 목숨을 걸고 세운 서원으로써 중생에게 이익을 가져올 복덕을 쌓고, 이런 선근의 공덕으로 정법을 이해할 수 있기를 원하오며,
> 둘째, 정법을 이해한 뒤에도 게으름을 피우거나 두려워하는 일 없이 중생에게 가르침을 펼 수 있기를 원하오며,
> 셋째, 정법을 펼침에 있어서는 신명(身命)을 돌보지 않을 것이며, 재산을 바쳐서라도 호지하고, 몸에 익히기를 원하옵니다.

그리고 부처님께서는 "슈리말라 왕비에게 예를 들면 존재하는 모든 현상[事物]은 공계(空界) 속에 모두 들어가는 것처럼, 보살의 갠지스강의 모래알의 수(數)보다도 많은 서원이 모두 이 3대원(三大願) 속에 내

포된다. 그런 정도로 이 3대원은 진실하며 광대하다."라고 말씀하신다.

그리고 슈리말라 왕비는, 보살들의 갠지스강의 모래알보다도 많은 서원은 모두 섭수정법(saṃgraha-saddharma, 攝受正法)이라고 하는 일대원(一大願) 속에 내포된다고 말한다. 그리고 섭수정법은 대공덕(大功德)과 대이익(大利益)을 가지고 있기 때문이다. 섭수정법이란, 보시(dhāna, 布施)·지계(śīla, 持戒)·인욕(kśānti, 忍辱)·정진(virya, 精進)·선정(dhyāna, 禪定)·지혜(prajñā, 智慧) 6빠라미따(pāramitā)를 실천하는 것이며 신체·생명·재산을 바치는 것이고, 대승(Mahāyāna, 大乘)이라고 말한다.

성문승이나 연각승에게는 출가도 구족계의 수계도 없다는 것이다. 왜 그럴까? 성문이나 연각을 목표로 하여 출가·수계하는 것이 아니라, 오로지 여래만을 목표로 하여 성문도 연각도 출가·수계하기 때문이다. 2승의 아라한을 목표로 하여 출가·수계하는 것이 아니라, 다불사상(多佛思想)을 내세워 많은 여래의 출현을 염원하는 대승의 정신을 살리기 위하여 출가·수계하는 것이라고 주장하는 것을 알 수 있다. 그러므로 니르와나(nirvāṇa)에 관한 정의도 새롭고 신선한 이론을 제시한다.

아라한과 벽지불은 모두 여래에 귀의한다. 그런데도 그들은 아직 공포의 상념(想念)을 품고 있다. 왜냐하면 아라한과 벽지불은 모든 변화하는 존재에 대하여 인내하기 힘든 공포의 상념을 품고 있기 때문이다. 그것은 마치 사람이 검(劍)을 치켜든 단죄인(斷罪人) 앞에 앉혀져 있는 것과 같은 것이다. 그들은 아무래도 궁극적인 안락을 얻는 것과 같은 세간으로부터의 초탈(超脫; 出離)의 상태에 도달하여 있는 것이 아니다. 아마 스스로 귀의의 대상인 것은 따로 귀의의 대상을 희구할

리가 없는 것이다. 의지할 곳 없는 중생은 여러 가지 공포에 전율하여 각각의 공포로부터 탈출을 기도하는데, 그와 똑같이 아라한과 벽지불도 그와 같은 공포가 있으며, 그것이 전율하여 그들은 여래에 귀의하려고 서원하는 것이다. 아라한이나 벽지불은 이와 같이 공포의 상념을 가지고 있다. 따라서 다음과 같은 문제를 안고 있다.

(1) 아라한이나 벽지불에게는 아직 윤회·재생으로 이어지는 성질[生法]의 잔재가 있다. 그들의 윤회생존에의 출생은 아직 소멸하였다고는 말할 수 없다.

(2) 그들에게는 노력해야만 할 것이 남아 있다. 그러므로 그들은 청정하지 못하다.

(3) 일을 완성하지 못하였기 때문에, 그들이 해야 할 것이 많이 남아 있다.

(4) 그들은 버려야만 할 것을 아직 많이 가지고 있다. 그것들을 버리지 못하였기 때문에, 아라한이나 벽지불은 니르와나(nirvāṇa)의 경지에서 아주 멀리 떨어져 있다.

그럼에도 불구하고 아라한이나 벽지불에 관하여 완전한 니르와나에 들어간다고 말씀할 때가 있는데, 세존이시여, 그것은 여래가 쓰시는 중생 제도를 위한 방편이다. 그것은 왜 그런가?

(1) 세존이시여, 바르게 완전한 깨달음을 얻은 여래는 니르와나의 경지에 도달하였기 때문에 모든 덕성을 갖추고 있다. 그러나 아라한이나 벽지불은 그와 같은 모든 덕성을 갖추고 있는 것이 아니기 때문이다.

또 세존이시여, 아라한이나 벽지불이 완전한 니르와나에 들어간다고 하는 것은 여래의 방편이다. 그것은 왜 그런가?

(2) 세존이시여, 바르게 완전한 깨달음을 얻은 여래는 니르와나의 경지에 도달하였기 때문에 무량의 덕성을 갖추고 있다. 그러나 아라한이나 벽지불은 그와 같은 무량의 덕성을 갖추고 있는 것이 아니기 때문이다.

또 세존이시여, 아라한이나 벽지불이 완전한 니르와나에 들어간다고 하는 것은 여래의 방편이다. 그것은 왜 그런가?

(3) 세존이시여, 바르게 완전한 깨달음을 얻은 여래는 니르와나의 경지에 도달하였기 때문에, 불가사의한 덕성을 갖추고 있다. 그러나 아라한이나 벽지불은 그와 같은 불가사의한 덕성을 갖추고 있는 것이 아니기 때문이다.

또 세존이시여, 아라한이나 벽지불이 완전한 니르와나에 들어간다고 하는 것은 여래의 방편이다. 그것은 왜 그런가?

(4) 세존이시여, 바르게 완전한 깨달음을 얻은 여래는 니르와나의 경지에 도달하였기 때문에 버려야 할 모든 과실을 버려서 지극히 완전한 청정성을 몸에 익혔다. 그러나 아라한이나 벽지불은 아직 과실이 남아 있으며, 그 성질은 완전히 청정으로 되어 있는 것이 아니기 때문이다.

이와 같은 사정으로 아라한이나 벽지불이 완전한 니르와나에 들어간다고 하는 것은 여래의 방편이다. 그것은 왜 그런가?

세존이시여, 바르게 완전한 깨달음을 얻은 여래는 니르와나의 경지에 도달하여 모든 중생으로부터 첨앙을 받기 때문이다. 이것은 아라한이나 벽지불은 훨씬 미치지 못하는 경지이다. 따라서 아라한이나 벽지불은 아직 니르와나의 경지에서 아주 멀리 떨어져 있다.

7. 새로운 가치관을 정립하다

우리 중생은 모두 아기 부처님임을 확인한 셈이다. 재가의 아기 부처님인 슈리말라 왕비가 무애·자재인 모습으로 거룩한 부처님의 인가를 받아 정법을 수호하여 대승을 길이 보존하고 전승할 대원을 세우고 있음을 본다. 이런 정신은 우리 역사 속에서도 면면히 숨을 쉰 흔적을 찾아 볼 수 있다. 신라시대에 3명의 여왕이 있음을 안다. 이는 세계사에서 그 유례를 찾기 힘들다. 그들은 모두 정법에 따라서 왕위에 오른 것이다. 거룩한 부처님의 가르침인 정법을 따르는 전통이 보편화되지 않고서는, 어떻게 여성이 왕위에 오를 수 있을까. 클레오파트라 7세 필로파트르(Cleopatra Ⅶ Philopator)처럼 갖은 수단을 다 써서 왕위를 차지한 것과는 그 성격이 다르다. 재가의 청신녀가 거룩하신 부처님으로부터 수기를 받는다면 재가의 청신사나 출가한 비구·비구니도 모두 수기를 받을 수 있다는 논리이다. 거룩한 부처님의 자비와 평등의 정신 속에서 사부대중은 평등하고 자애로운 형제자매인 것이 명료하다. 이런 논리라면 종정이나 총무원장이 비구만의 전유물일 수는 없다. 오로지 수행에 따른 과덕을 기준으로 하는 것이 이치에 맞지 않을까!

이 경전은 소승을 논파하고, 대승과 소승의 2승이 일치한다고 주장하면서, 대승을 벗어나서 소승이 성립할 수 없다는 논리를 전개한다. 그리고 다음에는 대승의 체로서의 모든 사람이 지니고 있다는 여래장을 천명하며, 본성으로는 청정하다는 말씀을 한다. 본성이 청정한 마음이 개현하면 법신이 출현하여 성불의 위대한 취지에 귀합한다고 말씀한다.

더 나아가 이 경은 한 여성인 슈리말라(Śrīmālā) 왕비가 거룩하신 부처님의 위신력을 받아서 설법을 하는 형식을 취하고 있다. 이것은 남녀가 평등하다는 정신을 제시하는 위대한 남녀평등사상이며, 고래로부터 내려온 폐습인 남존여비를 타파하려는 강력한 의지를 담고 있다.

중생은 모두 번뇌로 뒤덮여 있지만 본성은 청정무구하여 거룩하신 부처님과 똑같은 여래장을 갖추고 있다는 주장을 한결같이 한다. 여래장의 해석에 있어서 공여래장(空如來藏)과 불공여래장(不空如來藏)은 서로 상충되는 모순개념임에도 진공묘유(眞空妙有)의 논리로 동일 개념화한 것은 아주 절묘한 해석이다. 뒤에 출현하는 『대승기신론』에 커다란 영향을 끼친 것으로 보인다.

제1장 여래의 진실한 공덕을 예찬하다

1. 슈리말라 왕비 등장하다

나는 다음과 같이 들었다.

어느 때 부처님께서는 꼬쌀라(Kosala)[2)]의 수도인 슈라와쓰띠(Śrāvastī, 舍衛城)[3)]의 제따와나 정사(Jetavana, 祇園精舍)[4)]에 머물고 계

---

2) 꼬쌀라(Kosala): 꼬쌀라는 인도 갠지스강 중부 유역의 고대 왕국이다. 한때 16대국의 하나인 강국이었다. 붓다 시대 수도는 슈라와쓰띠(Śrāvastī, 舍衛城)이었다. 기원전 5세기 전반에 마가다(Magadha)에 병합되어 멸망했다.

3) 슈라와쓰띠(Śravasti, 舍衛城) : 슈라와쓰띠(Śravasti)를 사위성(舍衛城) 또는 사위국(舍衛國)이라고 한역하였다. 샤꺄무니 부처님께서 활동하시던 시대 갠지스강 유역의 한 강국이었던 꼬쌀라(Kosala)의 수도이다. 쁘라쎄나지뜨(Prasenajit) 왕이 치세할 때 크게 번영했다. 북인도의 교통로가 모이는 장소로서 상업상으로도 중요한 곳이었다. 성의 밖에는 샤꺄무니 부처님이 머물렀던 제따와나 아나타삔다다씨야 아라마(Jeta-vana-Anātha-piṇḍadāsya-ārāma, 祈樹給孤獨園, 祇園精舍)가 있다. 현재 슈라와쓰띠는 웃따르 쁘라데쉬(Uttar Pradesh)의 한 지방의 마을이며, 싸헤뜨-마헤뜨(Sahet-Mahet)라고 부른다. 기원전의 불교 유적이 많이 발굴되었으며, 제따와나정사(祇園精舍)에서도 장기간에 걸친 건축의 기지(基址)가 발굴되었다.

4) 제따와나 아나타삔다다씨야 아라마(Jeta-vana-Anātha-piṇḍadāsya-ārāma, 祈樹給孤獨園, 祇園精舍): 제따와나 아나타삔다다씨야 아라마(Jeta-vana-Anātha-piṇḍadāsya-ārāma, 祈樹給孤獨園)는 쑤닷따(Sudatta, 須達多) 장자가 부처님에게 기증한 불교의 정사(精舍)이다. 고대 인도 꼬쌀라국의 수도 슈라와쓰

신다.

그런데 그때 꼬쌀라(Kosala, 憍薩羅)의 쁘라쎄나지뜨(Prasenajit, 波斯匿) 왕과 말리까(Mallikā, 末利) 왕비는 부처님의 가르침(dharma, 法)[5]을 이해하고 나서, 아직 얼마 되지는 않았지만, 둘이서 함께 이

띠(Śravasti, 舍衛城)에서 남쪽으로 1.6km 지점에 자리를 잡고 있다. 제따와나 아나타삔다다씨야 아라마(Jeta-vana-Anātha-piṇḍadāsya-ārāma, 祈樹給孤獨園)를 한역경전에서는 기수급고독원(祈樹給孤獨園) 또는 기원정사(祇園精舍)라고 번역하였다. 이것은 본디 제따(Jeta, 祇陀) 태자의 유원(遊園)이다. 이 유원을 쑤닷따(Sudatta, 須達多) 장자가 구하여 부처님에게 기증한 정사라는 의미다. 샤꺄무니 부처님께서 45년 동안 전도생활을 하는 기간 중에 가장 오래 머물렀던 곳이다. 7층의 가람이 있었을 만큼 웅대한 규모를 자랑했다. 제따와나정사(祇園精舍)는 마가다(Magadha)의 수도인 라자그리하(Rājagṛha, 王舍城))의 죽림정사(Veṇuvana-kalandakanivāpa, 竹林精舍, 迦蘭陀竹園)와 함께 불교 교단의 2대 정사로 유명하다. 부처님이 45년 동안 교화활동을 하는 기간 중에 이곳에서 무려 24회의 안거(安居)를 하시면서 가장 오래 머물던 곳이기도 하다. 어떤 일이 있어서 쑤닷따 장자가 마가다의 라자그리하의 친척을 방문하게 되었다. 그때 'Buddha'라는 말을 듣고, 그 기쁨을 참을 수 없었다고 한다. 날이 새기도 전인 이른 새벽에 한림(Sītavana, 寒林)으로 부처님을 방문하였다. 이때의 일이 인연이 되어 쑤닷따는 고향 슈라와쓰띠에 돌아와 부처님과 그 제자들이 머물 정사를 세우고자 했다. 장소를 물색하던 중 태자의 소유지인 한 유원(遊園)이 마음에 들어 제따 태자에게 정사를 세울 수 있도록 여러 차례 애원했지만 그때마다 거절당했다. 그러다가 태자가 "유원에 황금을 가득히 깔면 양도하겠다."는 제의를 하였다. 쑤닷따는 황금을 수레에 가득 싣고 와서 유원(遊園)에 깔기 시작했다. 쑤닷따의 믿음에 감동한 태자는 생각을 돌이켜 마침내 유원을 양도했다. 그러나 입구의 빈터만은 자신이 불교교단에 기증하고 싶으니 남겨 달라고 했다. 이렇게 해서 세워진 정사가 제따와나정사이다. 쑤닷따 장자에 의한 제따 태자의 유원의 기증은 불교 교단사의 괄목할 만한 사건이다. 후대의 불교미술 특히 불교의 전설을 소재로 한 부조에는 이 이야기를 다룬 것이 매우 많다. 바르후트 난간 기둥의 부조는 그 대표적인 것이다. 현재는 유원과 정사의 터가 남아 있다.

5) [SED]p.510a dharmāḥ: √dhṛ to hold, keep, support, maintain 지니다, 호지하다, 유지하다. dharma m. that which is established or firm, steadfast decree, statute, law(불변의 법령, 법규, 법); duty(의무); justice(사법); virtue(덕, 덕행), religion(종교). 한문경전에서는 '달마(達磨)'라고 음사하며, 법(法)이라고 번역

런 이야기를 나눈다.

"대왕이시여, 거대한 가가라강Ghāghara[6]을 등지고 있는 풍요로운 아요디야(Ayodhyā, 阿踰陀)[7]의 야쇼미뜨라(Yaśomitra, 友稱) 왕

한다. 부처의 가르침.

6) 가가라강(Ghāghara): 티베트 히말라야에서 카르날리강(중국 이름은 쿵차오강[孔雀河])에서 시작하여 남동쪽으로 흘러 네팔에 이른다. 남쪽으로 시왈리크 산맥을 가로지른 뒤 두 줄기로 갈라졌다가 인도 국경 남쪽에서 다시 만나 가가라강 본류를 이룬다. 가가라강은 우타르프라데시주와 비하르주를 가르며 남서쪽으로 970km를 흐른 다음 차프라 아래에서 갠지스강과 합류한다. 주요 지류는 쿠와나·랍티·소(小)간다크 강이며 모두 북쪽의 산지에서 발원하여 가가라강에 합류한다. 가가라강은 갠지스강 및 그 지류들과 함께 비하르주 북부에 넓은 충적평야를 형성한다.

7) 아요디야(Ayodhyā, 阿踰陀): 아요디야는 아와드(Awadh)의 수도였는데 웃따르 쁘라데쉬 지역의 파이자바드 내에 있다. 고대도시 아요디야는 힌두교의 7대 성지 가운데 하나로서 꼬쌀라 왕국의 초기 수도였다. 불교시대(BC 6~5세기)에 이르러 슈라와쓰띠로 옮겼다. 아요디야는 힌두의 신(神)인 슈리 람의 탄생지로 기술된다. 이 힌두 성지는 일찍이 힌두 서사시에도 기술되어 있다. 고따마 붓다 시대에 이 도시는 아요자(빨리어)라 불렸다. 아요디야는 힌두교의 중흥시조인 라마(Rama) 왕의 탄생지로 세계적인 명성을 갖고 있다. 기원전 6세기경에 싼쓰끄리뜨어로 쓰인 라마야나(Ramayana) 신화가 있다. 아요디아(Ayodhia) 왕국의 라마(Rama) 왕에 관한 이야기이다.

자히르 알딘 무함마드 바부르(Jahīr-al-Dīn Muḥammad Bābur, 1483~1530) 왕은 안디잔(지금의 우즈베키스탄의 한 지방) 출신의 모험가로, 여러 차례 실패를 경험했으나, 1504년, 결국 아프가니스탄의 카불에서 왕국을 세우는데 성공했다. 그곳에서 그는 군대를 모아 1526년까지 인근 지역을 정복하고, 이후 로디 왕조를 공격하고 약탈해 무굴 제국의 기초를 쌓았다. 그의 자서전이 남아 있다. 바부르는 아버지를 통해 티무르의 피를 이어받았고, 그의 어머니를 통해 칭기스칸의 피를 이어받았다. 바부르의 혈통은 티무르와 차가타이-투르크계에 속했으나, 주변의 환경, 문화, 교육 등은 페르시아 문화의 영향을 많이 받았기에 그는 그 문화를 존중했고, 이는 페르시아 문화가 〈인도아대륙〉은 하나의 학술용어에 전파되는 계기가 되었다. 또, 페르시아 문화는 그로 하여금 훌륭한 문학적·예술적 기질과 사료 편찬 기술을 갖추게 해주었다. 후마윤은 그의 부왕 바부르로부터 1530년 22세에 왕위를 계승하였다.

에게로 출가한 우리 공주, 슈리말라(Śrīmālā, 勝鬘)[8]는 참으로 지혜가 총명하고, 근기가 수승하며, 명석하고 언설이 뛰어난데다 박식하기까지 합니다. 만일 슈리말라가 부처님을 뵈면 틀림없이 아

---

8) Śrīmālādevī-siṃha-nāda-sūtra
[SED]p.1098c śrī
① √śrī to mix, mingle, cook(섞다, 참가하다, 요리하다); to burn, flame, diffuse, light (불태우다, 불꽃처럼 빛나다, 발산하다, 불을 켜다)
② śrī mfn. mixing, mingling(혼합하는, 참가하는); f. mixing, cooking(교제, 요리).
③ śrī f. light, lustre, radiance, splendour, glory, beauty, grace, loveliness; prosperity, good fortune.(빛, 영광, 광휘, 영예, 미, 우아함, 사랑; 행운, 吉祥)
mnf. splendid, beautifying, The word śrī is frequently used an honorific prefix (='sacred,' 'holy') to the names of deities (e.g.Śrī-Durgā, Śrī-Rāma &c.), may be repeated two, three, or even four times to express excessive veneration.(e.g.Śrī-śrī-Durgā) (형용사로 훌륭한, 아름다운, śrī는 신의 이름에 존경을 표시하는 접두사로 자주 사용되며 (예. Śrī-Durgā, Śrī-Rāma &c.), 극도의 존경을 표시하기 위해서 2번, 3번, 4번 반복되기도 한다(예) Śrī-śrī-Durgā).
(예) Śrīmālādevī-siṃha-nāda-sūtra (勝鬘師子吼一乘大方便方廣經, 『슈리:말:라:데위:씽하나:다경』)
[SED]p.1098c śrī
Śrīmālādevī-siṃha-nāda-sūtra
『슈리:말:라:데:위:씽하나:다경』(Śrīmālādevī-siṃha-nāda-sūtra, 勝鬘師子吼一乘大方便方廣經)
[813]p. māla
māla m. Name of a barbarous tribe or people; n. a field; a forest or wood near a village.
mālā f. a wreath, garland, crown 왕관, 승리의 화관, ; (in dram.) a series of offerings for obtaining any object of desire, mālā=māla.
[SED]p.492b devī √div p.478b to cast, throw; to lay a wager, bet with; to play; to shine, bright. devī f. a female deity, goddess, queen, princess.
[SED]p.534c nāda m. a loud sound, roaring, crying. 獅子吼.
[SED]p.1241b sūtra √sūtr to string or put together; to contrive, compose; to put in the form of a sūtra, to teach as a sūtra or aphorism. 經
sūtra n. a thread yarn, string, line, cord, wire; with Buddhist, the term Sūtra is applied to original text books as opp. to explanatory works. 經.

주 쉽게 부처님의 가르침을 이해하여 부처님의 가르침에 의문을 품는 일이 없을 것입니다."

그래서 꼬쌀라의 쁘라쎄나지뜨 왕은 말리까[9] 왕비에게 말한다.

"말리까여, 그럼 슈리말라에게 유능한 사자(使者)를 보냅시다."

---

9) 말리까(Mallikā, 末利): 꼬쌀라의 쁘라쎄나지뜨(Prasenajit, 波斯匿) 왕의 왕비이며, 슈리말라(Śrīmālā, 勝鬘)의 어머니로서 샤꺄무니 부처님께 귀의한 청신녀이다. 원래 이름은 까삘라였는데, 재스민 꽃동산에서 쁘라쎄나지뜨 왕을 처음 만났다 하여 쁘라쎄나지뜨 왕과 결혼한 뒤에 재스민 꽃을 뜻하는 말리까라고 불렀다. 그녀는 슈라와쓰띠에 사는 야지냐탓타라는 브라흐마나의 재스민 꽃동산을 손질하던 하녀였다. 어느 날 쁘라쎄나지뜨 왕이 이 동산에 사냥을 나왔다가 그녀의 친절한 시중을 받았다. 그녀는 그날 아침에 한 사문에게 공양했기 때문에 무슨 기쁜 일이 있을 것이라는 막연한 예감을 갖고 왕인 줄도 모른 채 우연히 동산에서 만난 쁘라쎄나지뜨 왕을 정성껏 시중했던 것이다. 이 일이 계기가 되어 쁘라쎄나지뜨 왕은 그녀를 아내로 맞았고 궁전 안의 500명 여자들 중에서도 제1왕비로 삼았다. 그녀는 하녀 시절 자신이 만났던 사문(śramaṇa, 沙門)이 누구인지를 신하들에게 알아 오게 했다. 그 분은 바로 샤꺄무니 부처님이었다. 그녀는 샤꺄무니 부처님이 머물고 있던 제따와나정사(祇園精舍)로 찾아가 샤꺄무니 부처님에게서 가르침을 받고 즉석에서 샤꺄무니 부처님께 귀의했다. 이후 그녀는 쁘라쎄나지뜨 왕을 샤꺄무니 부처님께 인도하여 백성들에게 선정을 베풀게 하는 데 크게 조력했다. 또한 틈틈이 샤꺄무니 부처님을 찾아가 설법을 듣고 샤꺄무니 부처님과 그 제자들을 초대하여 공양을 베풀었다. 특히 그녀는 쁘라쎄나지뜨 왕이 백성들과 함께 샤꺄무니 부처님께 공양의 경쟁을 벌일 때 500마리의 코끼리에 500개의 햇볕 가리개를 덮고 시중을 들 500명의 귀족 처녀들을 동원, 회당(會堂)을 마련하여 샤꺄무니 부처님과 그 제자 500명을 초대하게 했다. 이 공양을 무비(無比)의 보시라 부르는데, 이것은 샤꺄무니 부처님 생전에 단 한 번 있었던 대규모 공양이라 한다. 그녀는 쁘라쎄나지뜨 왕과의 사이에서 슈리말라를 낳았다. 슈리말라는 자라서 아요디야(Ayodhyā, 阿踰陀)의 야쇼미뜨라(Yaśomitra, 友稱) 왕의 왕비가 되었다. 그녀는 슈리말라에게 샤꺄무니 부처님의 공덕을 찬탄하고 샤꺄무니 부처님의 가르침을 따르는 것이 너무도 기쁘다는 것을 편지로 알려서 슈리말라를 샤꺄무니 부처님께 귀의하게 하기도 했다. 쁘라쎄나지뜨 왕보다 먼저 세상을 떠났다. 샤꺄무니 부처님은 죽음은 아무도 막을 수 없는 무상의 법칙을 말씀하여 쁘라쎄나지뜨 왕의 슬픔을 위로했다.

이렇게 말하자, 말리까 왕비는 쁘라쎄나지뜨 왕의 말을 듣고, "지금 이야말로 아주 좋은 때입니다."라고 대답한다.

이렇게 하여 꼬쌀라의 쁘라쎄나지뜨 왕과 말리까 왕비는 부처님의 덕성(德性)을 찬탄하는 글을 써서 마음씨 곧은 짠디라(Candirā, 旃提羅)라는 여성 관료[女官]의 손에 편지를 맡긴다. 짠디라는 편지를 가지고 길을 떠나 아요디야에 도착하여 그 궁전 안으로 들어간다. 슈리말라(Śrīmālā, 勝鬘) 왕비에게 배알하고, 서로 만남의 기쁨을 나눈 다음에, 슈리말라 왕비의 손에 그 편지를 건네준다.

슈리말라 왕비는 양친에게 경의를 표하며, 그 편지를 두 손으로 받아 이마에 대고 감사하는 마음으로 삼가 받들며, 스스로 편지를 읽은 다음, "편지의 취지는 좋습니다."라고 승낙한다. 그리고 잘 알았다는 표시로 고개를 끄덕이면서, 기특한 생각을 한다.

『勝鬘師子吼一乘大方便方廣經』

宋中印度 三藏 求那跋陀羅 譯

[T12, 217a07~217b22] 如是我聞. 一時佛住舍衛國祇樹給孤獨園. 時波斯匿王及末利夫人. 信法未久共相謂言. 勝鬘夫人是我之女. 聰慧利根通敏易悟. 若見佛者必速解法心得無疑. 宜時遣信發其道意. 夫人白言. 今正是時. 王及夫人與勝鬘書略讚如來. 無量功德. 卽遣內人名旃提羅. 使人奉書至阿踰闍國入其宮內敬授勝鬘. 勝鬘得書歡喜頂受. 讀誦受持生希有心.

2. 세존께서 내려오시다

슈리말라 왕비는 여성 관료인 짠디라를 향하여 다음과 같은 게송을 읊조린다.

"이 '붓다(Buddha)'[10]라고 하는 말씀은
세상에서도 아주 드문 말씀이옵니다.
만일 이 편지의 내용이 진실이라면
나는 그대에게 공양을 올리리다.(1)
만일 부처님께서 이 세상을 위하여 출현하신다면

---

10) [SED]p.733a, buddha : √budh to wake, wake up, be awake; to perceive, notice, understand; to have an insight into.(깨닫다, 깨닫게 하다, 깨어 있다; 인지하다, 알아차리다, 이해하다; ~을 꿰뚫어보다)
Buddha m.(with Buddhists) a fully enlightened man who has achieved perfect knowledge of the truth and thereby is liberated from all existence and before his own attainment of Nirvāṇa reveals the method of obtaining it, (esp.) the principal Buddha of the present age (born at Kapilavastu about the year 500 B.C., his father, Śuddhodana, of the Śākya tribe or family, being the Rāja of that district, and his mother, Māyā-devī, being the daughter of Rāja Su-prabuddha, MWB.19.; hence he belonged to the kṣatriya varṇa and his original name Śākyamuni was really his family name, while that of Gautama was taken from the race to which his family belonged; he is said to have died when he was 80 years of age.)(불교에서, 부처님이란, 진리에 대한 완전한 지식을 성취하여 완전히 깨달은 사람이며, 그로 인해 모든 존재로부터 해탈한 사람, 깨달음을 얻기 전에 깨달음을 얻는 방법을 드러내는 사람이다. 특히 현세의 부처님은 BCE 500년경에 까삘라와스투에서 태어나고, 그의 아버지 슛도다나는 그 지역의 왕인 샤끼야족의 왕이고, 어머니 마야부인은 쑤쁘라붓다 왕의 공주님이다. 따라서 그는 끄샤뜨리아 계급에 속하고, 그의 원래 이름인 샤꺄무니는 그의 성이고, 고따마라는 이름은 그의 가족이 소속해 있었던 종족으로부터 나왔다. 그가 80세의 나이에 니르와나에 드셨다고 한다.) 한문경전에서는 '불타(佛陀)'라고 음사하며, 붓다, 부처, 깨달은 분, 깨달은 이, 각자(覺者)라고 번역한다.

나를 위하여 자비를 가지시고 이곳에도 가르치러 오소서.(2)
바로 그 순간 세간의 님이신 부처님께서 내림(來臨)하시어
공중에 앉으시며,
부처님께서는 두루 청정한 광명을 발휘하시고,
찬란한 모습 드러내시네!(3)
슈리말라, 공손하게 권속들과 함께 일어나서 합장하고,
발에 이마를 대고 예배드리며,
우리 모두 청정한 마음으로 부처님의 덕성을 찬탄하는
노래를 부르나이다.(4)
님이시여, 당신의 미묘한 색신은 어디에서도 찾을 수 없나이다.
언설을 초월하여 비교할 데 없는 세간의 님께 예배드리나이다.(5)
님이시여, 상호(相好)도 지혜도 무진장이시며,
부처님으로서의 덕성도 무진장이십니다.
그러므로 세존이시여, 우리는 님께 예배드리나이다.(6)
언설(言說)을 끊어버린 용맹하신 님,
당신은 몸·말씀·마음으로 짓는 3까르마를 다 완성하시고,
불사(不死)의 자리에 이르셨나이다.
법황(法皇)이시여, 우리는 님께 예배드리나이다.(7)
아셔야 할 모든 것[11]을 님은 다 아시옵니다.
지혜로운 몸 자재하시며, 진리를 모두 다 요달(了達)하신 님,

11) 아셔야 할 모든 것 : 원전에는 이염(jñeya, 爾焰)으로 표기되어 있으나, 싼쓰끄리뜨의 원어에 따라서 현대적으로 번역하면 '알아야 할 모든 것'이라는 뜻이다. 지혜의 대경·대상이라는 점에서 소지(所知) 또는 지경(智境)이라고 번역한다. 이것을 거꾸로 보면 지혜를 생겨나게 하는 것이므로 지모(智母)라고도 번역한다.

세존께 예배드리나이다.(8)
헤아릴 수 없는 님께 예배드리며, 견줄 수 없는 님께 예배드리고,
끝(anta, 邊際)이 없으신 님께 예배드리며,
언설을 초월한 덕성을 지니신 님께 예배드리나이다.(9)
저, 이제야 님의 비호를 받아 깨달음의 종자가 움텄나이다.
이제부터 앞으로 다른 세상에서까지도
세존께서 저에게 이익을 베풀어 주시옵길 바라옵니다.(10)"

向旃提羅而說偈言
我聞佛音聲 世所未曾有 所言眞實者 應當修供養
仰惟佛世尊 普爲世間出 亦應垂哀愍 必令我得見
卽生此念時 佛於空中現 普放淨光明 顯示無比身
勝鬘及眷屬 頭面接足禮 咸以淸淨心 歎佛實功德
如來妙色身 世間無與等 無比不思議 是故今敬禮
如來色無盡 智慧亦復然 一切法常住 是故我歸依
降伏心過惡 及與身四種 已到難伏地 是故禮法王
知一切爾焰 智慧身自在 攝持一切法 是故今敬禮
敬禮過稱量 敬禮無譬類 敬禮無邊法 敬禮難思議
哀愍覆護我 令法種增長 此世及後生 願佛常攝受

세존께서는 허락하신다.

"슈리말라 왕비여, 나는 전세에 몇 번이나, 그대에게 깨달음(bodhi)의 인연을 맺어 주었느니라. 앞으로 몇 생에 걸쳐서라도 나

는 그대를 섭수(攝受)할 것이니라.”

슈리말라 왕비는 부처님께 다음과 같이 말씀을 드립니다.

“저는 이승이나 저승에서 이런저런 복덕을 지었나이다. 님이시여, 그 복덕으로 님을 아무쪼록 언제나 뵈올 수 있도록 하여 주소서.”

그래서 슈리말라 왕비와 그의 권속들은 모두 다 함께 세존의 발에 예배를 드립니다.

我久安立汝 前世已開覺 今復攝受汝 未來生亦然我已作功德 現在及餘世 如是衆善本 唯願見攝受爾時勝鬘及諸眷屬, 頭面禮佛.

3. 세존께서 예언하시다

그때 세존께서는 법회에 모인 대중 속에 앉아 있는 슈리말라 왕비를 향하여 가장 완전한 바른 깨달음을 얻을 것이라는 예언을 하신다.

“슈리말라 왕비여, 그대가 진실한 덕성으로 여래를 찬탄하는 선행을 거듭 쌓은 결과, 그 선근에 의하여, 슈리말라 왕비여, 그대는 무량한 겁에 걸쳐서 신들이나 인간세계의 왕자의 지위에 오를 것이니라. 그래서 어느 세상에서도 나를 만날 수 없는 일은 없을 것이며, 나와 만나면 지금과 똑같이 찬탄하는 말로 나를 찬탄할 것이니라. 게다가 헤아릴 수 없이 많은 부처님들에게도 공양을 올릴 것이니라.

지금으로부터 20,000 아쌍키예야깔빠(kalpa-asaṃkhyeya, 阿僧祇劫)를 지나서, 그대는 보광(smantaprabha, 普光)이라는 이름의 바르고 완전한 깨달음을 이룬 세상의 존경을 받을 만한 부처가 될 것이니라. 그때에는, 슈리말라 왕비여, 그대의 불국토에는 지옥·아귀·축생의 악도에 떨어지는 이는 없을 것이며, 또 그때에는 모든 중생은 10선(十善)[12]의 도리(道理)로 생활하며, 그들에게는 병환이 없고, 노쇠도 없으며, 마음에 들지 않는 재액도 없고, 불선의 행위는 그 이름조차도 들을 수 없을 것이니라.

그 불국토에 왕생하는 중생은 누구라도, 그 즐거움·몸매·용모와 안색·단정함·위광 및 색욕·성욕·향욕·미욕·촉욕, 5욕(五欲)이나 그 밖의 감수하는 모든 것에서 타화자재천(Paranimitavaśavartina, 他化自在天)[13]에 속하는 신들을 능가할 것이니라. 그 중생은 대단히 안락하게 될 것이니라. 슈리말라 왕비여, 그 불국토에 왕생하는 중

---

12) 10선(十善) : 불교도가 지켜야 할 10가지 선행을 말하며, 그 내용은 아래와 같다.
① 불살생(不殺生): 살아 있는 것을 죽이지 않고 살려 주려고 한다.
② 불투도(不偸盜) : 도둑질을 하지 않고 보시를 하려고 한다.
③ 불사음(不邪淫) : 남녀의 도리를 잘 지키려고 한다.
④ 불망어(不妄語) : 거짓말을 하지 않고 진실을 말하려고 한다.
⑤ 불기어(不綺語) : 현란하게 꾸며서 말하지 않고 사실대로 말한다.
⑥ 불악구(不惡口) : 욕설이나 험담을 하지 않고 사랑스러운 말을 한다.
⑦ 불양설(不兩舌) : 이간질을 하지 않는다.
⑧ 불탐욕(不貪欲) : 탐욕을 부리지 않고 자비를 베푼다.
⑨ 부진에(不瞋恚) : 성내거나 화를 내지 않고 자비심을 베풀려고 한다.
⑩ 불사견(不邪見) : 그릇된 견해를 주장하지 않고 슬기롭게 생각한다.

13) 타화자재천(Paranimitavaśavartina, 他化自在天) : 욕계의 최상의 하늘로서 최고의 쾌락을 누릴 수 있는 곳이라고 한다.

생은 모두 대승의 가르침에 안주할 것이니라. 슈리말라 왕비여, 이와 같이 선근을 쌓은 중생은 그때 그 불국토에 모일 것이니라."

그때 슈리말라(Śrīmālā, 勝鬘) 왕비에 대한 예언이 끝난 것을 듣고, 신들의 세계나 인간세계에 속하는 헤아릴 수 없이 많은 대중은 그 보광여래의 불국토에 왕생하기를 염원한다. 여기에서 세존께서는 다음과 같이 예언을 하신다.

"그들도 모두 그 세계에 왕생할 것이니라."

佛於衆中卽爲受記. 汝歎如來眞實功德. 以此善根當於無量阿僧祇劫. 天人之中爲自在王. 一切生處常得見. 我現前讚歎, 如今無異. 當復供養無量阿僧祇佛, 過二萬阿僧祇劫. 當得作佛, 號普光如來應正遍知. 彼佛國土. 無諸惡趣老病衰惱不適意苦, 亦無不善惡業道名. 彼國衆生色力壽命五欲衆具, 皆悉快樂, 勝於他化自在諸天. 彼諸衆生純一大乘, 諸有修習善根衆生, 皆集於彼. 勝鬘夫人得受記時. 無量衆生, 諸天及人, 願生彼國. 世尊悉記, 皆當往生.

제2장 슈리말라 왕비, 10가지 큰 서원을 받다

그래서 슈리말라(Śrīmālā, 勝鬘) 왕비는 세존께서 수기를 내리신 것을 듣고서 합장하고, 10가지 큰 서원[十大受][14]을 몸과 마음을 다하여 받는다. 10가지는 다음과 같다.

"① 세존이시여, 저는 오늘부터 깨달음의 자리(bodhi-maṇḍa, 菩提座)[15]

14) 10대수(十大受) : 계(戒)는 수행자가 받아들여서 실천해야 할 것이며, 일심으로 섭지(攝持)해야 할 것이므로 수(受)라고 말한다. 이 10가지 가운데에서 ① ~ ⑤까지는 자기의 행위에 대하여 방비지악(防非止惡)을 하려는 서원이며, 이것을 섭율의계(攝律儀戒)라고 말한다. ⑥ ~ ⑨까지는 오로지 이타행을 실천하려는 서원이며, 이것을 섭중생계(攝衆生戒)라고 한다. ⑩ 위의 섭율의계와 섭중생계는 지악(止惡)을 중심으로 하는 것임에 대하여 이것은 작선(作善)을 취지로 하는 서원이며, 이것을 섭선법계(攝善法戒)라고 말한다. 무릇 계의 조목을 모두 들면 여러 가지로 말할 수 있지만, 대승보살계는 모두 이 3가지로 압축된다. 이것을 대승불교에서는 삼취정계라고 부른다.

15) 깨달음의 자리(bodhi-maṇḍa, 菩提座) : [SED]p.733a, bodhi : √budh to wake, wake up, be awake; to perceive, notice, understand; to have an insight into. (깨닫다, 깨닫게 하다, 깨어 있다; 인지하다, 알아차리다, 이해하다; ~을 꿰뚫어 보다) bodhi m.f. (with Buddhists or Jainas) perfect knowledge or wisdom(by which a man becomes a Buddha or Jina), the illuminated or enlightened intellect(of a Budha or Jaina).(불교도나 자이나교도에게, 인간이 부처나 자이나가 되는 완전한 지식이나 지혜, 부처나 자이나의 깨달은 지식)

에 이를 때까지, 도덕적 규칙(samaya)[16]을 벗어나는 것과 같은 마음을 결코 일으키지 않겠습니다.

② 세존이시여, 저는 오늘부터 깨달음의 자리(bodhi-maṇḍa, 菩提座)에 이를 때까지, 스승(guru)에 대하여 불경스런 마음을 결코 일으키지 않겠습니다.

③ 세존이시여, 저는 오늘부터 깨달음의 자리(bodhi-maṇḍa, 菩提座)에 이를 때까지, 어떤 경우에도 중생에게 성내는 마음을 결코 일으키지 않겠습니다.

④ 세존이시여, 저는 오늘부터 깨달음의 자리(bodhi-maṇḍa, 菩提座)에 이를 때까지, 다른 사람의 행복이나 성공에 대하여 질투하는 마음을 결코 일으키지 않겠습니다.

⑤ 세존이시여, 저는 오늘부터 깨달음의 자리(bodhi-maṇḍa, 菩提座)에 이를 때까지, 조금이라도 인색한 마음을 결코 일으키지 않겠습니다.

⑥ 세존이시여, 저는 오늘부터 깨달음의 자리(bodhi-maṇḍa, 菩提座)에 이를 때까지, 자신의 향락을 위하여 재산을 모으지 않겠습니다. 세존이시여, 다만 가난으로 고통을 받거나 의지할 데 없는 중생을 성숙

한문 경전에서는 '보리(菩提)' 또는 '모지(冒地)'라고 음사하며, 우리는 또 이것을 대부분 '보리'라고 읽으며, 『반야심경』의 끝 부분에 있는 "bodhi svāhā"에서는 '모지'라고 읽고, 각(覺)·오(悟)·도(道)·오도(悟道)·깨달음이라고 번역한다. 지혜로 이치·이법·도리·진리를 깨달아 얻은 불과(佛果)를 가리킨다.

[SED]p.734a, bodhi-maṇḍa : seat of wisdom, 보리좌(菩提座), 깨달음의 자리

16) 도덕적 규범(samaya) : [SED]p.1164a, samaya : samaya m. agreement; conventional rule, established custom, law; percept, 도덕적 규범, 도덕적 규칙 또는 관습을 의미한다. 한역은 계(戒)로 되어 있으나, 원어는 아마 'samaya'일 것이므로 도덕적 규범으로 표기한다.

시키기 위하여 재산을 많이 모으겠습니다.

⑦ 세존이시여, 저는 오늘부터 깨달음의 자리(bodhi-maṇḍa, 菩提座)에 이를 때까지, 보시(dāna-saṃgraha-vastu, 布施)·애어(priya-vāditā-saṃgraha-vastu, 愛語)·이행(artha-kriyā-saṃgraha-vastu, 利行)·동사(samānārthatā-saṃgraha-vastu, 同事) 4섭법(catuḥ-saṃgraha-vastu, 四攝法)[17]을 실천하여 중생을 도우려고 합니다. 결코 자신을 위한 이익을 추구하여 중생을 미혹하지 않겠습니다. 세존이시여, 다만 무잡념·무권태·불퇴전의 마음으로 중생을 따뜻하게 포용하려고 합니다.

⑧ 세존이시여, 저는 오늘부터 깨달음의 자리(bodhi-maṇḍa, 菩提座)에 이를 때까지, 고독한 사람·감옥에 갇혀 있는 사람·포박당한 사람·병으로 신음하는 사람·고뇌하는 사람·가난한 사람·액난에 처한 사람을 보면 그들을 돕지 않고서는 그들을 버리고 한 발자국도 가지 않겠습니다. 세존이시여, 저는 그와 같은 괴로워하는 중생들을 보면 그들이 괴로움에서 벗어나도록 모아 놓은 재산으로 그들을 구조한 다음에 손을 떼겠습니다.

⑨ 세존이시여, 저는 오늘부터 깨달음의 자리(bodhi-maṇḍa, 菩提座)에 이를 때까지, 돼지고기를 팔거나 새고기를 팔아 생활하고, 여래께서 말씀하신 가르침이나 계율을 소홀히 하는 사람들을 보면 결코 무관심하게 지나치지 않겠습니다. 세존이시여, 부락이나 마을, 도시나

---

17) 4섭법(四攝法) : 보시(dāna-saṃgraha-vastu, 布施)·애어(priya-vāditā-saṃgraha-vastu, 愛語)·이행(artha-kriyā-saṃgraha-vastu, 利行)·동사(samānārthatā-saṃgraha-vastu, 同事) 4섭법(catuḥ-saṃgraha-vastu, 四攝法)을 가리킨다. 보시는 법시(法施)와 재시(財施)의 2가지를 말하며, 애어는 친애하는 말씨를 쓰는 것이고, 이행은 신·어·의의 3업으로 남에게 이익을 주라는 것이며, 동사는 중생의 세계에서 자기와 남을 평등하게 같은 인격으로 섬기라는 것이다.

시골, 또는 수도에서 누구든 가리지 않고, 나의 명령이 미치는 한 응징해야 할 부류에 대하여는 절복(折伏)[18]하며, 구제해야 할 부류에 대해서는 섭수(攝受)[19]하겠습니다. 세존이시여, 왜 그런가 하면, 절복과 섭수에 의하여 이 세상에 정법을 영원히 존재하게 하기 위해서입니다. 정법이 영원히 존재하면 신이나 인간의 몸으로 태어나는 것은 증대하며, 죽은 뒤에 악도에 떨어지는 것은 감소할 것입니다. 세존이시여, 이것이야말로 세존께서 법륜을 굴리신 목적에 부합하는 길입니다.

⑩ 세존이시여, 저는 오늘부터 깨달음의 자리(bodhi-maṇḍa, 菩提座)에 이를 때까지, 정법[20]을 섭수하는 것을 잊어버리는 것과 같은 마음은 일으키지 않겠습니다. 세존이시여, 왜 그런가 하면, 만일 정법을 섭수하는 것을 잊어버리면 대승의 가르침을 잊어버립니다. 세존이시여, 대승의 가르침을 잊어버리면 빠라미따(pāramitā, 수행의 궁극적 완성)[21]

---

18) 절복(折伏) : 상대의 잘못을 몹시 꾸짖고 쉽게 이해하게 하여 미혹에서 벗어나 지혜를 깨닫게 하는 것을 가리킨다.

19) 섭수(saṃgrha, 攝受) : 부처가 자비심으로 중생을 받아들여 구제하는 일, 마음을 관대히 하여 남을 용납하는 일. 중생의 선을 받아들여서, 그것을 닦아 중생을 가르쳐 인도하는 방법을 가리킨다. 상대를 받아들여 온화하게 설득하는 것을 가리킨다.

20) 정법(saddharma, 正法) : 제법실상의 이법·도리·진리를 가리킨다. 이 진리를 깨달아 몸과 마음에 익혀서 지니는 것을 섭수라고 한다. 이것을 실현한 단계는 제8지 이상의 보살이다. 그러므로 섭수정법(攝受正法)은 제8지 이상의 보살의 계위에 대하여 말할 수 있다.

21) [SED]p.619b pāramitā : pāra mfn. bring across. n. the further bank or shore or boundary, the opposite side. pāramita mfn. gone to the opposite shore; transcendent. pāramitā f. coming or leading to the opposite shore, complete attainment; transcendental virtue (there are 6 or 10, viz. dāna, śīla, kṣānti, vīrya, dhyāna, prajñā, to which are sometimes added satya, abhiṣṭhāna, maitra, upekṣā). pāram(彼岸に, 피안에)+itā(到れる, 다다르다)=피안에 다다르다, 도피안(到彼岸). pārami(彼岸に 到れる, 피안에 다다르다)+tā(狀態, 추상명사어미)=完全に 到達せること, 피안에 다다른 상태, 바로 완성

를 잊어버립니다. 세존이시여, 빠라미따를 잊어버리면 대승을 희구하지 않습니다. 세존이시여, 보살이면서 대승에 안주하여 있지 않으면 그 사람은 정법을 섭수하고 싶어 하지 않으며, 스스로 그릇된 길에 머무르게 됩니다. 세존이시여, 그런 사람은 어리석은 범부의 자리로 떨어져버릴 것입니다. 세존이시여, 저는 이것을 죄악이라고 인정하고, 큰 죄인이라고 간주합니다. 세존이시여, 정법을 섭수하는 것에 의하여 저도 미래의 보살들도 헤아릴 수 없이 많은 복덕을 가져올 목적을 성취할 것입니다."

"세존이시여, 저는 위의 10가지 커다란 서원을 부처님 앞에서 서원합니다. 이에 대하여 법황이신 세존께서는 저의 증인이십니다."

"세존이시여, 이와 같이 법황이신 세존께서는 바로 알아 들으셨는데도 선근이 미약한 중생은 '틀림없이 이들 10가지 커다란 서원은 달성하기 어려울 것이다'라고 생각하고, 저를 의심하기도 하고 믿지 않기도 할 것입니다. 세존이시여, 이런 사람들은 스스로 오랫동안 상처를 입고, 괴로워하며, 손해를 볼 것입니다. 세존이시여, 그 사람들을 구제하기 위하여 부처님 앞에서 저는 진리에 목숨을 걸고 서원합니다."

"세존이시여, 제가 짊어진 10가지 커다란 서원, 이 서원을, 세존이시여, 만일 제가 말씀을 드린 대로 실행할 수 있다고 생각하시면,

---

을 가리킨다. 한문 경전에서는 바라밀다 또는 바라밀이라고 음역한다.

저의 이 거짓 없는 서약으로 지금 여기 대중이 모여 있는 대회장에 천계의 꽃을 뿌려 주시고,[22] 천계의 묘음을 들려 주소서. 그것에 의하여 또 이 진리에 목숨을 건 서원을 승인하여 주소서."

슈리말라(Śrīmālā, 勝鬘) 왕비가 이와 같이 사뢰자 말자, 그때 커다란 천계의 꽃을 뿌리며, 공중에서는 천계의 묘음이 들렸습니다. 그 묘음은 슈리말라 왕비의 진리에 목숨을 건 서원에 깊이 감동하여, "슈리말라 왕비여, 참으로 그대로이니라, 참으로 그대로이니라, 그대가 진리에 목숨을 걸고 서원을 한 것은 서원한 대로 실행될 것이니라. 틀림없느니라."라고 말씀하고 있는 것처럼 들렸다.

그때 그 자리에 모여 있던 대중은 이 천계의 묘화(妙花)를 보고, 그리고 또 천계의 묘음을 듣고서 의혹을 모두 털어버리고, 더 없이 기뻐하며, 슈리말라 왕비와 떨어지지 않고 도반이 되고 싶다고 발원하였다.

세존께서는 다음과 같이 예언을 하신다.

"이 자리에 모인 모든 대중은 그대들의 소원대로 될 것이니라."

[『大正藏』12-217b24~218a03]爾時勝鬘聞受記已. 恭敬而立受十大受. 世尊. 我從今日乃至菩提. 於所受戒不起犯心. 世尊. 我從今日乃至菩提於諸尊長不起慢心. 世尊. 我從今日乃至菩提. 於諸衆

22) 대회장에 천계의 꽃을 뿌려 주시고 : 천계의 꽃을 뿌려 주시는 기적이 일어나면 그것이 바로 진실이라는 증거가 되기 때문이다.

生不起恚心. 世尊. 我從今日乃至菩提. 於他身色及外衆具不起疾心. 世尊. 我從今日乃至菩提. 於內外法不起慳心. 世尊. 我從今日乃至菩提. 不自爲己受畜財物. 凡有所受悉爲成熟貧苦衆生. 世尊. 我從今日乃至菩提. 不自爲己行四攝法. 爲一切衆生故. 以不愛染心無厭足心無罣礙心攝受衆生. 世尊. 我從今日乃至菩提. 若見孤獨幽繫疾病種種厄難困苦衆生. 終不暫捨. 必欲安隱. 以義饒益令脫衆苦. 然後乃捨. 世尊. 我從今日乃至菩提. 若見捕養衆惡律儀及諸犯戒終不棄捨. 我得力時. 於彼彼處見此衆生. 應折伏者而折伏之. 應攝受者而攝受之. 何以故. 以折伏攝受故令法久住. 法久住者. 天人充滿惡道減少. 能於如來所轉法輪. 而得隨轉. 見是利故救攝不捨. 世尊. 我從今日乃至菩提. 攝受正法終不忘失. 何以故. 忘失法者則忘大乘. 忘大乘者則忘波羅蜜. 忘波羅蜜者則不欲大乘. 若菩薩不決定大乘者. 則不能得攝受正法欲. 隨所樂入. 永不堪任越凡夫地. 我見如是無量大過. 又見未來攝受正法. 菩薩摩訶薩無量福利故受此大受. 法主世尊現爲我證. 唯佛世尊現前證知. 而諸衆生善根微薄. 或起疑網以十大受極難度故. 彼或長夜非義饒益不得安樂. 爲安彼故. 今於佛前說誠實誓. 我受此十大受如說行者. 以此誓故於大衆中當雨天花出天妙音. 說是語時於虛空中. 雨衆天花出妙聲言. 如是如是如汝所說. 眞實無異. 彼見妙花及聞音聲一切衆會疑惑悉除. 喜踊無量而發願言. 恒與勝鬘常共俱會同其所行. 世尊悉記一切大衆如其所願.

제3장 3가지 커다란 서원을 세우다

그때, 슈리말라(Śrīmālā, 勝鬘) 왕비는 부처님 앞에서 3가지 대원(大願)을 세웠다. 3가지란 무엇인가?

① 세존이시여, 저는 이 진리에 목숨을 건 서원으로 무량한 중생에게 이익을 가져다 줄 복덕을 거듭 쌓고 거듭 쌓은 선근에 의하여, 세존이시여, 저는 어느 세상에서도 정법의 지혜를 얻도록 하겠습니다. 세존이시여, 이것이 저의 첫째 대원(大願)입니다.[23)]

② 세존이시여, 저는 정법의 지혜를 얻은 뒤에도 게으름을 피우거나 겁내지 않고, 중생에게 가르침을 펼치겠습니다. 세존이시여, 이것이 저의 둘째 대원(大願)입니다.[24)]

③ 세존이시여, 저는 정법을 펼침에 있어서 신체(kāya, 身)·목숨

---

23) 첫째 대원은 정법지(正法智)를 구하는 것을 대원으로 삼는다. 정법지란 우주에 관한 근본적인 정의를 체달하는 지혜이며, 이것을 실지(實智)라고 부른다. 실지는 이타를 실현하는 방편으로서의 작용이 있다. 이것을 권지(權智)라고 부른다. 이 실지(實智)와 권지(權智)를 모두 합한 것을 정법지로 삼으며, 이 정법지를 희구하는 것을 첫째 대원으로 삼는다.

24) 둘째 대원은 설지(說智)의 대원이라고 부른다. 왜냐하면 첫째 정법의 지혜를 일으켜서 이타를 실현하기 위한 설법의 작용이 있기 때문이다.

(jivita, 命)·재산(bhoga, 財)[25)]을 버리고서라도 정법을 호지하겠습니다. 세존이시여, 이것이 저의 셋째 대원(大願)입니다.[26)]

세존이시여, 저는 이상의 3가지 대원을 세웁니다.

그때 세존께서는, 바로 슈리말라 왕비에게 이 3가지 광대한 대원에 대하여 다음과 같이 말씀하신다.

"슈리말라 왕비여, 예를 들면 모든 형체가 있는 것은 공간이라고 하는 공계(空界) 속에 들어가느니라. 그와 마찬가지로 슈리말라 왕비여, 보살의 갠지스강의 모래알의 수처럼 헤아릴 수 없이 많은 서원도 모두 다 이 3가지 대원 속에 들어가느니라. 그런 정도로 이 3가지 대원은 진실하며 광대하니라."

[『大正藏』12-218a05~218a12]爾時勝鬘. 復於佛前發三大願而作是言. 以此實願安隱無量無邊衆生. 以此善根於一切生得正法智. 是名第一大願. 我得正法智已. 以無厭心爲衆生說. 是名第二大願. 我於攝受正法捨身命財護持正法. 是名第三大願. 爾時世尊卽記勝鬘. 三大誓願如一切色悉入空界. 如是菩薩恒沙諸願. 皆悉入此三大願中. 此三願者眞實廣大

---

25) 신체(kāya, 身)·목숨(jivita, 命)·재산(bhoga, 財) : 이에 대한 자세한 해설은 '제4장 4 섭수정법이란 진실의 가르침을 숙달하는 것이다'에서 자세하게 말씀한다.

26) 셋째 대원은 호법의 대원이라고 부른다. 정법을 호지하여 스스로 금강의 몸을 얻으며, 다른 사람들로 하여금 이것을 얻을 수 있도록 서원을 하는 것이다.

제4장 정법을 섭수하다

1. 섭수정법이란 하나의 커다란 서원이다

그때 슈리말라(Śrīmālā, 勝鬘) 왕비는 부처님께 다음과 같이 말씀을 드린다.

"세존이시여, 여기서 다시 또 저는 여래의 위신력을 받아 대원(大願)이 진실이며 틀림이 없음을 말씀드리고 싶습니다."

세존께서 말씀하신다.

"슈리말라 왕비여, 여래인 내가 그대에게 허락하므로 마음대로 말해 보시오."

그래서 슈리말라 왕비는 세존을 향하여 다음과 같이 말씀을 드린다.

“세존이시여, 보살들이 세운 갠지스강의 모래알처럼 헤아릴 수 없이 많은 서원도 모두 다 이와 같이 섭수정법(攝受正法)[27]이라고 하는 하나의 큰 서원(一大願) 속에 들어갑니다. 세존이시여, 그와 같이 정법을 섭수하는 것은 그 범주가 진실로 광대합니다.”

세존께서는 슈리말라 왕비에게 “좋아, 좋아!(sādhu, sādhu! 善哉, 善哉)[28]”라고 칭찬하시면서 다음과 같이 말씀을 이으신다.

“슈리말라 왕비여, 잘 되었다. 슈리말라 왕비여, 그대는 지혜롭고, 미묘한 방편으로 매사를 잘 설명하는 지혜를 갖추고 있다. 슈리말라 왕비여, 그대가 말하는 가르침의 의미를 이해하는 중생은 아주 적다. 그것을 이해할 수 있는 것은 예로부터 많은 부처님을 섬겨 선근을 심은 사람들뿐이다.

---

27) 섭수정법: 제8지 이상의 보살은 일념으로 무공용(無功用)의 작용을 하지만, 제7지 이하의 보살은 유공용(有功用)의 작용만을 할 수 있다. 갠지스강의 모래알만큼 많은 유공용의 서원이라도 모두 다 이 섭수정법에 내포된다. 대승불교의 목적은 이 하나에서 우주의 근본정의를 체달하는 것이다. 그 밖의 많은 서원·만행도 결국은 모두 다 이 일원(一願)에 귀속된다.

28) [SED]p.1201b sādhu
sādhu mf(vī)n. good, straight, right, well-disposed, kind, successful, peaceful.
m. a good or virtuous or honest man; a holy man, saint, sage, seer.
f. a chaste or virtuous woman, faithful wife; a saintly woman.
n. the good or right or honest, good! well-done! bravo! 그렇구나, 참 잘했다, 매우 훌륭하다, 그렇소, 옳소. 참으로 좋다. 스승이 제자에 대하여 찬성과 칭찬의 뜻을 표시할 때 쓰는 말이다. 인도에서는 지금도 일반적으로 쓰는 말이다. 오늘날 싼쓰그리뜨 회화에서도 논자에게 찬성과 칭찬의 뜻을 표시할 때에, “sādhu, sādhu!”라고 말한다. “아아!”라고 감탄할 때도 이 말을 쓴다. 한문 경전에서는 “선재(善哉)”라고 번역한다.

슈리말라 왕비여, 그대가 정법을 섭수하는 것을 말하는 것처럼 과거·미래·현재의 여래들도 정법을 섭수하는 것을 말씀하시며, 앞으로도 말씀하실 것이고, 지금 다른 불국토에서도 말씀하시고 있다. 슈리말라 왕비여, 나도 또 지금 최고의 명료한 깨달음을 얻은 이래, 정법을 섭수해야 한다는 가르침을 여러 가지로 말하여 왔다.

슈리말라 왕비여, 나는 이렇게 하여 정법을 섭수해야 한다는 가르침을 여러 가지로 말하여 왔지만, 정법을 섭수하는 것에 대한 공덕의 설명이라고 하는 것은 끝도 없고 다할 수도 없다. 여래의 변설로도 다할 수 없다. 슈리말라 왕비여, 정법을 섭수한다고 하는 것은 이와 같이 커다란 공덕이 있으며, 커다란 이익이 있느니라."

爾時勝鬘白佛言. 我今當復承佛威神說調伏大願眞實無異. 佛告勝鬘. 恣聽汝說. 勝鬘白佛. 菩薩所有恒沙諸願. 一切皆入一大願中. 所謂攝受正法. 攝受正法眞爲大願. 佛讚勝鬘. 善哉善哉. 智慧方便甚深微妙. 汝已長夜殖諸善本. 來世衆生久種善根者. 乃能解汝所說. 汝之所說攝受正法. 皆是過去未來現在諸佛已說今說當說. 我今得無上菩提. 亦常說此攝受正法. 如是我說攝受正法所有功德, 不得邊際. 如來智慧辯才, 亦無邊際. 何以故. 是攝受正法, 有大功德, 有大利益.

2. 섭수정법이란 무엇인가?

그래서 슈리말라 왕비는 세존을 향하여 다음과 같이 말씀을 드린다.

"세존이시여, 여래의 위신력을 받아, 저는 더욱 정법을 섭수하는 것에 대한 의의를 해설하고 싶습니다."

세존께서 말씀하신다.

"슈리말라 왕비여, 지금이 가장 좋은 기회라는 것을 알았으면 그대는 말해도 좋소."

세존의 허락을 받아, 슈리말라 왕비는 세존을 향하여 다음과 같이 해설을 한다.

"세존이시여, 정법을 섭수한다고 하는 것은 부처님의 헤아릴 수 없이 많은 덕성을 모두 완성하는 것입니다. 세존이시여, 정법을 섭수한다는 것은 84,000의 법문[29)]을 모두 포섭하는 것입니다.

① 예를 들면, 세존이시여, 세계의 생성의 시기인 성겁(vivarta-kalpa, 成劫)[30)]에는, 커다란 구름이 솟아오르고, 무한한 색채의 비, 무한한 보배의 비를 내리게 합니다. 세존이시여, 그와 마찬가지로 정법을 섭수하는 것도 헤아릴 수 없이 많은 복덕의 과보라고 하는 비와 헤

---

29) 법문(法門) : 법문이란 세존의 가르침에 귀입하는 여러 가지 방법의 문을 말한다.

30) 성겁(vivarta-kalpa, 成劫) : 불교의 우주관에 따르면 세간이 성립과 파괴를 반복하여 순환하는 4시기이며, 하나의 세계가 성립하고, 존속하고, 파괴되고, 다음의 세계가 다시 성립할 때까지의 경과를 4시기로 분류한 것이다. 세간이 성립하는 시기인 성겁(vivarta-kalpa, 成劫)·전개한 것들이 존속하는 시기인 주겁(sthiti-kalpa, 住劫)·세간이 파괴되는 시기인 괴겁(saṃvarta-kalpa, 壞劫)·파괴된 그대로의 상태를 이어가는 시기인 공겁(saṃvatsara-kalpa, 空劫)의 4시기를 반복한다고 가르치고 있다. 이것이 한 바퀴를 돌았을 때를 대겁이라고 말한다.

아릴 수 없이 많은 지혜라고 하는 보배의 비를 내리게 합니다.

② 또 예를 들면, 세존이시여, 세계의 생성의 시기인 성겁(成劫)에는, 대수(大水)의 취온(聚蘊)이 있어서 삼천대천세계[31]의 모든 근원(根源)이 되며, 그로부터 100꼬띠(koṭi, 俱胝, 1꼬띠=1,000만)씩의 4대주(四大洲)의 여러 가지 현상이나 형상이 생기며, 또 그에 따르는 8400꼬띠의 섬들도 그 대수의 취온에서 생겨납니다. 세존이시여, 그와 마찬가지로 정법을 섭수하는 것은 대승을 완성하는 근원이어서 그로부터 보살의 모든 신통력, 여러 가지 가르침의 광명의 문(門)[32], 세간적인 모든 복리의 완성, 세간적인 모든 것에 관한 자재 그리고 출세간적인 안락 등 신이나 인간도 아직 향수한 일이 없는 것을 모두 생겨나게 할 것입니다.

---

31) 삼천대천세계(tri-sāhasra-mahā-sāhasra-loka-dhātu, 三千大千世界): 고대 인도 사람들의 세계관에 의한 전(全) 우주(宇宙). 쑤메르(Sumeru, 須彌山)를 중심으로 하여 그 주위에 동: 뿌르와 위데하(Pūrva-videha, 弗婆提, 勝身洲) / 남: 잠부 드위빠(Jambu-dvīpa, 閻浮提, 贍部洲) / 서: 아빠라 고다니야(Apara-godānīya, 瞿耶尼, 牛貨洲) / 북: 웃따라 꾸루(Uttara-kuru, 鬱單越, 勝生洲)의 4대주(四大洲)가 있으며, 그 둘레에 9산(山)과 8해(海)가 있다. 이것이 우리가 사는 세계이며, 이것을 하나의 소세계(小世界)라고 부른다. 위쪽은 색계의 초선천(初禪天)에서부터 아래쪽은 대지 밑의 풍륜(風輪)에까지 미치는 범위를 말한다. 이 세계 가운데에는 해·달·쑤메르·4천하(四天下)·동: 지국천왕(Dhṛtarāṣṭra, 持國天王) / 남: 증장천왕(Virūḍhaka, 增長天王) / 서: 광목천왕(Virūpākṣa, 廣目天王) / 북: 다문천왕(Vaiśravaṇa, 多聞天王)의 4천왕(四天王)·33천(Trāyastriṃśā devāḥ, 三十三天)·야마천(Yāmāḥ devāḥ, 夜摩天)·뚜쉬따천(Tuṣita devāḥ, 兜率天)·화락천(Nirmāṇarataya devāḥ, 化樂天)·타화자재천(Paranimitavaśavartina, 他化自在天)·대범천(Mahā-brahman, 大梵天) / 범보천(Brahma-purohita, 梵輔天) / 범중천(Brahma-kāika, 梵衆天)의 범세천을 포함한다. 이 하나의 소세계(小世界)를 1000개 모은 것을 하나의 소천세계(小千世界)라고 부른다. 이 소천세계를 1000개 모은 것을 하나의 중천세계(中千世界)라고 부른다. 이 중천세계를 1000개 모은 것을 하나의 대천세계(大千世界)라고 부른다. 그 넓이 및 세계의 성(成)·괴(壞)는 모두가 제4선천(第四禪天)과 같다. 이 하나의 삼천대천세계를 한 부처님이 교화하는 범위로 한다.

32) 가르침의 광명의 문(dharmālokamukha) : 가르침의 광명의 문(dharmālokamukha)은 법문(dharmaparyāya, 法門)과 같은 의미이다.

③ 또 예를 들면, 세존이시여, 대지는 커다란 4중하(重荷)의 받침이 됩니다. 그 넷이란 무엇인가?

ⓐ 대수의 취온인 대해(大海)입니다.

ⓑ 모든 산들과 주처(住處)입니다.

ⓒ 모든 풀, 나무, 약초, 꽃 그리고 삼림입니다.

ⓓ 모든 중생의 의지처입니다.

세존이시여, 이와 같이 대지는 이들 4중하의 받침이 됩니다. 그와 마찬가지로 선남자이든 선여인이든 정법을 섭수한 이[33]는 대지가 받치고 있는 것보다도 훨씬 더 무거운 4중하(重荷)를 짊어지는 것이 됩니다. 그 넷이란 무엇인가?

ⓐ 그와 같은 선남자 또는 선여인이 선지식에게서 멀리 떨어져 가르침을 들으려 하지 않으며, 법기(法器)가 아닌 중생으로 하여금 신이나 인간세계의 행복을 얻을 수 있는 것과 같은 선근에 연(緣)을 맺어주는 것은 대지보다도 더욱 큰 중하(重荷)입니다.

ⓑ 또 그와 같은 선남자 또는 선여인이 어느 중생에게 성문승에 들어가는 연(緣)을 맺어 주는 것은 대지보다도 더욱 큰 중하(重荷)입니다.

ⓒ 또 그와 같은 선남자 또는 선여인이 어느 중생에게 연각승에 들어가는 연(緣)을 맺어 주는 것은 대지보다도 더욱 큰 중하(重荷)입니다.

ⓓ 또 그와 같은 선남자 또는 선여인이 어느 중생에게 대승에 들어가는 연(緣)을 맺어 주는 것은 대지보다도 더욱 큰 중하(重荷)입니다.

세존이시여, 이상의 넷이 선남자·선여인의 4중하입니다. 세존이시여, 선남자 또는 선여인이 정법을 섭수한다고 하는 것은 이들 4중하를

---

33) 정법을 섭수한 선남자·선여인은 계위로 보면 제8지 이상의 보살을 가리킨다.

짊어지는 것입니다. 그것은 대지보다도 더욱 위대한 받침으로써 대지보다 더욱 커다란 중하를 짊어지고 있는 것입니다. 무한한 하물(荷物)을 짊어지고, 모든 중생의 의지처가 되어 그들에게 자선을 베풀며, 자비심을 품고 이익을 꾀하며, 연민의 정을 품는 사람으로서 마치 세간의 어머니라고 불리는 사람이 됩니다.[34]

④ 또 예를 들면, 세존이시여, 대지는 4가지 보장(寶藏)[35]입니다. 넷이란 무엇인가?

ⓐ 값을 매길 수 없는 무상(無上)의 보장입니다.

ⓑ 값이 상품 보장입니다.

ⓒ 값이 중품 보장입니다.

ⓓ 값이 하품 보장입니다.

세존이시여, 대지가 이들 4가지 보장인 것처럼 세존이시여, 선남자 또는 선여인이 정법을 섭수하는 것에 의하여 중생은 빼어난 대보(大寶), 모든 보물 가운데에서 제일가는 4가지 보물을 얻게 됩니다. 4가지란 무엇인가?

ⓐ 선지식으로서의 선남자 또는 선여인에 의하여, 중생이 신이나 인간세계에 태어날 행복을 얻을 만큼 복덕을 쌓는다고 하는 과보를 얻을 것입니다.

ⓑ 성문승을 닦기에 알맞은 선근의 획득을 달성할 것입니다.

ⓒ 연각승을 닦기에 알맞은 선근의 획득을 달성할 것입니다.

---

34) 선남자와 선여인이 정법을 섭수하여 중생을 제도하는 것을 4가지로 비유한 것으로서, 인천승(人天乘)·성문승(聲聞乘)·연각승(緣覺乘)·대승(大乘)에 상당하는 것으로 풀이한다. 이 4승(乘)에 속하는 것을 4중담(四重擔)이라고 부르고 있다.

35) 보장(寶藏) : 보장의 장(ākara, 藏)은 광산이나 광맥을 뜻한다.

ⓓ 대승의 깨달음을 향하여 수행하는 숭고하고 위대한 복덕을 쌓는다고 하는 과보를 얻을 것입니다.

세존이시여, 정법을 섭수한 선남자 또는 선여인에 의하여 중생은 모든 보물 가운데에서 최상의 것, 세상에서 아주 드문 4가지 대보라고 하는 과보를 얻는 것입니다. 따라서 세존이시여, 대보장(大寶藏)[36], 무한의 보장이라고 하는 것은 정법을 섭수한다는 것과 똑같은 말입니다."

勝鬘白佛. 我當承佛神力, 更復演說攝受正法廣大之義. 佛言. 便說. 勝鬘白佛. 攝受正法廣大義者. 則是無量. 得一切佛法攝八萬四千法門.

譬如劫初成時普興大雲雨衆色雨及種種寶. 如是攝受正法雨無量福報及無量善根之雨.

世尊. 又如劫初成時有大水聚. 出生三千大千界藏及四百億種種類洲. 如是攝受正法. 出生大乘無量界藏. 一切菩薩神通之力. 一切世間安隱快樂. 一切世間如意自在. 及出世間安樂. 劫成乃至天人本所未得皆於中出.

又如大地持四重擔. 何等爲四. 一者大海. 二者諸山. 三者草木. 四者衆生. 如是攝受正法, 善男子善女人, 建立大地堪能荷負四種重任. 喩彼大地.

何等爲四. 謂離善知識無聞非法衆生. 以人天善根而成熟之. 求

---

36) 대보장(mahāratnanidhi, 大寶藏) : 대보장(mahāratnanidhi, 大寶藏)의 nidhi는 ākara와 거의 같은 동의어로서, 복장(伏藏)이라고도 한역한다. 지중(地中)에 매몰된 보물을 가리킨다.

聲聞者授聲聞乘. 求緣覺者授緣覺乘. 求大乘者授以大乘. 是名攝受正法善男子善女人, 建立大地堪能荷負四種重任. 世尊. 如是攝受正法善男子善女人, 建立大地堪能荷負四種重任. 普爲衆生作不請之友. 大悲安慰哀愍衆生. 爲世法母.

又如大地有四種寶藏. 何等爲四. 一者無價. 二者上價. 三者中價. 四者下價. 是名大地四種寶藏. 如是攝受正法善男子善女人. 建立大地得衆生四種最上大寶.

何等爲四. 攝受正法善男子善女人, 無聞非法衆生以人天功德善根而授與之. 求聲聞者授聲聞乘. 求緣覺者授緣覺乘. 求大乘者授以大乘. 如是得大寶衆生. 皆由攝受正法善男子善女人得此奇特希有功德. 世尊. 大寶藏者. 卽是攝受正法.

3. 섭수정법이란 6빠라미따의 실천이다

"세존이시여, 섭수정법(攝受正法), 말하자면 정법을 섭수한다고 말씀하시는데, 세존이시여, 정법(正法)과 정법을 섭수한다고 하는 것은 서로 다른 것이 아닙니다. 세존이시여, 정법이 바로 정법을 섭수하는 것입니다.[37]

그런데 세존이시여, 정법을 섭수하는 것은 빠라미따(pāramitā, 波

37) 이 문장은 "無異正法. 無異攝受正法. 正法卽是攝受正法"을 번역한 것으로서, "A와 B는 다른 것이 아니다. A가 그냥 그대로 B이다."라는 논리를 전개하는 말씀이다. 말하자면 정법(正法)=섭수정법(攝受正法)이라는 논리이며, 다음에는 섭수정법(攝受正法)=6빠라미따의 논리를 전개하려는 것이다.

羅密多)[38]와 서로 다른 것이 아닙니다.[39] 세존이시여, 정법을 섭수한다는 것은 구체적으로 말씀드리면, 보시(dāna, 布施)·지계(śīla, 持戒)·인욕(kṣānti, 忍辱)·정진(virya, 精進)·선정(dhyāna, 禪定)·지혜(prajñā, 智慧) 6빠라미따밖에 다른 것이 아닙니다. 세존이시여, 그것은 왜 그런가 하면 다음과 같습니다.

ⓐ 여기에 만일 보시에 의지하여 성숙시키기에 적합한 중생이 있다면 선남자 또는 선여인으로서 정법을 섭수한 이는 그들을 위하여 보시를 베풀 것이며, 때로는 자기의 신체의 일부 또는 전신조차도 내던져서 그들을 성숙시킵니다. 이와 같이 보시에 의하여 성숙한 사람들을 정법에 안주하게 하는 것, 이것이 정법을 섭수한 사람이 실천하는 빠라미따인 다나 빠라미따(dāna-pāramitā, 檀那, 檀, 布施)입니다.

ⓑ 또 세존이시여, 만일 계(戒)를 받아 지키는 것에 의지하여 성숙시키기에 적합한 중생이 있다면 정법을 섭수한 이는 그들에 대하여 눈(眼)·귀(耳)·코(鼻)·혀(舌)·몸(身)·마음(意)의 6근을 제어하고, 몸으로 짓는 까르마(kāya-karman, 身業)·말로 짓는 까르마(vāk-karman, 語業)·마음으로 짓는 까르마(manas-karman, 意業) 이 3까르마(tri-karma, 三

---

38) 빠라미따(pāramitā, 波羅密多) : 빠라미따(pāramitā, 波羅密多)는, 본디 pārami<parama=최고의 상태 + tā=~인 것 / pāramitā=최고의 상태인 것이라는 뜻이다. 교리적으로는 pāram=피안에, 저 언덕에 + ita=도달했다 / pāramitā=도피안(到彼岸), 도(度)라고 해석한다. 세간적인 것을 초월한 이상적인 것을 의미한다. 다음에 6가지로 말씀할 보시 등 6덕목은 그 자체 이상적·최고의 행위이면서 동시에 그것에 의지하여 피안의 이상세계로 건너가기 위한 불가결의 실천행이다.

39) 벌써 도(道)와 알지 못하는 사이에 서로 마음이 맞은 섭수정법의 마음은 자연히 모든 만행(萬行)을 유출하여 만행과 마음은 차별이 없다. 모든 만행(萬行)을 6빠라미따에 포괄하면 6빠라미따가 바로 정법이며, 섭수정법이 바로 6빠라미따이다.

業)를 청정하게 호지시켜 성숙하게 하며, 또는 걷기(caṅkramati, 行)·멈추기(tiṣṭhati, 住)·앉기(niṣīdati, 坐)·눕기(śayyāṃkalpayati, 臥)라고 하는 일상생활에 걸친 4위의(威儀)를 통해서도 그들의 마음을 지키고 성숙하게 합니다. 그들은 이렇게 하여 계를 지키는 것에 의하여 성숙하며, 정법에 안주하기에 이릅니다. 이것이 정법을 섭수한 사람이 실천하는 빠라미따인 쉴라 빠라미따(śīla-pāramitā, 尸羅, 尸, 持戒)입니다.

ⓒ 만일 또 세존이시여, 인욕에 의지하여 성숙시키기에 적합한 중생에 대해서는 그들이 예를 들면 그를 비난·공격하고 상처를 입혀도 분노하는 마음을 내지 않으며, 다만 사람을 이롭게 하려고 서원하고,[40] 가장 수승한 인내력을 가지고 성숙하게 하며,[41] 내지 온화한 얼굴을 가지고도 그들의 마음을 지키고 성숙하게 합니다. 이렇게 하여 그들을 성숙하게 하며, 정법에 안주하게 하는 일, 이것이 정법을 섭수한 사람이 실천하는 빠라미따인 끄샨띠 빠라미따(kṣānti-pāramitā, 羼提, 忍辱)입니다.

ⓓ 만일 또 세존이시여, 노력 정진에 의지하여 성숙시키기에 적합한 중생이 있다면 그들이 기가 꺾이지 않고, 게으름을 피우지 않으며, 커다란 희원(希願)을 가지고 최대의 정진으로 성숙하도록 근면하게 하며, 내지는 스스로의 행위를 바르게 견지하는 것에 의해서도 그들의 마음을 지키고 성숙하게 합니다. 이렇게 하여 그들을 성숙하게 하며, 정법에 안주하게 하는 일, 이것이 정법을 섭수한 사람이 실천하는 빠

40) 보살은 모욕을 당하여도 자심(慈心)을 일으켜서 다른 사람을 이롭게 하려고 한다는 의미이다.

41) 인욕의 공덕은 지계에 따르는 고행도 미칠 수 없는 것이기 때문에 가장 수승한 도라고 말할 수 있다.

라미따인 위리야 빠라미따(vīrya-pāramitā, 毗梨耶, 精進)입니다.

ⓔ 만일 또 세존이시여, 선(禪)에 의지하여 성숙시키기에 적합한 중생이 있다면 그들에 대하여 그들이 마음을 흐트러지지 않게 하며, 외계의 것에 마음을 빼앗기지 않고, 최상의 과오가 없는 사념을 익히는 것에 의하여 성숙하게 하며, 내지 스스로는 언제나 변함이 없는 동작이나 말씨에 의하여도 그들의 마음을 지키고 성숙하게 합니다. 이렇게 하여 그들을 성숙하게 하며, 정법에 안주하게 하는 일, 이것이 정법을 섭수한 사람이 실천하는 빠라미따인 디야나 빠라미따(dhyāna-pāramitā, 禪那, 禪, 禪定, 精慮)입니다.

ⓕ 만일 또 세존이시여, 지혜에 의지하여 성숙시키기에 적합한 중생이 있다면 그들에 대하여 인생의 목적을 묻는 경우에는 게으름을 피우지 않고 가르침의 원칙을 연설하며, 모든 논전과 모든 학문의 심오함을 가지고 성숙하게 하며, 내지는 여러 가지 중요한 기예[42]의 심오함을 가르쳐서 그들의 마음을 지키고 성숙하게 합니다. 이렇게 하여 성숙한 그들은 정법에 안주하기에 이릅니다. 이것이 정법을 섭수한 사람이 실천하는 빠라미따인 쁘라갸 빠라미따(prajñā-pāramitā, 般若, 智慧)입니다.

이와 같은 차례로, 세존이시여, 6빠라미따와 정법을 섭수하는 것은 서로 다른 것이 아닙니다. 세존이시여, 정법을 섭수하는 것은 곧 6빠라미따인 것입니다."

---

42) 모든 논전과 모든 학문의 심오함을 가지고 성숙하게 하며, 내지는 여러 가지 중요한 기예: 이 문장은 상당히 비약적인 해설이 필요한 부분이다. 내명론(內明論)·인명론(因明論)·성명론(聲明論)·의방명론(醫方明論)·공교명론(工巧明論)의 5명처(明處)를 가리킨다. 이 5가지는 명지(明智)를 낳기 때문에 명처(明處)라고 부른다.

世尊. 攝受正法. 攝受正法者. 無異正法. 無異攝受正法. 正法卽是攝受正法. 世尊. 無異波羅蜜. 無異攝受正法. 攝受正法卽是波羅蜜.

何以故. 攝受正法, 善男子善女人. 應以施成熟者. 以施成熟. 乃至捨身支節. 將護彼意而成熟之. 彼所成熟衆生建立正法. 是名檀波羅蜜.

應以戒成熟者. 以守護六根淨身口意業. 乃至正四威儀. 將護彼意而成熟之. 彼所成熟衆生建立正法. 是名尸波羅蜜.

應以忍成熟者. 若彼衆生罵詈毁辱誹謗恐怖. 以無恚心饒益心第一忍力乃至顔色無變. 將護彼意而成熟之. 彼所成熟衆生建立正法. 是名羼提波羅蜜.

應以精進成熟者. 於彼衆生不起懈心生大欲心第一精進. 乃至若四威儀. 將護彼意而成熟之. 彼所成熟衆生建立正法. 是名毘梨耶波羅蜜.

應以禪成熟者. 於彼衆生以不亂心不外向心第一正念乃至久時所作久時所說終不忘失. 將護彼意而成熟之. 彼所成熟衆生建立正法. 是名禪波羅蜜.

應以智慧成熟者. 彼諸衆生問一切義以無畏心而爲演說一切論一切工巧究竟明處乃至種種工巧諸事. 將護彼意而成熟之. 彼所成熟衆生建立正法. 是名般若波羅蜜.

是故世尊. 無異波羅蜜. 無異攝受正法. 攝受正法卽是波羅蜜.

4. 섭수정법이란 진실의 가르침을 숙달하는 것이다

그래서 또 슈리말라 왕비는 세존을 향하여 다음과 같이 말씀을 드린다.

"세존이시여, 여기서 또 저는 여래의 위신력을 받아 정법을 섭수한다고 하는 중요한 의의를 다시 연설하고 싶습니다."

세존께서는 다음과 같이 말씀하신다.

"슈리말라 왕비여, 여래인 내가 허락하므로 그대는 연설하여도 좋소."

세존의 허락을 받아, 슈리말라 왕비는 세존을 향하여 다음과 같이 해설을 한다.[43)]

"세존이시여, 섭수정법자(攝受正法者), 바로 정법을 섭수한 사람이라고 말씀하는데, 정법을 섭수하는 것과 정법을 섭수한 사람은 서로 다른 것이 아닙니다. 세존이시여, 정법을 섭수한 사람이야말로 정법을 섭수한다고 하는 것에 지나지 않습니다. 왜 그런가 하면, 세존이시여,

---

43) 과법(果法)을 섭수하는 것을 가리키며, 사람과 과법이 둘이 아님을 나타내려는 것이다. 무상한 신체(kāya, 身)·목숨(jivita, 命)·재산(bhoga, 財) 3가지를 버림으로써 오히려 영원한 신체(kāya, 身)·목숨(jivita, 命)·재산(bhoga, 財) 3과보를 얻을 수 있다는 것이다. 다만 제8지 이상의 보살만이 그렇다. 그러므로 법은 사람과 다르지 않으며 사람은 법과 다르지 않다고 말하는 것이다.

선남자이든 선여인이든 정법을 섭수하려고 하는 사람은 정법을 섭수하기 위하여 자신에게 속하는 3가지 것을 버릴 것입니다. 3가지란 무엇인가 하면 바로 신체(kāya, 身)·목숨(jivita, 命)·재산(bhoga, 財)입니다.

ⓐ 세존이시여, 선남자이든 선여인이든 신체를 버리는 사람은 그 대가로 윤회를 벗어나는 것과 같으며, 늙음(老)·병듦(病)·죽음(死)을 벗어나서 불괴이며, 상주·견고·적정·영원하며, 죽음을 벗어나고, 변역이 없으며, 불가사의한 덕성을 구유하는 여래의 법신을 얻을 것입니다.

ⓑ 세존이시여, 선남자이든 선여인이든 목숨을 버리는 사람은 그 대가로 부처님의 목숨이라고 할 수 있는 신통변화에 바탕을 둔 불법(佛法), 말하자면 윤회를 벗어나는 것과 같으며, 죽음을 벗어나고, 무한·상주이면서 불가사의한 덕성을 구유하는 부처님의 가르침을 모두 얻을 것입니다.

ⓒ 세존이시여, 선남자이든 선여인이든 재산을 버리는 사람은 그 대가로 윤회를 벗어나는 것과 같으며, 모든 중생에게 비교할 것도 없고, 무진장이며, 줄어드는 일이 없고, 이해를 초월하며, 끊임없이 이어지고, 불가사의한 덕성을 구유한 사람으로서의 존경을 모든 중생으로부터 받을 것입니다.

세존이시여, 이와 같이 정법을 섭수한 사람은 선남자이든 선여인이든 신체(kāya, 身)·목숨(jivita, 命)·재산(bhoga, 財), 이 3가지를 버리고, 세상에서도 거룩한 이 3가지 덕성을 얻으면[44] 모든 부처님은 그 사람에 대하여 깨달음의 수기를 주시는 것입니다.

---

44) 3가지 덕성이란 부처(Buddha, 佛)·법(dharma, 法)·쌍가(saṃgha, 僧)를 가리킨다. 그리고 이와 같은 3보의 덕성을 획득하는 것은 보살의 10지에 대입하면 각각 제8지·제9지·제10지에서이다.

세존이시여, 정법을 없애버리려고 할 때, 비구(bhikṣu, 比丘)·비구니(bhikṣunī, 比丘尼) 또는 재가신남(upāsaka, 優婆塞)·재가신녀(upāsika, 優婆夷)는 서로 분열하여 두 파로 갈라지며, 당파로 분열하고, 지방마다 독립하여 논쟁을 일으킬 것입니다.[45] 그런 때를 만나도 동요하는 일이 없고, 아첨하지 않으며, 기만하지 않고, 가르침에 환희를 느끼면서, 정법을 섭수하기 위하여, 법대로 실천하는 법동무의 무리 속에 넣겠습니다.[46] 법동무의 무리 속에 들어온 선남자 또는 선여인이 있으면, 세존이시여, 그 선남자 또는 선여인은 틀림없이 법동무의 무리 속에 들어온 것으로 말미암아 모든 부처님으로부터 수기를 받은 것입니다.

세존이시여, 저는 정법을 섭수한다고 하는 것은 이와 같이 위대한 정진 노력을 말씀하는 것이라고 생각합니다. 그러나 저의 생각이 옳은가 그렇지 않은가, 이 점에 대해서는 세존이야말로 눈이 되고, 지혜가 되는 님(主)이십니다. 세존이야말로 모든 가르침의 근원이시며, 지배자이시고, 교주(敎主)이십니다.[47]"

世尊. 我今承佛威神, 更說大義. 佛言. 便說. 勝鬘白佛. 攝受正法. 攝受正法者. 無異攝受正法. 無異攝受正法者. 攝受正法善男子善女人. 卽是攝受正法. 何以故. 若攝受正法善男子善女人. 爲攝受正法捨三種分. 何等爲三. 謂身命財.

---

45) 상좌부와 대중부의 2파로 나누어진 근본분열을 가리키는 것으로 볼 수 있다.
46) 모든 덕성을 갖춘 보살의 무리에 넣어 준다는 뜻이다.
47) 이와 같은 정형구는 초기경전에서 유래하는 것을 조합한 것으로 볼 수 있다. 예를 들면 『중아함경(中阿含經)』 "世尊爲法本, 世尊爲法主, 法由世尊(T1, 424b)"과 『中阿含經』 "世尊是眼, 是智, 是義, 法主, 法將(T1, 604a)"을 들 수 있다.

善男子善女人捨身者. 生死後際等離老病死. 得不壞常住無有變易不可思議功德如來法身.
捨命者. 生死後際等畢竟離死. 得無邊常住不可思議功德. 通達一切甚深佛法.
捨財者. 生死後際等得不共一切衆生無盡無減畢竟常住不可思議具足功德. 得一切衆生殊勝供養. 世尊. 如是捨三分善男子善女人. 攝受正法. 常爲一切諸佛所記一切衆生之所瞻仰世尊. 又善男子善女人攝受正法者. 法欲滅時. 比丘·比丘尼·優婆塞·優婆夷. 朋黨諍訟破壞離散. 以不諂曲·不欺誑·不幻僞. 愛樂正法. 攝受正法. 入法朋中. 入法朋者. 必爲諸佛之所授記.
世尊. 我見攝受正法如是大力. 佛爲實眼實智. 爲法根本. 爲通達法. 爲正法依. 亦悉知見.

5. 세존께서 아주 기뻐하시다

그때 세존께서는 슈리말라 왕비의 정법을 섭수한다는 것에 대한 해설을 대단히 기뻐하시며, 다음과 같이 말씀하신다.

"슈리말라 왕비여, 해설한 그대로이다. 정법을 섭수한다는 것은 슈리말라 왕비여, 아주 훌륭한 정진[48]이다. 슈리말라 왕비여, 예를 들면

48) 아주 훌륭한 정진(大精進) : 아주 훌륭한 정진은 만행(萬行)을 일으키며, 두루 모든 근기로 향하도록 하여 진리를 실현하게 한다.

대역사(大力士)조차 아주 조금이라도 급소(marman, 急所)[49]를 다치면 아플 것이다. 슈리말라 왕비여, 그와 똑같이 아주 조금이라도 정법을 섭수하면 마왕 빠삐야쓰(pāpīyas, 波旬)를 깊이 찔러 불안하게 하고, 신음하는 소리를 지르도록 할 것이다. 슈리말라 왕비여, 아주 조금이라도 정법을 섭수하는 것이 악마를 다치게 하고, 불안하게 하며, 울게 하는 것과 똑같이, 악마를 불안하게 하고, 울게 하는 그 밖의 선법(善法)이라고 하는 것을 나는 한 법도 본 일이 없다.

또 예를 들면 슈리말라 왕비여, 소의 왕자인 가장 수승한 황소는 그 자태는 위대하고, 몸의 크기는 모든 소 가운데에서 발군(拔群)이며, 위풍이 당당하고, 매우 광채가 빛나고 있다. 그와 같이 슈리말라 왕비여, 대승을 믿는 사람은 비록 아주 조금 정법을 섭수하였다 할지라도 품격도 광대하게 되기 때문에 성문승이나 연각승에 속하는 사람들의 선법(善法)을 모두 능가하게 될 것이다.

슈리말라 왕비여, 또 예를 들면 산의 왕자인 쑤메루산(Sumeru, 須彌山)[50]은 그 높이, 광대함에 의하여, 4주(四周)에 있는 모든 산들(kulaparvata, 山)을 위압하며, 반짝반짝 빛나고 있다. 슈리말라 왕비여, 그와 똑같이 대승에 속하는 사람으로서 신체(kāya, 身)·목숨(jivita, 命)·재산(bhoga, 財)을 버리고, 남을 이롭게 하려는 마음씨로 정법을 섭수하면 그것은 이와 같이 광대하기 때문에 대승의 길로 지금 막 들어

49) 급소(marman, 急所) : 급소(marman, 急所)는 말마(末摩)라고 한역하며, 말하자면 '단말마(斷末魔)의 괴로움'의 말마(末魔)에 해당한다. 급소를 끊는다고 하는 것은 죽는 것을 뜻한다.

50) 쑤메루산(Sumeru, 須彌山) : 인도의 전설로서 세계의 중심에 서 있는 가장 높은 산이라는 것이다. 세계는 이 산을 중심으로 동·남·서·북의 4방에 있다고 상상하는 것이다.

와서 아직 신체(kāya, 身)·목숨(jivita, 命)·재산(bhoga, 財)을 버리지 못한 수행자들[51]이 실천하는 모든 선법보다 뛰어난 것이다. 하물며 대승 이외의 길을 걷는 수행자들의 선법보다 우수한 것은 말할 나위도 없는 것이다. 그러므로 슈리말라 왕비여, 중생에게 정법을 섭수하는 것을 올바르게 파악시켜 바르게 가르치고, 바르게 찬탄하게 하며, 바르게 환희하게 하고, 지도하여 안주하게 하여라.

슈리말라 왕비여, 정법을 섭수하는 것은 이와 같이 커다란 이익(mahāhita, 大利益)[52]이 있으며, 이와 같이 커다란 복덕(mahāpuṇya, 大福德)[53]이 있고, 이와 같이 커다란 과보(mahāvipāka, 大果報)[54]가 있느니라.

슈리말라 왕비여, 예를 들면 내가 아쌍키예야깔빠(kalpa-asaṃkhyeya, 阿僧祇劫)에 걸쳐서 정법을 섭수하는 것의 공덕과 이익을 말하여도 슈리말라 왕비여, 정법을 섭수하는 것의 공덕과 이익은 해설을 다하려고 해도 다할 수 없다. 슈리말라 왕비여, 정법을 섭수하는 것에는 이와 같이 헤아릴 수 없이 많은 공덕(guṇa, 功德)이 있느니라."

爾時世尊. 於勝鬘所說, 攝受正法大精進力. 起隨喜心. 如是勝

---

51) 이들은 이제 막 대승을 공부하기 시작한 수행자이기 때문이다.

52) 커다란 이익(mahāhita, 大利益) : 진리(眞理)·이법(理法)·이치(理致)의 정법을 실현하는 것을 가리킨다.

53) 커다란 복덕(mahāpuṇya, 大福德) : 6도 바로 6빠라미따를 실천하는 것을 가리킨다.

54) 커다란 과보(mahāvipāka, 大果) : 무상한 신체(kāya, 身)·무상한 목숨(jivita, 命)·무상한 재산(bhoga, 財), 이 3가지를 버림으로써 오히려 영원한 신체(kāya, 身)·영원한 목숨(jivita, 命)·영원한 재산(bhoga, 財) 이 3과보를 얻을 수 있다는 것이다.

鬘. 如汝所說. 攝受正法大精進力. 如大力士少觸身分, 生大苦痛. 如是勝鬘. 少攝受正法, 令魔苦惱. 我不見餘一善法令魔憂苦如少攝受正法.

又如牛王形色無比勝一切牛. 如是大乘少攝受正法. 勝於一切二乘善根. 以廣大故.

又如須彌山王端嚴殊特勝於衆山. 如是大乘捨身命財以攝取心攝受正法. 勝不捨身命財初住大乘一切善根. 何況二乘. 以廣大故. 是故勝鬘. 當以攝受正法. 開示衆生, 教化衆生, 建立衆生.

如是勝鬘. 攝受正法. 如是大利, 如是大福. 如是大果.

勝鬘, 我於阿僧祇阿僧祇劫, 說攝受正法功德義利, 不得邊際. 是故攝受正法. 有無量無邊功德.

제5장 일승을 예찬하다

1. 대승이야말로 섭수정법이다

그리고 또 세존께서는 슈리말라 왕비에게 다음과 같이 말씀하신다.

"슈리말라여, 모든 부처께서 말씀하신 정법의 섭수를 나도 지금 말했다. 지금 그대도 그것을 설명하여 주면 좋겠다."

그래서 슈리말라 왕비는, 세존을 향하여 "참으로 훌륭하십니다, 그렇게 하겠습니다."라고 말씀을 드리고, 세존의 권유를 받아들여 세존을 향하여 다음과 같이 해설한다.

"세존이시여, 정법을 섭수한다는 것은 대승(mahāyāna, 大乘)[55]

---

55) 여기서 말씀하는 마하야나(mahāyāna, 大乘)는 근본인 도(道), 절대인 도, 도의 본성을 가리킨다. 모든 도(道)와 선법(善法)은 모두 마하야나(mahāyāna, 大乘)로부터 태어난다는 논리를 전개하는 것이다.
[SED]p.794a mahāyāna mahā+yāna p.794a √mah; to elate, gladden, exalt, arouse(남을 기쁘게 하다, 즐겁게 하다); to magnify, esteem

이라는 말씀과 같습니다. 그것은 왜 그런가 하면, 세존이시여, 성문(śrāvaka, 聲聞)·연각(pratyekabuddha, 緣覺)·세간(laukika, 世間)·출세간(loka-uttara, 出世間)의 모든 선법은 대승으로부터 태어난 것이기 때문입니다.

세존이시여, 예를 들면 갠지스강과 같은 4대 강은 모두 아나와땁따(anavatapta, 無熱池)[56]를 원천으로 하여 출발하고 있습니다. 세존이시여, 그와 마찬가지로 성문·연각·세간·출세간의 모든 선법은 모두 대승으로부터 태어난 것입니다.[57]

또 예를 들면 세존이시여, 어떤 종류의 종자라도 말하자면 초목이든 약초든 삼림이든 어느 것이든 모두 대지에 의존하며, 대지에 뿌리를 내려서 생장·발육합니다. 세존이시여, 그와 마찬가지로 성문·연각·세간·출세간의 모든 선법은 모두 대승에 의존하며, 대승에 뿌리를 내려서 성장·발전합니다.

세존이시여, 그러한 까닭으로 성문과 연각에 안주하면서 성문·연

---

highly, honour(칭찬하다, 높이 평가하다, 존경하다); to delight(기쁘게 하다). mahā=mahat mfn. great (in space, time, quantity or degree), large, big, huge, ample, extensive, long, abundant, high.(공간, 시간, 양이나 정도가 큰, 넓은, 광범위한, 긴, 수 없이 많은, 높은) mahā는 마하(摩訶)라고 음사하며, 대(大), 한, 크다, 위대하다라고 번역한다.

√yā; to go, proceed, move, walk, set out, march, advance., travel, journey yāna n. a vehicle of any kind, carriage, waggon, vessel, ship 한문경전에서는 mahāyāna는 마하연(摩訶衍)이라고 음사하며, 대승(大乘)이라고 번역한다. mahāyāna는 hīayāna의 상대어이다.

56) 아나와땁따(anavatapta, 無熱池): 청량(淸凉), 무열뇌(無熱惱)라고 번역한다. 히말라야산 속에 있는 못으로서 인도의 4대강인 갠지스(Gangā, the Ganges, east)·인더스(Indus, south)·아무다리야(Amu Darya, west)·쉬따 (Shītā, north)가 아나와땁따를 원천으로 하여 출발한다고 상상하고 있다.

57) 대승 밖에 2승이 따로 없으므로, 대승의 범주 속에 성문(śrāvaka, 聲聞)과 연각(pratyekabuddha, 緣覺)의 2승이 내포되는 논리를 이와 같이 말씀한 것이다.

각·세간·출세간의 선법에 의존하며, 그들을 몸과 마음에 잘 익히는 것은 대승에 안주하면서 대승의 가르침을 몸과 마음에 잘 익히는 것이 됩니다."

"세존이시여, 바로 6가지 요점을 말씀하신 것과 같습니다. 세존께서는 다음과 같이, ① 정법의 융성, ② 정법의 쇠퇴[58], ③ 계(戒)의 근본(prātimokṣa, 別解脫), ④ 교단의 규율(vinaya, 律)[59], ⑤ 출가(pravrajita, 出家) ⑥ 구족계(upasaṃpadā, 具足戒)[60]라고 하는 6가지 요점을 말씀하십니다.

---

58) 정법의 융성·정법의 쇠퇴 : 정법의 융성과 정법의 쇠퇴는 시절인연에 따라서 불교의 흥망과 성쇠가 있는 것을 가리키는 것으로 볼 수 있다. 부처의 입멸 뒤에 500년 동안은 이 세상에 정법이 융성하며, 그 뒤로는 정법이 쇠약해지는 것을 말한다. 이것은 일반적으로 소승에 대한 것을 말하는 것이지만, 대승 밖에 따로 소승이 있는 것이 아니므로 결과적으로 대승에서의 정법의 융성과 정법의 쇠퇴를 가리킨다.

59) 계(戒)의 근본(prātimokṣa, 別解脫)·교단의 규율(vinaya, 律) : 쁘라띠목샤(prātimokṣa)는 별해탈(別解脫)이라고 번역하며, 바라제목차(波羅提木叉)라고 음역하고, 계(戒)의 근본을 가리킨다. 이것을 실천하면 선(善)을 얻는다고 가르친다. 비구(bhikṣu, 比丘) 250계와 비구니(bhikṣuṇī, 比丘尼) 348계는 금지 조항을 가리킨다.
위나야(vinaya)는 율·규율이라고 번역하며, 비니(毘尼)라고 음역하고, 수행자들이 공동생활을 하면서 지켜야 할 규율이다. 이것을 실천하면 악(惡)을 소멸한다고 가르친다.
250계와 348계, 구족계(upasaṃpadā, 具足戒)를 위반했을 때의 처치를 규정한 것이 교단의 규율인 위나야(vinaya, 律)이다.
그러므로 250계와 348계, 양자는 기본적으로 일치하며, 이 둘은 계율에 득(得)·이(離)가 있음을 나타낸다. 실제로 이 둘은 소승계에 속하는 것이지만, 대승 밖에 소승이 있을 수 없다고 보기 때문에 대승에서도 득(得)·이(離)가 있는 계라고 수용하는 것이다.

60) 출가(pravrajita, 出家)·구족계 : 출가(pravrajita, 出家)는 입도(入道)의 시작이며, 비구 250계와 비구니 348계의 구족계는 출가·수행을 하여 비구·비구니의 자격을 얻는 것을 가리킨다. 이것은 수행자에게 시작과 마침(始終)이 있음을 나타낸다.

이들 6가지 요점[61]은 어느 것이나 대승을 암암리에 예상하여[62] 말씀하시고 설정하신 것입니다."

세존이시여, 그것은 왜 그런가 하면 다음과 같습니다.

"① 정법의 융성이라고 하는 설정은 대승을 예상한 것이므로 대승의 융성이야말로 정법의 융성인 것입니다.

② 정법의 쇠퇴라고 하는 설정도 대승을 예상한 것이므로 대승의 쇠퇴야말로 정법의 쇠퇴인 것입니다.

③ 계(戒)의 근본(prātimokṣa, 別解脫)과

④ 교단의 규율(vinaya, 律)이라고 하는 이 2가지는 의미는 같지만, 다만 문자만 다를 뿐입니다. 그런데 교단의 규율이라고 하는 것은 여래께서 말씀하시기를 부처가 되는 것을 목표로 하는 바의 대승에 속하는 수행자들만이 실천하는 것입니다.[63]

세존이시여, 그것은 왜 그런가 하면 다음과 같습니다. 바로 부처가 되는 것을 목표로 하여 비로소

⑤ 출가(pravrajita, 出家)를 해서

⑥ 구족계(upasaṃpadā, 具足戒)를 받을 수 있기 때문입니다.

세존이시여, 그러한 까닭으로 교단의 규율이라고 하는 것도 출가나 구족계라고 하는 것도 오로지 대승의 규칙인 계율의 집성[64]입니다.

---

61) 이들은 모두 소승의 인행(因行)이 필경은 대승 밖에 있는 것이 아님을 밝혀서, 2승을 대승에 회통하려고 하는 것이다.

62) 대승을 암암리에 예상하여 : 언어 밖에 의취(意趣)하는 것으로 밀의(密意)를 말한다.

63) 소승의 수행자라고 하더라도 대승의 부처에 의하여 출가·수계를 한다면 배우는 바의 교단의 규율(vinaya, 律)도 또한 대승의 범주에 내포한다는 논리로부터 이렇게 주장하는 것이다.

64) 계율의 집성 : 부처님의 가르침을 실천하는 내용에 따라서 계(戒)·정(定)·혜(慧)의

세존이시여, 성문이나 연각은 출가도 구족계도 없습니다.[65] 그것은 왜 그런가 하면 다음과 같습니다. 성문이나 연각을 목표로 하여 출가·수계를 하는 것이 아니라 오로지 여래를 목표로 해서만 성문이나 연각도 출가·수계를 하기 때문입니다."

[『大正藏』12-219b05~221a18]佛告勝鬘. 汝今更說一切諸佛所說攝受正法. 勝鬘白佛. 善哉世尊. 唯然. 受教卽白佛言. 世尊. 攝受正法者是摩訶衍. 何以故. 摩訶衍者. 出生一切聲聞緣覺世間出世間善法. 世尊. 如阿耨大池出八大河. 如是摩訶衍. 出生一切聲聞緣覺世間出世間善法. 世尊. 又如一切種子皆依於地而得生長. 如是一切聲聞緣覺世間出世間善法. 依於大乘而得增長. 是故世尊. 住於大乘攝受大乘. 卽是住於二乘攝受二乘一切世間出世間善法. 如世尊說六處. 何等爲六. 謂正法住. 正法滅. 波羅提木叉. 比尼. 出家. 受具足. 爲大乘故, 說此六處. 何以故.

正法住者. 爲大乘故說. 大乘住者. 卽正法住.

正法滅者. 爲大乘故說. 大乘滅者. 卽正法滅.

波羅提木叉·比尼. 此二法者. 義一名異. 比尼者卽大乘學. 何以故. 以依佛出家而受具足. 是故說大乘威儀戒是比尼是出家是受具足. 是故阿羅漢. 無出家受具足. 何以故. 阿羅漢依如來出家受具足故.

삼학(三學)으로 나누었을 때의 첫 번째 그룹에 속하는 것이다. 부처님이 설정한 계율은 모두 대승의 규율이라는 주장을 하고 있는 것이다.

65) 성문(śrāvaka, 聲聞)과 연각(pratyekabuddha, 緣覺)에게는 대승과 다른 출가 등이 있을 수 없다는 것을 가리킨다.

2. 성문·연각에게 완전한 니르와나란 없다

"그런데 세존이시여, 4성제(catur-ārya-satya, 四聖諦)를 닦아 깨달은 성문과 12연기를 닦아 깨달은 연각(pratyekabuddha, 緣覺), 그들도 모두 부처님께 귀의합니다.[66] 세존이시여, 성문이나 연각은 모두 아직도 공포심을 품고 있습니다.[67] 세존이시여, 그것은 왜 그런가 하면 다음과 같습니다. 성문이나 연각은 모든 생성하고 소멸하는 존재인 모든 현상[諸行]에 대하여 견디기 힘든 공포심을 품고 있기 때문입니다.[68] 세존이시여, 그것은 마치 어떤 사람이 큰칼을 치켜든 단죄인 앞에 앉아 있는 것과 같은 것입니다. 그러므로 세존이시여, 그들은 도저히 구경의 안락을 얻을 수 있는 세간으로부터의 초탈(niḥsaraṇa, 超脫)[69]의 상태에 이르지 못한 것입니다.

세존이시여, 생각하건대 스스로를 귀의의 대상으로 삼는 것은 따로 귀의의 대상을 구할 리가 없습니다. 세존이시여, 의지할 곳이 없는 중생은 여러 가지 공포에 떨면서 저마다의 공포로부터 탈출하려고 합니다만, 그와 똑같이, 세존이시여, 성문이나 연각도 이와 똑같은 공포가 있으며, 그 공포에 떨면서 그들은 부처님께 귀의하려고 서원합니다."

---

66) 2승에서의 인행(因行)이 대승을 벗어나서 존재할 수 없다는 논리를 근거로 하여 그 과보 역시 대승으로 귀결된다는 것을 가리킨다.

67) 2승은 아직 번뇌를 모두 끊지 못하였기 때문에 공포가 남아 있다. 말하자면 2승은 견혹의 번뇌를 끊어서 분단생사(分段生死)의 공포는 없지만, 아직 나쁜 습벽(習癖)을 가지고 있으므로 변역생사(變易生死)를 받으므로 공포를 품고 있는 것이다.

68) 2승은 3계에서의 분단생사(分段生死)를 벗어나는 실행은 있어도, 3계 밖의 치도(治道)에 관한 지혜가 없기 때문에 그렇다.

69) 초탈(niḥsaraṇa, 超脫); 순세(遁世)가 본래 뜻이다. 또한 '윤회의 세계로부터의 탈출(bhava-niḥsaraṇa)'의 의미로서, 해탈과 같은 뜻으로 쓴다.

“세존이시여, 성문이나 연각은 이와 같이 공포심을 품고 있습니다. 세존이시여, 따라서 다음과 같이 말할 수 있습니다.

① 성문이나 연각에게는, 아직 윤회·재생으로 이어지는 성질[生法][70]의 잔재(殘滓)가 남아 있습니다.[71] 그러므로 세존이시여, 그들의 윤회전생이 아직 끝났다고 말할 수 없습니다.

② 세존이시여, 또 그들에게는 정진해야 할 범행(梵行)이 남아 있습니다.[72] 그러므로 그들은 청정한 것이 아닙니다.

③ 또 섬겨야 할 것을 완성하지 못하였습니다.[73] 그러므로 그들은 섬겨야 할 것이 많이 있습니다.

④ 또 그들은 버려야 할 것을 아직도 많이 지니고 있습니다.[74] 그런 것들을 버리지 못하였습니다. 그러므로 성문이나 연각은 니르와나(nirvāṇa, 涅槃)[75]의 경지에서 아주 멀리 떨어져 있습니다.[76]

---

70) 생법(prasava-dharma, 生法) : 생을 부여하는 성질.

71) 분단생사에서는 벗어났지만, 아직 변역생사(變易生死)는 남아 있음을 가리킨다.

72) 분단생사를 깨달아 이룬 것이 있기는 하여도, 아직 변역생사의 인과를 남겨두고 있으므로 청정하다고 말할 수 없다는 것이다.

73) 수도(修道)의 과정에 분단대치(分段對治)와 변역대치(變易對治)의 2가지가 있다. 2승은 분단대치를 완성하였지만, 아직 변역대치를 닦지 않았음을 가리킨다.

74) 분단생사는 끊었지만 변역생사는 아직 끊지 못하였음을 가리킨다.

75) [SED]p.557b nirvāṇa nir-√vā to blow(as wind)(바람처럼 불다); to cease to blow(부는 것을 멈추다); to be blown out or extinguished; to put out(끄다). nirvāṇa mfn. blown or put out, extinguished(as a lamp or fire)(램프나 불이 꺼진), calmed, quieted.(고요해진, 침착해진, 평온해진) n. extinction of the flame of life(생명의 불꽃을 끄는 것), dissolution(죽음), death or final emancipation from matter and reunion with the Suprime Spirit(최고의 신과의 재결합, 물질로부터의 해방, 이탈); (with Buddhists and Jainas) absolute extinction or annihilatioon (=śūnya) of individual existence or of all desires and passion(불교나 자이나교에서는, 개인적인 존재의 소멸, 적멸, 또는 모든 욕망과 열정의 소멸); perfect calm or happiness, highest bliss.(평정이나 행복, 최고의 행복). 니르와나(nirvāṇa)라는 용어를 분해하여 설명하면 다음과 같다. nir/ …

그럼에도 불구하고 성문이나 연각이 완전한 니르와나를 얻었다고 말하는 일이 있습니다만, 세존이시여, 이것은 여래께서 쓰시는 중생을 제도하기 위한 방편입니다.

세존이시여, 그것은 왜 그런가 하면,

① 세존이시여, 바르고 완전한 깨달음을 얻어 세상의 존경을 받는 여래께서만 니르와나의 경지에 드셨으므로, 모든 덕성[一切功德]을 갖추고 계십니다. 그러나 세존이시여, 성문이나 연각은 그와 같은 모든 덕성을 갖추고 있는 것이 아니기 때문입니다.

세존이시여, 성문이나 연각이 완전한 니르와나를 얻었다고 하는 것은 부처님의 방편입니다.

세존이시여, 그것은 왜 그런가 하면,

② 세존이시여, 바르고 완전한 깨달음을 얻어 세상의 존경을 받는

부터 밖으로, 사라진, 무(無), 이(離); vā/ (바람이) 불다; ṇa/ 것, 일. 그러므로 니르와나는 본디 사라져버리는 것, 생명의 빛이 꺼져버리는 것이라는 뜻이다. 그러나 이것이 불교사상을 드러내는 용어로 수용되면서 완전한 해탈을 의미하게 된 것이다. 한역(漢譯)에서는 열반(涅槃), 열반나(涅槃那), 니원(泥洹)이라고 음사하며, 멸(滅), 적멸(寂滅), 멸도(滅度), 원적(圓寂), 무위(無爲), 무생(無生), 무작(無作) 등이라고 번역한다. 탐욕(rāga, 貪)·성냄(dveṣa, 瞋)·어리석음(mohā, 痴) 3독(tri-viṣaṃ, 三毒)을 소멸하여 모든 번뇌의 속박에서 벗어나 진리를 체득한 경지를 의미하는 말씀이다.

76) 그러므로 성문(śrāvaka, 聲聞)이나 연각(pratyekabuddha, 緣覺)은 니르와나(nirvāṇa, 涅槃)의 경지에서 아주 멀리 떨어져 있습니다(去涅槃界遠). : 이 글은 '2 성문·연각에게 완전한 니르와나는 없다.'의 문장을 마감하는데도 반복적으로 쓰고 있다. 한편, 위의 ①·②·③·④는, 아라한이 자신들의 깨달음의 경지를 ① 나의 생은 끝났다, ② 우리들은 범행(梵行)을 벌써 완성했다, ③ 해야 할 일을 다해서 마쳤다, ④ 이제부터는 더 이상 윤회생존을 인정하지 않는다.'라고 선언한 것에 대하여 '너희들은 그럴 자격이 없다.'고 조목조목 반박하는 부정(否定)이다. 그래서 위의 4항목은 다음, '3. 성문·연각의 깨달음은 불완전하다'의 중심적인 주제로 거듭 다뤄지고 있다.

여래께서만 니르와나의 경지에 드셨으므로 무량한 덕성(無量功德)을 갖추고 계십니다. 그러나 세존이시여, 성문이나 연각은 그와 같은 무량한 덕성을 갖추고 있는 것이 아니기 때문입니다. 세존이시여, 성문이나 연각이 완전한 니르와나를 얻었다고 하는 것은 부처님의 방편입니다.

세존이시여, 그것은 왜 그런가 하면,

③ 바르고 완전한 깨달음을 얻어 세상의 존경을 받는 여래께서만 니르와나의 경지에 드셨으므로 불가사의한 덕성[不可思議功德]을 갖추고 계십니다. 그러나 세존이시여, 성문이나 연각은 그와 같은 불가사의한 덕성을 갖추고 있는 것이 아니기 때문입니다. 세존이시여, 성문이나 연각이 완전한 니르와나를 얻었다고 하는 것은 부처님의 방편입니다.

세존이시여, 그것은 왜 그런가 하면,

④ 바르고 완전한 깨달음을 얻어 세상의 존경을 받는 여래께서만 니르와나의 경지에 드셨으므로 버려야 할 모든 과실을 끊어버리고, 제일 청정한 덕성[第一清淨功德]을 갖추고 계십니다. 그러나 세존이시여, 성문이나 연각은 아직 과실의 잔재(殘滓)가 남아 있으며, 그 성질이 제일 청정한 덕성을 갖추고 있는 것이 아니기 때문입니다.[77)]

이와 같은 까닭으로, 세존이시여, 성문이나 연각이 완전한 니르와나를 얻었다고 하는 것은 부처님의 방편입니다. 세존이시여, 그것은

---

77) 위의 ①·②·③·④는, 일체공덕(一切功德)·무량공덕(無量功德)·불가사의공덕(不可思議功德)·제일청정공덕(第一清淨功德)에 관한 것으로서 세존만이 가지고 있다는 것을 말하려고 한다.

왜 그런가 하면, 바르고 완전한 깨달음을 얻어 세상의 존경을 받는 여래께서만 니르와나의 경지에 드셨으므로 모든 중생이 우러러 받들기 때문입니다.

이것은 성문이나 연각은 도저히 미칠 수 없는 경지입니다. 세존이시여, 그러므로 성문이나 연각은 니르와나의 경지에서 아주 멀리 떨어져 있습니다."

阿羅漢歸依於佛. 阿羅漢有恐怖. 何以故. 阿羅漢於一切無行怖畏想住. 如入執劍欲來害已. 是故阿羅漢, 無究竟樂. 何以故. 世尊. 依不求依如衆生無依彼彼恐怖. 以恐怖故, 則求歸依. 如阿羅漢有怖畏. 以怖畏故. 依於如來. 世尊. 阿羅漢辟支佛, 有怖畏.

是故阿羅漢辟支佛.

① 有餘生法, 不盡故.

② 有生有餘梵行, 不成故.

③ 不純事, 不究竟故.

④ 當有所作, 不度彼故. 當有所斷, 以不斷故.

去涅槃界遠.

何以故. 唯有如來應正等覺得般涅槃. 成就一切功德故. 阿羅漢辟支佛. 不成就一切功德. 言得涅槃者. 是佛方便. 唯有如來得般涅槃. 成就無量功德故. 阿羅漢辟支佛. 成就有量功德. 言得涅槃者. 是佛方便. 唯有如來得般涅槃. 成就不可思議功德故. 阿羅漢辟支佛. 成就思議功德. 言得涅槃者. 是佛方便. 唯有如來得般涅槃. 一切所應斷過皆悉斷滅. 成就第一淸淨. 阿羅漢辟支佛有餘過. 非第一淸淨. 言得涅槃者. 是佛方便. 唯有如來得般涅槃. 爲

一切衆生之所瞻仰. 出過阿羅漢辟支佛菩薩境界. 是故阿羅漢辟支佛. 去涅槃界遠.

3. 성문·연각의 깨달음은 불완전하다

"세존이시여, 성문이나 연각이 해탈을 관찰하는 4가지 지혜[78]를 완성하여, 소식처(蘇息處)[79]를 얻었다고 하는 것도 또한 부처님의 방편이며, 아직도 할 것이 남아 있는 불완전한 말씀(不了義說)[80]이고, 분별기(vibhajya-vyākaraṇa, 分別記)[81]로 하신 말씀입니다.

---

78) 4가지 지혜(四智) : 아생이진(我生已盡; 나의 윤회전생은 벌써 모두 다 끝났다)·범행이립(梵行已立; 나는 청정한 범행을 모두 다 완성하였다)·소작이변(所作已辨; 해야 할 것을 모두 다 마쳤다)·불수후유(不受後有; 이제부터는 윤회전생을 하지 않는다)를 아라한의 4지(四智)라고 말한다.

79) 소식처(蘇息處) : 회신멸지(灰身滅智)의 니르와나를 가리킨다.

80) 아직도 할 것이 남아 있는 불완전한 말씀(有餘不了義說) : 정의를 아직 명료하게 밝히지 못한 것을 가리킨다.

81) 분별기 : 분별기란, 4기답(四記答) 가운데의 하나이며, 4기답의 내용은 아래와 같다.

① 응일향기문(應一向記問)=일향기(一向記): 결정답(決定答; ekaṃśa-vyākaraṇa) "살아 있는 것은 모두 죽는가?"라는 물음에, "반드시 죽는다"라고 단정적인 회답을 하는 경우이다.

② 응분별기문(應分別記問)=분별기(分別記): 해의답(解義答; vibhajya-vyākaraṇa) "죽은 이는 모두 윤회하는가?"라는 물음에, "번뇌가 있는 이는 윤회하며, 없는 이는 재생하지 않는다."라고 조건에 따라서 대답하는 경우이다.

③ 응반힐기문(應反詰記問)=반문기(反問記): 반문답(反問答; paripṛcchā-vyākaraṇa) "인간은 뛰어난 존재인가?"라는 물음에, "무엇과 비교해서 그런가?"라고 반문한 뒤에, 천신과 비교할 경우에는 "아니다"라고 대답하며, 축생과 비교할 경우에는 "그렇다"라고 물음에 따라서 대답하는 경우이다.

④ 응사치기문(應捨置記問)=사치기(捨置記): 치답(置答; sthāpanīya-vyākaraṇa) 또는 무기(無記; avyākṛta) '독화살의 비유'에서의 부처님과 말룽끼야뿟따

세존이시여, 그것은 왜 그런가 하면 다음과 같습니다.

① 세존이시여, 세간에서 말하는 죽음에는 2가지가 있습니다. 2가지란 무엇인가?

첫째, 분단생사(分段生死)[82]이며,

둘째, 부사의변역생사(不思議變易生死)입니다.

세존이시여, 분단생사라고 하는 것, 이것은 윤회의 세계에 묶여 있는(pratisaṃdhi, 結生)[83] 중생이 모두 겪는 현상, 말하자면 하나의 생존이 이어져 오던 것이 끊어질 때를 가리키는 것입니다. 부사의변역생사라고 하는 것, 이것은 성문이나 연각, 그리고 자재력(自在力)을 얻은 보살[84]처럼 의지의 힘으로 태어난 신체[意生身]를 지니고 있는 성자(聖者)들의 것으로서 이것은 그들이 깨달음(bodhi, 菩提)의 경지에 오를

(Maluṅkyaputta)와의 대화와 같은 내용으로, 사류십난(四類十難) 또는 사류십사난(四類十四難)과 같은 물음에는 대답하지 않는 방식이다. Ⓐ 세계는 시간적으로 [1]상주인가, [2]무상인가, [3]상주이면서 무상인가, [4]상주도 아니고 무상도 아닌가? Ⓑ 세계는 공간적으로 [1]유변인가, [2]무변인가, [3]유변이면서 무변인가, [4]유변도 아니고 무변도 아닌가? Ⓒ 몸과 마음은 [1]같은가 [2]다른가? Ⓓ 여래는 사후에 [1]존재하는가, [2]존재하지 않는가, [3]존재하면서 존재하지 않는가, [4]존재하지 않으면서 존재하지 않는 것도 아닌가?

82) 분단사(分段死) : 3계 가운데에서의 생사이며, 신체(身體)에 대소(大小)가 있고, 수명(壽命)에 장단(長短)이 있으므로 분단생사(分段生死)라고 말한다. 2승은 3계를 벗어나서 분단을 탈출하여 적멸에 환귀하였으므로 무생계(無生界)를 얻었다고 한다. 그렇지만 3계 밖에서 아직도 생명을 받는 것이다. 여기에서 일종의 생사를 받는데, 이것을 부사의변역생사(不思議變易生死)라고 말한다. 그러므로 2승은 아직 참으로 생사를 다한 것이 아니라는 의미이다.

83) 결생(pratisaṃdhi, 結生) : 윤회의 세계에 묶여 있다는 뜻이다. 윤회전생을 반복하는 삶을 가리킨다.

84) 자생력(自在力)을 얻은 보살(大力菩薩) : 과거의 까르마에 계박되어서 생사를 받지 않고, 자기의 마음먹은 대로, 자유자재로 생명을 받는 것을 대력이라고 하며, 그렇게 해서 생명을 받은 신체를 의생신(意生身)이라고 한다. 이것은 부사의변역생사이다.

때까지는 면할 수 없는 죽음입니다.[85] 세존이시여, 이 2가지의 죽음 가운데 성문이나 연각은 분단생사에 관하여, '나의 윤회전생은 벌써 모두 다 끝났다(我生已盡)'라고 생각하여, 성문이나 연각으로서의 인식이 일어나기 때문입니다.

② 이와 같이, 세존이시여, 성문이나 연각은 수행의 성과를 실현하였다고 말하여도 아직 잔여가 남아 있습니다. 그럼에도 불구하고, '나는 청정한 범행(梵行)을 모두 다 완성하였다(梵行已立)'라고 생각하여 성문이나 연각으로서의 인식이 일어나기 때문입니다.

③ 또 세존이시여, 성문이나 연각이, 일반 범부들이나 신들의 세계 및 인간의 세계에서 사후의 과보를 얻은 모든 이들이나, 아라한(arhat, 阿羅漢)의 계위에 도달하기 이전의 7단계 수행의 계위에 있는 성자들(聖者; 七種有學)[86]이 아직 끊지 못하여 그때문에 윤회의 세계에 묶여

---

85) 부처가 될 때까지의 인위(因位)의 보살은 모두 생사가 있다. 보살 최고의 계위를 금강심의 보살이라고 부르며, 이 구경보살도 아직 변역생사를 받는 것을 가리킨다.

86) 7단계 수행의 계위에 있는 성자(聖者들, 七種有學) : 4쌍8배에서 7번째 단계인 무학향까지의 성자들을 가리킨다. 아울러 4쌍8배란, 초기 및 부파불교의 성자(聖者)를 통칭하는 말이다. 예류향(預流向)·예류과(預流果)·일래향(一來向)·일래과(一來果)·불환향(不還向)·불환과(不還果)·무학향(無學向)·무학과(無學果)를 4쌍8배라고 한다. 보통 사람이 수행을 하여 범부의 상태로부터 벗어나서 성위에 들면 다음과 같은 단계를 거쳐 수행을 완성하여 무학과를 성취한다고 한다.
견도위(見道位)----예류향(預流向, Srota āpatti phala pratipannaka)-3계의 견혹(見惑)을 끊고 있는 견도(見道) 15심(心) 사이에 있는 1단계 계위 ---예류과(預流果, Srota āpatti phala)-견도(見道) 15심(心)을 마친 뒤, 제16심, 곧 수도(修道)에 들 유학(有學)- 어간 2단계 계위 ---일래향(一來向, Sakṛd āgāmi phala pratipanna)-욕심이 지배하는 세계에는 수행에 의하여 소멸되어지는 9종의 번뇌가 있는데, 그 중의 6종을 단멸시키고 있는 3단계 계위---수도위(修道位) --일래과(一來果, Sakṛd āgāmi phala)-욕심이 지배하는 세계에는 수행에 의하여 소멸되어지는 9종의 번뇌가 있는데, 그 중의 6종을 단멸시킨 사람이 얻은 4단계 계위--불환향(不還向; Anāgāmi phala pratipannaka)-불환과로 향하고 있는 5단계 계위--불환과(不還

상속하는(結生相續) 바의 여러 가지 번뇌를 끊어버려 그 사람들이 아직 성취하지 못한 것을 완수한 것을 근거로 삼아 '해야 할 것을 모두 다 마쳤다(所作已辨)'라고 생각하여 성문이나 연각으로서의 인식이 일어나기 때문입니다.

④ 또 세존이시여, 성문이나 연각이 '이제부터는 윤회전생을 하지 않는다(不受後有)'라고 말하는 것은, 아라한(arhat, 阿羅漢)의 계위에 이르렀을 때에 끊을 수 없는 모든 번뇌나 사후의 재생에 묶이는 것에 관하여 그런 것이 없다고 하는 의미로 '앞으로는 윤회전생을 하지 않는다'라고 생각하여 성문이나 연각으로서의 인식이 일어나기 때문입니다.

그러므로 세존이시여, 성문이나 연각이 '앞으로는 윤회전생을 하지 않는다'라고 생각하는 인식은, 모든 번뇌를 완전히 끊어버린 것도 아니고, 모든 출생을 다 알고서 그런 인식이 일어난 것도 아닙니다. 그것은 왜 그런가 하면, 세존이시여, 성문이나 연각에게도 아직 끊어버리지 못한 번뇌가 남아 있으며, 아직 다 알지 못하는 출생도 있기 때문입니다."

言阿羅漢辟支佛, 觀察解脫四智究竟, 得蘇息處者. 亦是如來方便. 有餘不了義說. 何以故. 有二種死. 何等爲二. 謂分段死. 不思

果; Anāgāmi phala)-이미 욕계의 모든 번뇌를 끊고 천상에 태어나 욕계에 되돌아오지 않는 6단계 계위--무학향(無學向; Aśaikṣa phala pratipannaka)-무학과로 향하고 있는 7단계 계위

무학(無學)---무학위(無學位)---무학과(無學果; Aśaikṣa phala) 이미 배울 것을 다 배워서 더 이상 배워야 할 것이 남아 있지 않은 깨달음의 경지. 모든 이론적 미혹[見惑]과 정의적 미혹[思惑]을 모두 끊은 사람을 말하며, 전자를 성취한 것을 혜해탈(慧解脫), 후자를 성취한 것을 심해탈(心解脫)이라고 한다. 8단계 계위

議變易死. 分段死者. 謂虛僞衆生. 不思議變易死者. 謂阿羅漢辟支佛大力菩薩意生身乃至究竟無上菩提. 二種死中. 以分段死故. 說阿羅漢辟支佛智我生已盡. 得有餘果證故. 說梵行已立. 凡夫人天所不能辦. 七種學人先所未作. 虛僞煩惱斷故. 說所作已辦. 阿羅漢辟支佛, 所斷煩惱, 更不能受後有故. 說不受後有. 非盡一切煩惱. 亦非盡一切受生故, 說不受後有. 何以故, 有煩惱.

4. 번뇌의 근원은 무명이다

"세존이시여, 성문과 연각이 끊을 수 없는 번뇌는 2가지가 있습니다.
첫째, 잠재적 번뇌(vāsabhûmikleṣa, 住地煩惱)[87]이며,
둘째, 발현한 상태의 번뇌(paryutthāna, 起煩惱 또는 纏煩惱)[88]입니다.

87) 잠재적 번뇌[住地煩惱]에는 4가지가 있다 : 주지(vāsabhûmi, 住地)는 '살고 있는 토대'라는 뜻이다. 이것을 커다랗게 견혹과 사혹으로 분류할 수 있으며, ①은 견혹에 속하며, ②·③·④는 사혹에 속한다. 견혹이란, 바로 지식상의 오류로 인하여 일어나는 미혹을 가리키며, 이것을 ① 견일처주지라고 부른다. 사혹이란, 바로 정서상의 미혹을 가리킨다. 견혹을 끊은 뒤에, 더욱 사유를 깊이 하여서 점차로 끊는 미혹이다. 이 사혹 가운데에서 욕계에서 끊어야 하는 것을 ② 욕애주지라고 하며, 색계에서 끊어야 하는 것을 ③ 색애주지라고 하고, 무색계에서 끊어야 하는 것을 ④ 유애주지라고 한다.

88) 발현한 상태의 번뇌(paryutthāna, 起煩惱 또는 纏煩惱) : 현재 활동하고 있는 번뇌를 빠리유타나(paryutthāna)라고 하며, 표면적으로 활동하고 있는 것은 아니지만, 휴면하고 휴식하고 있는 상태로 있는 번뇌를 수면(anuśaya)이라고 한다. 이것은 4가지 잠재적 번뇌로부터 일어나는 견혹과 사혹의 현행을 말한다. 기(起)는 시작하는 것을 의미하며, 심왕과 심소가 상응하여 일어나는 최초의 심리상태이다. 끄샤나의 심(心)은 심왕이며, 끄샤나의 상응은 심소이다. 이에 반하여 무명은 시작을 모르는 과거세로부터 있는 것이다. 그러므로 '심불상응(心不相應)이면서 무시(無始)'라고 말한다.

세존이시여, 첫째의 잠재적 번뇌에는 4가지가 있습니다. 4가지란 무엇인가? 바로 다음과 같습니다.

① 일반적인 편견 속에 존재하는 잠재적 번뇌인 견일처주지번뇌(見一處住地煩惱)입니다.

② 범부의 세계인 욕망의 세계에서의 특유의 집착 속에 존재하는 잠재적 번뇌인 욕애주지번뇌(欲愛住地煩惱)입니다.

③ 육체를 가지고 있는 것의 세계에서의 특유의 집착 속에 존재하는 잠재적 번뇌인 색애주지번뇌(色愛住地煩惱)입니다.

④ 윤회전생을 하는 모든 현상의 집착 속에 존재하는 잠재적 번뇌인 유애주지번뇌(有愛住地煩惱)입니다.[89]

세존이시여, 이들 4가지 잠재적 번뇌에 뿌리를 내리고, 발현한 상태의 모든 번뇌(paryutthāna, 起煩惱 또는 纏煩惱)가 일어납니다.

세존이시여, 이들 발현한 상태의 번뇌는 모두 끄샤나(kṣaṇa, 刹那)[90]의 성질의 것이며, 하나하나의 끄샤나마다의 마음에 대응[相應]하여 일어납니다.

그런데 세존이시여, 여기에서 무명(avidyā, 無明住地煩惱)이라고 하는 보다 근원적인 잠재적 번뇌가 있습니다. 이것은 언제 시작하였는지

---

89) 4주지의 번뇌는 멸진하기 쉬운 것부터 멸진하기 어려운 것의 순서로 배열되어 있다. ① 견일처주지번뇌(見一處住地煩惱)는 바른 지식에 의하여 쉽게 끊을 수 있는 번뇌인 데 대하여, ② 욕애주지번뇌(欲愛住地煩惱) · ③ 색애주지번뇌(色愛住地煩惱) · ④ 유애주지번뇌(有愛住地煩惱)는 실천수행을 하지 않으면 끊을 수 없는 어려운 번뇌이다. 이 3가지를 3계의 중생에 배대하면, 욕계의 중생은 ②·③·④를 가지며, 색계의 중생은 ③·④, 무색계의 중생은 ④만을 가지는 것으로 된다. 일반적인 학설은 ④까지 끊으면, 그것으로 '번뇌의 제거[滅盡]'가 완성된 것으로서 깨달음의 세계가 열리는 것으로 되어 있지만, 여기에서는 아직 무명주지번뇌가 남아 있는 것으로 되어 있다.

90) 끄샤나(kṣaṇa, 刹那) : 1 kṣaṇa는 0.01333초, 1/75초이다.

도 모르는 과거로부터(無始時來) 존재하는 것으로 마음의 작용과 대응하여 하나하나의 끄샤나마다 생성하고 소멸하는 것이 아닙니다(不相應).

그리고 세존이시여, 4가지 잠재적 번뇌[住地煩惱]는 모든 부수적 번뇌[上煩惱][91]의 의지처·종자(種子)로서 큰 힘[大力]을 가지고 있습니다만, 무명(avidyā, 無明住地煩惱)에 비교하면, 계산도 분할도 계량도 비유도 할 수 없는 것입니다.

그런데 또 세존이시여, 그런 까닭으로 무명은 큰 힘[大力]을 가지고 있는 것으로서 때로는 '윤회전생을 하는 모든 현상의 집착 속에 존재하는 잠재적 번뇌(有愛住地煩惱)'라는 이름으로 불리어지는 때도 있습니다. 세존이시여, 이것은 마치 마왕 빠삐야쓰(pāpīyas, 波旬)가 타화자재천(Paranimitavaśavartina, 他化自在天)이라고 하는 신(神)의 세계의 일원이므로, 타화자재천의 무리의 이름으로 불리어지기는 하여도 그 신체·용모·역량·수명·부하·권세 등이 그 타화자재천의 무리 속의 누구보다도 뛰어나기 때문에 특별히 마왕 빠삐야쓰(pāpīyas, 波旬)라고 부르는 것과 같습니다.

그와 마찬가지로 세존이시여, 무명(avidyā, 無明住地煩惱)은 '윤회전생을 하는 모든 현상의 집착 속에 존재하는 잠재적 번뇌(有愛住地煩惱)'라고 부르기는 해도 이들 4가지 잠재적 번뇌의 모두를 능가하여, 갠지스강의 모래알의 수(數)보다도 많은 부수적 번뇌(上煩惱)의 근원

---

91) 부수적 번뇌[上煩惱] : 4가지 주지번뇌가 일으키는 바의 번뇌에는 강한 것도 있고 약한 것도 있으며, 추대(麤大)한 것도 있고 미세한 것도 있다. 여기에서 상번뇌의 '상(上)'은 전자의 강한 것 또는 추대한 것을 의미한다. 또는 모든 부처의 상법(上法)을 덮어버리므로 이렇게 부른다는 것이다.

이 되고, 또 4가지 잠재적 번뇌의 뿌리로서 시작을 모르는 과거로부터 존재하였습니다.

이것은 성문이나 연각의 지혜로는 끊을 수 없는 것이며, 다만 부처님의 깨달음의 지혜로만 끊을 수 있습니다. 세존이시여, 무명(avidyā, 無明住地煩惱)은 그렇게 큰 힘(大力)을 가지고 있습니다.

그런데 또 세존이시여, 욕망에 넘치는 생존[欲界]·육체가 있는 생존[色界]·정신만의 생존[無色界]의 3가지 윤회의 생존[三有][92]은 진실이 아닌 것을 진실이라고 집착하는 것(取, upādāna)[93]을 조건(緣)으로 하고, 세속적인 염오를 동반하는 몸으로 짓는 까르마(kāya-karman, 身業)·말로 짓는 까르마(vāk-karman, 語業)·마음으로 짓는 까르마(manas-karman, 意業)의 3가지 까르마(有漏業, sāsrava-karman)[94]를 원인으로 하여 일어납니다. 이와 똑같이 세존이시여, 무명(avidyā, 無明住地煩惱)의 힘을 조건[緣]으로 하고, 출세간적인 염오를 동반하지 않는 까르마(無漏業, anāsrava-karman)[95]를 원인[因]으로 하여 성문과 연각 그리고 자재력을 얻은 보살의 3가지 의생신(意生身)[96]이 태어납니다.

세존이시여, 말하자면 무명이라고 하는 것은, 성문과 연각 그리고

---

92) 삼유(三有); 욕계, 색계, 무색계를 가리킨다.

93) 취(upādāna, 取) : 집착

94) 유루업(sāsrava-karman, 有漏業); 번뇌를 가리킨다. 번뇌가 3계 안에서 karma를 통해서 나타나므로 이와 같이 세 까르마로 풀어서 번역을 하였다.

95) 무루업(anāsrava-karman, 無漏業): 유루업은 3계 안에서 벌어지는 것이므로 번뇌인 까르마에 대하여, 무루업은 3계 밖에서 일어나므로 번뇌가 없는 까르마이다. 그러므로 바로 앞의 말씀은, 취를 연으로 하고 유루업을 인으로 하여 삼유가 생겨나는 데 대하여, 여기서는 무명을 연으로 하고 무루업을 인으로 하여 3가지 의생신이 생겨난다고 말씀하는 것이다.

96) 의생신(manamayakāya, 意生身): 중생을 제도하기 위하여 마음먹은 대로 생명을 받은 몸을 가리킨다.

자재력을 얻은 보살의 3가지 계위에서, 3가지 의생신을 낳으며, 출세간적인 염오를 동반하지 않는 까르마(無漏業)가 발현하기 위한 의지처인 것입니다.[97]

세존이시여, 어떤 1가지 조건이 있으면 그로부터 반드시 다른 조건이 생겨납니다. 거꾸로 말씀드리면 원인이나 조건이 없는 결과는 없는 것이기 때문에, 성문이나 연각 그리고 자재력을 얻은 보살의 3가지 의생신이나, 염오를 동반하지 않는 까르마의 존재는, 무명이 그 조건이며, 그런 점에서 무명은 윤회전생의 근원적 조건인 '윤회전생을 하는 모든 현상의 집착 속에 존재하는 잠재적 번뇌(有愛住地煩惱)'와 성격이 닮은 것입니다. 그런데도 그 작용은 범부의 세속적인 생존이나 죽음을 야기하는 '윤회전생을 하는 모든 현상의 집착 속에 존재하는 잠재적 번뇌'와 같은 것은 아닙니다.

세존이시여, 무명은 앞에서 말씀드린 '4가지 잠재적 번뇌(住地煩惱)'와는 전혀 다른 것이며, 이것은 또 완전한 해탈을 얻은 계위의 님, 말하자면 부처님의 계위에서 비로소 떨쳐버릴 수 있는 것이며, 여래의 깨달은 지혜로만 깨뜨릴 수 있는 것입니다. 그것은 왜 그런가 하면, 세존이시여, 성문이나 연각은 앞에서 말씀드린 '4가지 잠재적 번뇌'는 벌써 끊어버렸습니다만, 아직 염오를 완전히 끊어버린(漏盡) 것이 아니라고 하는 점에서는, 자유자재한 힘을 얻은 것이 아니며, 깨달음을 이룬 것도 아닙니다. 세존이시여, 그들을, 세상에서는 '염오를 완전히 끊어

97) "그런데 또 세존이시여, 욕망에 넘치는 생존[欲界] ~ 출세간적인 염오를 동반하지 않는 까르마(無漏業)가 발현하기 위한 의지처인 것입니다."까지의 문장은, 순관으로서의 연기설이 아닌 역관으로서의 연기설을 말씀하는 것이다.

버렸다'고 말하지만, 아직 무명을 끊어버리지 못했다는 말입니다.[98]"

是阿羅漢辟支佛, 所不能斷煩惱有二種. 何等爲二, 謂住地煩惱, 及起煩惱. 住地有四種. 何等爲四. 謂見一處住地. 欲愛住地. 色愛住地. 有愛住地. 此四種住地. 生一切起煩惱. 起者刹那心刹那相應. 世尊. 心不相應無始無明住地. 世尊. 此四住地力. 一切上煩惱依種. 比無明住地. 算數譬喩所不能及. 世尊. 如是無明住地力. 於有愛數四住地. 無明住地其力最大. 譬如惡魔波旬於他化自在天色力壽命眷屬衆具自在殊勝. 如是無明住地力. 於有愛數四住地. 其力最勝. 恒沙等數上煩惱依. 亦令四種煩惱久住. 阿羅漢辟支佛智所不能斷. 唯如來菩提智之所能斷. 如是世尊. 無明住地最爲大力. 世尊. 又如取緣有漏業因而生三有. 如是無明住地緣無漏業因. 生阿羅漢辟支佛大力菩薩, 三種意生身. 此三地彼三種意生身生. 及無漏業生. 依無明住地. 有緣非無緣. 是故三種意生及無漏業緣無明住地. 世尊如是有愛住地數四住地. 不與無明住地業同. 無明住地異離四住地. 佛地所斷. 佛菩提智所斷. 何以故. 阿羅漢辟支佛. 斷四種住地. 無漏不盡不得自在力. 亦不作證. 無漏不盡者. 卽是無明住地.

98) 일반적으로 아라한은 '염오를 완전히 모두 끊어버렸다'고 말할 수 있다. 염오를 완전히 모두 끊어버렸기 때문에 무루(無漏)이지만, 무루이기는 하여도 여기에서는 아직 까르마로 말미암아 윤회의 생존에 묶여 있는 힘이 있다고 생각하기 때문에 그 근원을 무명이라고 부르는 것이다.

5. 무명이 있는 한 완전한 니르와나는 없다

"세존이시여, 이와 같은 까닭으로, 성문과 연각 그리고 최후신(最後身)[99]조차도 무명으로 뒤덮여 차단되고, 포위되어 있으며, 헤매고 있기 때문에 이러저러한 가치를 지닌 법을 알지 못하고 관찰하지 못합니다. 세존이시여, 이러저러한 가치를 지닌 법을 관찰하지 못하고 볼 수 없으므로 떨쳐버려야 할 이러저러한 법을 떨쳐버리지도 못하며, 맑고 깨끗하게 하지도 못합니다.

세존이시여, 떨쳐버려야 할 이러저러한 법을 떨쳐버리지도 못하고, 맑고 깨끗하게 하지도 못하므로 세존이시여, 그들은 과오로부터의 해방이라고 하는 점에서 더욱 잔재(殘滓)가 남아 있으므로 모든 과오로부터 벗어난 것이 아닙니다. 세존이시여, 그들은 청정이라고 하는 점에서는 아직 불완전한 상태이며, 그 모두를 정화한 상태가 아닙니다. 세존이시여, 그들은 덕성을 갖추었다고 하는 점에서는 아직 불완전한 상태이며, 모든 덕성을 갖추고 있는 것이 아닙니다.

세존이시여, 어떤 사람이든, 과오로부터의 해방이라고 하는 점에서 잔재(殘滓)가 남아 있다면, 모든 과오로부터 벗어나지 못한 것이며, 청정이라고 하는 점에서 불완전함이 남아 있으므로 모든 것에 걸쳐서 정화된 상태가 아니고, 불완전한 덕성의 소유자이므로 모든 덕성을 갖춘 것이 아닙니다.

---

99) 최후신(caramabhavika, 最後身, 最後有) : 일생보처(一生補處)라고도 번역하며, 이 생애가 끝나면 내세에는 부처가 되는, 그래서 윤회에 있어서는 최후의 생존에 있는 보살을 가리킨다.

세존이시여, 이러한 사람들은 괴로움(duḥkha, 苦)을 관찰하는 점에서도 불완전함이 남아 있습니다. 괴로움이 일어나는 원인(samudaya, 集)을 끊는 점에서도 불완전함이 남아 있습니다. 괴로움의 소멸(nirodha, 滅)을 체득하여 실현하는 점에서도 불완전함이 남아 있습니다. 괴로움의 소멸을 목표로 하는 수행의 길(mārgā, 道)을 실천하는 점에서도 불완전함이 남아 있습니다.

세존이시여, 어떤 사람이든, 괴로움을 관찰함에 있어서 불완전함이 남아 있고, 괴로움이 일어나는 원인을 끊음에 있어서 불완전함이 남아 있으며, 괴로움의 소멸을 체득하여 실현함에 있어서 불완전함이 남아 있고, 괴로움의 소멸을 목표로 하는 수행의 길을 실천함에 있어서도 불완전함이 남아 있다면, 세존이시여, 이러한 사람들의 니르와나는 부분적인 것이므로 부분적인 니르와나를 얻은 것입니다. 그러므로 세존이시여, 그들은 '니르와나의 완전한 경지를 목표로 하여 수행의 길에 들어섰다.'[100]고 말할 수 있습니다.

세존이시여, 어떤 사람이든, 모든 괴로움을 찰지하며, 괴로움이 일어나는 원인을 모두 끊고, 괴로움의 소멸을 모두 체득하여 실현하며, 괴로움의 소멸을 목표로 하는 모든 수행의 길(mārgā, 道)을 실천한 수행자[101],

---

100) '니르와나(nirvāṇa, 涅槃)의 경지를 목표로 하여 수행의 길에 들어섰다.'; 이 말씀은 니르와나를 성취하였다는 것이 아니라, 니르와나를 성취하려고, 수행의 과정을 밟고 있다는 뜻이다.

101) 고(duḥkha, 苦)·집(samudaya, 集)·멸(nirodha, 滅)·도(mārgā, 道)의 4성제(catur-ārya-satya, 四聖諦)와 그 각각에 대한 지(知)·단(斷)·증(證)·수(修)에 대하여 말씀하고 있다.

그런 사람들만이, 세존이시여, 무상에 들볶이고[102], 언제나 병을 앓고 있는 세간[103]에서 상주·적정(寂靜)이며, 청량한 니르와나를 얻습니다. 세존이시여, 보호하여 주실 님도 없고[104] 의지할 곳도 없는 세상[105]에서, 세간의 보호자가 되고, 세간에서의 귀명의 대상이 됩니다. 그것은 왜 그런가 하면, 세존이시여, 우열을 가리는 성질을 가진 사람들은, 니르와나를 얻는 일이 없기 때문입니다. 세존이시여, 우열을 가리지 않고, 평등을 아는 지혜를 가진 사람만이 니르와나를 얻으며, 평등을 깨달은 사람만이 니르와나를 얻고, 평등을 깨닫는 지견을 가진 사람만이 니르와나를 얻기 때문입니다. 그러므로 세존이시여, 니르와나의 경지는 '한 맛(一味)이며 평등한 맛(平等味)이다'라고 말할 수 있습니다. 말하자면 명지(明知)나 해탈의 맛[解脫味]입니다.

세존이시여, 이에 반하여 만일 사람이 무명을 끊지 못하고, 청정하지 못하면 그 사람은 니르와나의 경지에 관하여 한 맛[一味]이 아니며 평등한 맛이 아닙니다. 말하자면 명지나 해탈의 맛과 일치하는 맛을 얻을 수 없습니다. 그것은 왜 그런가 하면, 세존이시여, 무명을 끊지 못하고, 청정하지 못하므로 갠지스강의 모래알의 수(數)보다도 많은, 마땅히 끊어야 할 번뇌를 끊지 못하고, 청정하지 못하기 때문입니다. 그러므로 갠지스강의 모래알의 수(數)보다도 많은 청정한 덕성을 얻을 수 없으며, 깨달아야 할 것을 깨닫지 못하는 것입니다."

---

102) 분단의 세간에서 일어나는 것이며, 5온은 연기법에 따라서 일시적으로 가화합(假和合)되어 있는 것이므로 무상의 법칙을 따르는 것이다.
103) 변역의 세간에서 일어나는 것이며, 생성하고 소멸하는 병을 가리킨다.
104) 부처님밖에 보호하여 줄 님이 없는 분단의 세간을 가리킨다.
105) 부처님밖에 의지할 님이 없는 변역의 세간을 가리킨다.

世尊. 阿羅漢·辟支佛·最後身菩薩. 爲無明住地之所覆障故. 於彼彼法不知不覺. 以不知見故. 所應斷者不斷不究竟. 以不斷故. 名有餘過解脫. 非離一切過解脫. 名有餘清淨. 非一切清淨. 名成就有餘功德. 非一切功德. 以成就有餘解脫, 有餘清淨, 有餘功德故. 知有餘苦, 斷有餘集, 證有餘滅, 修有餘道. 是名得少分涅槃. 得少分涅槃者. 名向涅槃界. 若知一切苦. 斷一切集. 證一切滅. 修一切道. 於無常壞世間. 無常病世間. 得常住涅槃. 於無覆護世間無依世間. 爲護爲依. 何以故. 法無優劣故, 得涅槃. 智慧等故, 得涅槃. 解脫等故, 得涅槃. 清淨等故, 得涅槃. 是故涅槃一味, 等味. 謂解脫味. 世尊. 若無明住地. 不斷, 不究竟者. 不得一味, 等味, 謂明·解脫味. 何以故. 無明住地, 不斷·不究竟者. 過恒沙等, 所應斷法. 不斷, 不究竟. 過恒沙等, 所應斷法, 不斷故. 過恒沙等, 法應得不得, 應證不證.

6. 무명을 끊을 수 있는 것은 여래의 지혜뿐이다

"세존이시여, 위에서 말씀드린 것과 같은 까닭으로, 무명은 닦아야 할 도(道)를 게을리 해서 끊어버려야 할 모든 번뇌(sarvakleṣa, 煩惱), 말하자면 잠재적 번뇌[住地煩惱]·부수적 번뇌[上煩惱]를 일으키는 근원입니다. 세존이시여, 무명으로부터 수행자의 마음에 잔존하는 부수적 번뇌, 곧 수행의 내용으로서의 2가지 목표인 마음의 고요(śamatha, 止)[106]와 직관

106) [SED]p.1053c śamatha √śam to toil at, fatigue or exert one's self (esp. in performing ritual acts); to be quiet or calm or satisfied or contented;

(vipaśyanā, 觀)107)의 각각에도 늘 붙어 다니고 있는 부수적 번뇌, (환언하면 여러 가지 명상의 방법인) 선나(dhyāna, 禪那)108)·싸마디(samādhi, 三昧)109)·요가(yoga, 瑜伽)110)와 지혜(prajñā, 智慧)에도 늘 붙어 다니고

---

to cease, be alloyed or extinguished; to destroy, remove, extinguish. śamatha m. quiet, tranquillity, absence of passion. 한문경전에서는 사마타(奢摩他)라고 음사하며, 지(止)·적지(寂止)·적멸(寂滅)이라고 번역한다.

107) [SED]p.974b vipaśyanā vi-√paś to see in different places or in detail, discern, distinguish; to observe, perceive, learn, know. vipaśyanā n. right knowledge. 한역(漢譯)에서는 비발사나(毘鉢舍那)라고 음사하며, 관(觀)·혜(慧)·정견(正見)이라고 번역한다.

108) [SED]p.521a dhyāna √dhyai to think of, imagine, meditate on; to be thoughtful or meditative. dhyāna n. meditation, (esp.)profound and abstract religious meditation (with Buddhists divided into 4 stages). 한역(漢譯)에서는 선나(禪那)라고 음사하며, 정려(靜慮), 선정(禪定)이라고 번역한다.

109) [SED]p.1159c samādhi sam-ā-√dhā to place or put or hold or fix together(함께 두다, 놓다, 잡다); to collect the thoughts or concentrate the mind in meditation(생각을 모으거나, 명상을 하여 마음을 집중하다). samādhi m. putting together, concentration of the thoughts(생각의 집중), profound or abstract meditation(심오한, 추상적인 명상), intense contemplation of any particular object (so as to identify the contemplator with the object meditated upon(명상가가 명상하는 사물을 확인할 정도로 어떤 특별한 대상을 강렬하게 생각함); this is the eighth and last stage(이는 8번째이며, 마지막 단계임); with Buddhists Samādhi is the fourth and last stage of Dhyāna or intense abstract meditation)(불교에서, Samādhi는 Dhyāna의 4번째이며 마지막 단계임). 한역에서는 '삼매(三昧)'라고 음사하며, 등지(等持)라고 번역한다.

110) [SED]p.853b yoga √yuj to yoke or join or fasten or harness(horse or a chariot)(결합하다, 묶다, 고정하다, 말이나 마차에 채우다); to turn or direct(돌다, 돌리게 하다) or fix or concentrate(the mind, thoughts &c.)(마음이나 생각을 집중하다, 고정시키다).

p.856b yoga n. the act of yoking, joining, attaching, harnessing, putting to (of horses)(결합하고, 고정시키고, 말이나 마차에 묶는 행위); a yoke(연결, 인연, 멍에); application or concentration of the thoughts, meditation,(생각의 집중, 명상) (esp.) self—concentration, abstract meditation and mental abstraction practised as a system (as taught by Patañjali and called the Yoga philosophy(Patañjali에 의해 가르쳐진 체계대로 연습된 추상적인 명상, 자아 집중이며 요가철학으로 불리어짐); it is the second

있는 부수적 번뇌, 내지는 수행의 과보 및 그로부터 얻을 수 있는 깨달음[證悟]·여러 가지 힘[力]·정등각무외(samyaksaṃbuddhasya vata me sata ity etad vaiśāradyam, 正等覺無畏)·누영진무외(kṣīṇāsravasya vata me sata ity etad vaiśāradyam, 漏永盡無畏)·설장법무외(ye vā punar mayā śrāvakāṇām antarāyikā dharmā ākhyātā ity etad vaiśāradyam, 說障法無畏)·설출도무외(yo vā punar mayā śrāvakāṇām niryāṇāya mārga ākhyātā ity etad vaiśāradyam, 說出道無畏)의 4가지 두려움 없는 지혜(四無畏)[111] 등에 잔존하는 부수적 번뇌를 일으킵니다. 세존이시여, 통틀어 갠지스강의 모래알의 수(數)보다도 많은 부수

---

of the two Sāṃkhya systems, its chief aim being to teach the means by which the human spirit may attain complete union with Īśvara or the Supreme Spirit[두 Sāṃkhya 체계 중 두 번째이며, 그 주요 목표는 인간의 영혼이 자재신(Īśvara) 또는 최고의 영혼(the Supreme Spirit)과 완전한 결합을 이룰 수 있는 방법을 가르치는 것임]; in the practice of self—concentration it is closely connected with Buddhism(자기 집중의 수행은 불교와 밀접하게 연계되어 있다). 한역에서 유가(瑜伽)라고 음사하며, 초월명상(超越瞑想)이라고 번역한다.

111) 4무외(catvāri-vaiśāradyāni, 四無畏, 四無所畏): 거룩하신 부처님이나 구도자가 가르침을 말씀하실 때에 두려움을 갖지 않는 4가지 지혜를 말한다.
① 정등각무외(samyaksaṃbuddhasya vata me sata ity etad vaiśāradyam, 正等覺無畏): '나는 정등각자이다.'라고 생각하는 무외, 모든 법(法)을 평등하게 깨달아서 다른 사람의 힐난을 두려워하지 아니함.
② 누영진무외(kṣīṇāsravasya vata me sata ity etad vaiśāradyam, 漏永盡無畏): '나는 번뇌를 모두 다 끊었다.'라고 생각하는 무외, 번뇌를 다 끊어서 외난(外難)을 두려워하지 아니함.
③ 설장법무외(ye vā punar mayā śrāvakāṇām antarāyikā dharmā ākhyātā ity etad vaiśāradyam, 說障法無畏): '나는 제자들에게 도(道)를 장애하는 법을 말했다.'라고 말씀하는 무외, 악법(惡法)이 보디(bodhi; 菩提)에 장애가 됨을 말하여 다른 사람의 비난을 두려워하지 아니함.
④ 설출도무외(yo vā punar mayā śrāvakāṇām niryāṇāya mārga ākhyātā ity etad vaiśāradyam, 說出道無畏): '나는 제자들을 위하여 출리의 도를 말했다.'라고 말씀하는 무외, 고(苦)의 세계를 벗어나는 도리를 말하여 어떠한 비난도 두려워하지 아니함.

적 번뇌는 모두 여래의 깨달음의 지혜로만 깨뜨릴 수 있습니다만, 그것은 모두 무명으로부터 발생합니다. 세존이시여, 무명은 모든 부수적 번뇌, 모든 발현한 상태의 번뇌(paryutthāna, 起煩惱 또는 纏煩惱)의 원인이며, 발생의 조건입니다.

세존이시여, 그런데 발현한 상태의 번뇌라는 것은, 모두 끄샤나(kṣaṇa, 刹那)의 성질의 것이며, 하나하나의 끄샤나마다의 마음과 대응[相應]하고, 그것과 결합하여 마음의 작용을 형성합니다. 이에 반하여, 세존이시여, 무명은 언제 시작하였는지도 모르는 과거로부터 존재하는 것으로 마음의 작용과 대응하여 하나하나의 끄샤나마다 생성하고 소멸하는 것이 아닙니다(不相應).

세존이시여, 갠지스강의 모래알보다도 많은 마땅히 끊어야 할 번뇌는 다만 부처님의 깨달음의 지혜로만 끊을 수 있습니다만, 그들 모든 번뇌의 근원이며 의지처는 바로 무명입니다. 세존이시여, 예를 들면 어떤 종류의 종자라도 말하자면, 초목이든 약초든 삼림이든 어느 것이든 모두 대지에 의존하며, 대지에 뿌리를 뻗어서 생장·발육합니다.

세존이시여, 만일 이 대지가 타서 붕괴하여 없어지고 소실(消失)하여버리면 어떤 종류의 종자라도 말하자면, 초목이든 약초든 삼림이든 어느 것이라도 모두 타서 사라져 없어지고 소실(消失)하여 버릴 것입니다. 이와 마찬가지로 세존이시여, 부처님의 깨달음의 지혜로만 깨뜨릴 수 있는 갠지스강의 모래알보다도 많은 마땅히 버려야 할 번뇌도 모두 무명에 의존하며, 무명에 뿌리를 뻗어서 생장·발육합니다. 그러므로 부처님의 깨달음의 지혜에 의존하여 만일 이 무명마저 끊어버려 맑고 깨끗하게 해서 모두 없애버리면 부처님의 깨달음의 지혜로만 깨뜨릴 수 있는, 갠지스강의 모래알보다도 많은 마땅히 버려야 할 번뇌도 또 모두 버려져서 맑고 깨끗하게 되어 없어져버릴 것입니다.

세존이시여, 이렇게 하여 부처님의 깨달음의 지혜에 의존하여, 이들 잠재적 번뇌(住地煩惱)·부수적 번뇌(上煩惱)를 모두 끊고, 갠지스강의 모래알보다도 많은, 불가사의한 부처의 덕성을 몸에 익힌 부처님들은, 모든 것에 대하여 막힘이 없는 신통력을 얻어, 모든 것을 바르게 아시는 님·모든 것을 지견하시는 님·모든 과오를 끊어버리신 님·모든 덕성을 갖추신 님·진리의 임금님·법(dharma, 法)을 지배하는 님이시며, 모든 것에 대하여 자유자재한 경지에 들어가시어, '나의 윤회전생은 벌써 모두 다 끝났노라(我生已盡)·나는 청정한 범행(梵行)을 모두 다 완성하였노라(梵行已立)·해야 할 것을 모두 다 마쳤노라(所作已辨)·이제부터는 윤회전생을 하지 않노라(不受後有)'라고 사자후를 하십니다.

세존이시여, 이와 같은 까닭으로 이 부처님들의 사자후야말로 완전한 가르침(了義)이시며, 이 가르침은 또 일향기(ekaṃśa-vyākaraṇa, 一向記)[112]로 하신 말씀입니다."

是故, 無明住地, 積聚, 生一切修道斷煩惱, 上煩惱. 彼生心上煩惱, 止上煩惱, 觀上煩惱, 禪上煩惱, 正受上煩惱, 方便上煩惱, 智上煩惱, 果上煩惱, 得上煩惱, 力上煩惱, 無畏上煩惱. 如是過恒沙等, 上煩惱. 如來菩提智, 所斷. 一切皆, 依無明住地, 之所建立. 一切上煩惱起, 皆因無明住地, 緣無明住地. 世尊. 於此起煩惱, 刹那心刹那, 相應. 世尊. 心不相應, 無始無明住地. 世尊. 若復過於恒沙, 如來菩提智, 所應斷法, 一切皆是, 無明住地所持, 所建立. 譬如一切種子, 皆依地

112) 일향기 : 각주 82 참조

生, 建立, 增長, 若地壞者, 彼亦隨壞. 如是過恒沙等, 如來菩提智, 所應斷法. 一切皆, 依無明住地, 生, 建立增長. 若無明住地斷者, 過恒沙等, 如來菩提智, 所應斷法. 皆亦隨斷. 如是一切煩惱上煩惱斷過恒沙等. 如來所得一切諸法通達無礙一切智見. 離一切過惡. 得一切功德法王法主. 而得自在. 登一切法自在之地. 如來應等正覺正師子吼. 我生已盡梵行已立所作已辦不受後有. 是故世尊. 以師子吼依於了義. 一向記說.

7. 완전한 깨달음은 법신의 체득이다

"그런데 세존이시여, 앞에서 '이제부터는 윤회전생을 하지 않노라(不受後有).'라고 말씀하신 지혜에도 또 2가지가 있습니다.[113]

첫째, 여래께서 부처의 무상(無上)한 승리에 의존하여, 천마(天魔)·번뇌마(煩惱魔)·5온마(五蘊魔)·사마(死魔)의 4가지 악마[四魔][114]를 굴복시키고 정복하여 모든 세간보다 위에 계시면서, 모든 중생이 우러러 받드는 바의 불가사의한 법신[115]을 체득하시고, 바로 법(dharma, 眞理)과 일체(一體)가 되어, 아셔야 할 모든 영역[116]에서 차단을 당함이

---

113) 여기에서 2가지란, 부처가 체득한 불수후유의 지혜와 2승이 체득한 지혜를 가리킨다.

114) 4마 : 천마(天魔)·번뇌마(煩惱魔)·5온마(五蘊魔)·사마(死魔)의 4가지 악마를 가리키며, 천마와 번뇌마는 악과를 불러들이는 인연이며, 5온마와 사마는 천마와 번뇌마에 의하여 받게 되는 악의 결과이다.

115) 부사의법신(不思議法身) : 진여법신을 가리킨다.

116) 알아야 할 모든 영역 : 원전에는 이염(jñeya, 爾焰)으로 표기되어 있으나, 싼쓰끄리뜨의 원어에 따라서 현대적으로 번역하면 '알아야 할 모든 것'이라는 뜻이다.

없이 자유자재로 모든 것을 지배하시며, '이제부터 따로 해야 할 것도 없고, 체득해야 할 영역도 없다.'고 관찰하실 때, 여래께서는 10력[117] 등의 힘을 몸에 익혀서, 최상이면서 무상(無上)인, 그래서 아무 것도 두려울 것이 없는 경지에 도달하시어 아셔야 할 모든 것을, 차단을 당함이 없는 지혜에 의존하여 관찰하시고, '이제부터는 윤회전생을 하지 않노라(不受後有).'라는 인식을 가지고, 사자후를 하십니다.

둘째, 성문이나 연각은, 윤회의 공포를 뛰어넘자마자, 해탈의 즐거움을 누리면서, '이렇게 해서 나는 윤회의 공포를 뛰어넘었기 때문에, 이제는 윤회의 괴로움을 맛보는 일은 없다.'라고 생각합니다. 그래서 세존이시여, 그들 성문이나 연각은, '이제부터는 윤회전생을 하

지혜의 대경·대상이라는 점에서 소지(所知) 또는 지경(智境)이라고 번역한다. 이것을 거꾸로 보면, 지혜를 생겨나게 하는 것이므로 지모(智母)라고도 번역한다.

117) 10력(Daśa balāni, 十力) : 부처가 갖추고 있는 10가지 지력을 가리키며, 그 내용은 다음과 같다.

① 처비처지력(處非處智力): 도리에 맞는가, 맞지 않는가를 변별하는 지혜의 힘
② 업이숙지력(業異熟智力): 하나하나의 업인(業因)과 그 과보(果報)와의 관계를 여실히 아는 지혜의 힘
③ 정려해탈등지등지지력(靜慮解脫等持等至智力): 사선(四禪)·8해탈(八解脫)·3삼매(三三昧) 등의 선정을 아는 지혜의 힘
④ 근상하지력(根上下智力): 살아 있는 모든 존재가 지니고 있는 근기의 상(上)·하(下)·우(優)·열(劣)을 아는 힘
⑤ 종종승해지력(種種勝解智力): 중생의 여러 가지 바람을 아는 지혜의 힘
⑥ 조종계지력(種種界智力): 중생이나 제법의 본성을 아는 지혜의 힘
⑦ 변취행지력(遍趣行智力): 중생이 지옥·니르와나(Nirvāṇa) 등 어느 곳으로 갈 것인가를 아는 지혜의 힘
⑧ 숙주수념지력(宿住隨念智力): 자타의 과거세의 것을 생각해내는 지혜의 힘
⑨ 사생지력(死生智力): 중생이 이 세상에서 죽은 다음 저 세상의 어느 곳에 태어날까를 아는 지혜의 힘
⑩ 누진지력(漏盡智力): 번뇌를 끊은 경지와 그 곳에 도달하기 위한 수단을 여실히 아는 지혜의 힘

지 않는다(不受後有).'라고 판단하고, 가장 수승한 안식처인 니르와나를 얻습니다.[118] 그런데 세존이시여, 그들이 이렇게 하여 얻은 그 경지에서 어리석지 않은 성품을 숙달하면, 세존이시여, 그들은 '다른 사람의 가르침을 받지 않고, 스스로의 힘으로, 이와 같이 불완전하지만, 니르와나(有餘依地)를 얻었다. 나는 틀림없이 안웃따라쌈약쌍보디(anuttarasamyaksaṃbodhi, 阿耨多羅三藐三菩提, 가장 완전한 깨달음)를 얻을 것이다.'[119]라고 생각합니다. 세존이시여, 그것은 왜 그런가 하면, 성문승(śrāvakayāna, 聲聞乘)이나 연각승(pratyekabuddhayāna, 緣覺乘)을 닦고 있는 수행자들이 결과적으로는 대승과 결합되어 있는 것에 지나지 않기 때문입니다.

세존이시여, 이 대승(mahāyāna, 大乘)[120]이라고 하는 말씀은, 일불승(ekambuddhayāna, 一佛乘)이라는 말씀과 같습니다. 세존이시여, 이렇게 해서 성문승·연각승·대승의 3승은, 최종적으로는 일불승이라고 하는 일승(ekayāna, 一乘)으로 귀결합니다. 그래서 세존이시여, 이 일

---

118) 2승의 입장에서 그렇게 판단하는 것이지, 부처의 경지에서 보면 실제로는 가장 수승한 안식처인 니르와나가 아니다. 그러므로 더욱 대승에서의 수행을 닦아야 한다.

119) 2승을 회통하여 일승에 귀입한다는 의취를 말씀하고 있다.

120) 대승(mahāyāna, 大乘) : [SED]p.794a mahāyāna mahā+yāna p.794a √mah to elate, gladden, exalt, arouse(남을 기쁘게 하다, 즐겁게 하다); to magnify, esteem highly, honour(칭찬하다, 높이 평가하다, 존경하다); to delight(기쁘게 하다). mahā=mahat mfn. great (in space, time, quantity or degree), large, big, huge, ample, extensive, long, abundant, high.(공간, 시간, 양이나 정도가 큰, 넓은, 광범위한, 긴, 수 없이 많은, 높은) 마하(mahā)는 마하(摩訶)라고 음사하며, 대(大), 한, 크다, 위대하다라고 번역한다. √yā; to go, proceed, move, walk, set out, march, advance., travel, journey yāna n. a vehicle of any kind, carriage, waggon, vessel, ship 한문경전에서는 마하야나(mahāyāna)는 마하연(摩訶衍)이라고 음사하며, 대승(大乘)이라고 번역한다. 마하냐나는 히나야나(hīayāna)의 상대어이다.

불승이라고 하는 일승을 깨달음에 의하여, 비로소 안웃따라쌈약쌍보디[121]를 얻는 것입니다. 세존이시여, 이 안웃따라쌈약쌍보디라는 말씀은 바로 니르와나의 세계를 가리키는 것입니다. 세존이시여, 니르와나의 세계란 여래(tathāgata)의 법신(dharma-kāya)이라는 말씀과 같습니다. 그러므로 세존이시여, 법신을 깨달아 수행을 완성하는 것, 이것이 바로 일승입니다. 세존이시여, 여래의 법신이라고 말씀드렸습니다만, 여래와 법신은 다른 것이 아닙니다. 세존이시여, 여래야말로 법신입니다. 말하자면 여래란 법(dharma, 法)이 바로 진리 그 자체이며, 법신이란 진리 그 자체로서의 여래라고 하는 것입니다."

世尊. 不受後有智有二種. 謂如來以無上調御. 降伏四魔出一切世間. 爲一切衆生之所瞻仰. 得不思議法身. 於一切爾焰地得無礙法自在. 於上更無所作無所得地. 十力勇猛昇於第一無上無畏之地. 一切爾炎無礙智觀不由於他. 不受後有智師子吼. 世尊. 阿

121) 안웃따라쌈약쌍보디(anuttarasamyaksaṃbodhi, 阿耨多羅三藐三菩提, 가장 완전한 깨달음) :
[SED]p.33a anuttarāṃsamyaksaṃbodhi, p.33a an-uttara mfn. chief, principal, best, excellent, low, south, southern. p.1181b samyañc=samyak mfn. entire, whole, complete, 正等. p.733a √budh to wake, wake up, be awake; to perceive, notice, understand; to have an insight into. (깨닫다, 깨닫게 하다, 깨어 있다; 인지하다, 알아차리다, 이해하다; ～을 꿰뚫어보다), bodhi mf. (with Buddhists or Jainas)perfect knowledge or wisdom(by which a man becomes a Buddha or Jina), the illuminated or enlightened intellect(of a Budha or Jaina).(불교·자이나교에서 인간이 부처나 자이나가 되는 완전한 지식이나 지혜, 부처나 자이나의 깨달은 앎). p.1181b samyaksaṃbodhi f. complete enlightenment. anuttarāsamyaksaṃbodhi 안웃따라쌈약쌍보디라고 음사하며, 무상정등정각(無上正等覺)이라고 번역한다.

羅漢辟支佛. 度生死畏次第得解脫樂. 作是念. 我離生死恐怖不受生死苦. 世尊. 阿羅漢辟支佛觀察時. 得不受後有觀第一蘇息處涅槃地. 世尊. 彼先所得地. 不愚於法不由於他. 亦自知得有餘地. 必當得阿耨多羅三藐三菩提. 何以故. 聲聞緣覺乘皆入大乘. 大乘者卽是佛乘. 是故三乘卽是一乘. 得一乘者. 得阿耨多羅三藐三菩提. 阿耨多羅三藐三菩提者. 卽是涅槃界. 涅槃界者卽是如來法身. 得究竟法身者. 則究竟一乘. 無異如來無異法身. 如來卽法身.

8. 여래야말로 유일한 귀의처이다

"세존이시여, 이와 같이 법신(dharma-kāya)을 깨달아 수행을 완성하는 것, 이것이 바로 일승(ekayāna, 一乘)의 극치입니다만, 세존이시여, 일승의 극치란 일승의 궁극과 계합하는 것과 같은 것입니다. 세존이시여, 그것은 왜 그런가 하면, 여래께서는 유한한 시간만 존재하는 것이 아니라, 바르게 완전한 깨달음을 열어 세상 사람들의 존경을 받는 여래께서는 미래의 끝까지 영원히 존재하시기 때문입니다.

세존이시여, 여래께서는 세상을 구제하기 위해서는 시간에 제한을 받는 자비심과 시간에 제한을 받는 서원을 갖고 계시는 것이 아닙니다. 참으로 세상 사람들은, 여래야말로, '아아! 어쩌면 그렇게, 님께서는 이 세상을 구제하시기 위하여, 무한한 시간에 걸쳐서 계속하여 자비심을 가지고 계시는 님이시며, 또 무한한 시간에 걸쳐서 계속하여 서원을 가지고 계시는 님'이시라고 예찬합니다. 이것은, 세존이시여,

여래 그 자체에 대하여 바른 말로 예찬을 한 것입니다.

또 '아아! 어쩌면 그렇게, 님께서는 이 세상을 구제하시기 위하여, 다함이 없고, 상주이며, 견고 불변한 성품을 가지고 계시는 님이시며, 모든 중생의 귀의처인 님'이시라고 예찬합니다. 세존이시여, 이것도 또한 여래 그 자체에 대하여 바른 말로 예찬을 한 것입니다.

이러한 까닭으로 세존이시여, 바르게 완전한 깨달음을 열어 세상 사람들의 존경을 받는 여래께서는, 지켜주는 사람도 없고, 의지할 곳도 없는 이 세상의 사람 속에 계시는, 미래의 영원한 겁(kalpa, 劫)에 걸쳐서 다함이 없는 귀의의 대상이시며, 상주하는 귀의의 대상이시고, 견고 불변한 귀의의 대상이십니다. 상주하는 귀의의 대상이란 바로 부처님이십니다.

그런데 세존이시여, 귀의의 대상이라고 하면, 사람들은 붓다(Buddha, 佛)·다르마(Dharma, 法)·쌍가(Saṃgha, 僧) 이 3보(tri-ratna, 三寶)를 듭니다만, 그 가운데에서, 세존이시여, 다르마라고 하는 것은 일승의 길의 가르침을 가리킵니다. 또 세존이시여, 쌍가라고 하는 것은 3승의 교단을 가리킵니다. 그래서 이 다르마와 쌍가라고 하는 2귀의의 대상은 구경의 귀의처는 아니며, 부분적인 귀의처입니다.

그것은 왜 그런가 하면, 세존이시여, 일승의 길을 말씀하는 가르침도, 법신을 깨닫는 것을 구경의 목표로 하고 있기 때문입니다. 세존이시여, 그것밖에는 일승의 길을 말씀하는 가르침으로서 실천해야 할 것이 따로 없기 때문입니다. 또 세존이시여, 성문승(śrāvakayāna, 聲聞乘)과 연각승(pratyekabuddhayāna, 緣覺乘) 그리고 대승(mahāyāna, 大乘)이라고 하는 3승의 교단의 무리는, 앞에서 말씀드린 것처럼 두려워하는 마음을 가지고 있습니다. 그래서 그것을 없애기 위하여 여래에게 귀의하여 세간으로부터의 탈출을 희구하고 있으며, 아직 배우고 닦아야 할 것을 남겨두고서, 안웃따라쌈약쌍보디를 추구하는 길에 들어선 무리입니다. 그러므로 세존이시여, 이들 2귀의의 대상은 구경의 귀의처는 아니며, 시간에 제한을 받는 일시적인 귀의처입니다.

세존이시여, 어떤 중생이든, 여래에 의하여 교화된 중생은, 여래에 귀의하면, 그 스스로의 결과로서 일어나는 신심에 의하여, 다르마(Dharma, 法)와 쌍가(Saṃgha, 僧)에도 귀의합니다.[122] 세존이시여, 이와 같이 다르마와 쌍가의 둘에 귀의하는 것은, 결과적으로 저절로 일어나는 신심에 의한 것입니다만, 세존이시여, 여래에 귀의하는 것은 다른 것에 대한 신심이 스스로의 결과로서 일어나는 신심에 의한 것이 아닙니다. 세존이시여, 여래에 대한 귀의야말로 제일의(第一義)의 참된 귀의입니다. 동시에 또 세존이시여, 다르마와 쌍가의 둘에 대한 귀의도 바른 것이라면, 그것은 당연히 궁극적으로는, 여래에 귀의하는 것이라고 생각할 것입니다. 그것은 왜 그런가 하면, 세존이시여, '여래'와 '다르마·쌍가', 이 2귀의처는 서로 다른 것이 아닙니다. 세존이시여, 여래에 귀의하는 것이야말로, 붓다·다르마·쌍가 3보에 귀의하는 것에 지나지 않습니다.[123] 그것은 왜 그런가 하면, 세존이시여, 이 일승의 길을 말씀하는 가르침이라고 하는 다르마(Dharma, 法)는, 황소와 같은 여래의 말씀이며, 정등각무외(samyaksaṃbuddhasya vata me

122) 여래가 바로 일승이며, 여래에 귀의하는 것이 바로 3보에 귀의하는 것이다. 이것은 3보의 학설을 논의하는 가운데에 일체3보설이라고 한다. 여기에서는 별체3보의 학설은 완전한 것이 아니며, 일체3보의 학설이야말로 구경의 학설이라는 의취를 담고 있다.

123) 다르마(Dharma, 法)·쌍가(Saṃgha, 僧)는 여래와 다른 것이 아니며, 여래와 3보는 즉일(卽一)임을 말씀하고 있다.

sata ity etad vaiśāradyam, 正等覺無畏)·누영진무외(kṣīṇāsravasya vata me sata ity etad vaiśāradyam, 漏永盡無畏)·설장법무외(ye vā punar mayā śrāvakāṇām antarāyikā dharmā ākhyātā ity etad vaiśāradyam, 說障法無畏)·설출도무외(yo vā punar mayā śrāvakāṇām niryāṇāya mārga ākhyātā ity etad vaiśāradyam, 說出道無畏)의 4무외(四無畏)[124]와 법무애(dharma-pratisaṃvid, 法無碍)·의무애(artha-pratisaṃvid, 義無碍)·사무애(nirukti-pratisaṃvid, 辭無碍, 詞無碍)·요설무애(pratibhāna-pratisaṃvid, 樂說無碍, 弁無碍智)의 4무애변(catuṣ-pratisaṃvid, 4無碍解, 4無碍智)[125]을 성취한 여래의 사자후이기 때문입니다.

세존이시여, 만일 여래께서 중생의 바라는 바에 따라서 성문이나 연각의 2승을 시설(施設)하였다고 하더라도 그것은 모두 대승을 위한 방편입니다. 그러므로 세존이시여, 궁극적으로는 3승이라고 하는 이름은 없습니다. 세존이시여, 정확하게는 여기에서 일불승(ekambuddhayāna, 一佛乘)이라고 하는 일승만이 바른 길이며, 그 속에 3승이 모두 통섭되는 것입니다."

---

124) 4무외(catvāri-vaiśāradyāni, 四無畏, 四無所畏) : 주 112 참조.

125) 4무애변(無碍辯, catuṣ-pratisaṃvid, 4無碍解, 4無碍智) : 4가지가 자유자재여서 장애를 받지 않고 이해하고 표현할 수 있는 능력을 가리킨다. 부처나 보살이 설법을 하실 때에 지변(智辯)을 마음의 작용이라고 말하는 점에서 해(解) 또는 지(智)라고도 한다.

① 법무애(dharma-pratisaṃvid, 法無碍) : 가르침에 대하여 막힘이 없이 자유자재한 지혜.

② 의무애(artha-pratisaṃvid, 義無碍) : 가르침을 표현하는 의미와 내용을 모두 잘 알아서 막힘이 없이 자유자재한 지혜.

③ 사무애(nirukti-pratisaṃvid, 辭無碍, 詞無碍) : 여러 지역의 언어에 통달하고 있으므로 자유자재한 지혜.

④ 요설무애(pratibhāna-pratisaṃvid, 樂說無碍, 弁無碍智): 이상의 3가지 지혜를 가지고 중생을 위하여 자유자재로 말씀할 수 있는 지혜.

得究竟法身者. 則究竟一乘. 究竟者卽是無邊不斷世尊. 如來無有限齊時. 住如來應等正覺後際等住. 如來無限齊. 大悲亦無限齊. 安慰世間. 無限大悲無限安慰世間. 作是說者. 是名善說如來. 若復說言無盡法常住法一切世間之所歸依者. 亦名善說如來. 是故於未度世間無依世間. 與後際等作無盡歸依常住歸依者. 謂如來應等正覺也. 法者卽是說一乘道. 僧者是三乘衆. 此二歸依非究竟歸依. 名少分歸依. 何以故. 說一乘道法. 得究竟法身. 於上更無說一乘法身. 三乘衆者有恐怖歸依如來. 求出修學向阿耨多羅三藐三菩提. 是故二依非究竟依. 是有限依. 若有衆生如來調伏. 歸依如來得法津澤. 生信樂心歸依法僧. 是二歸依非此二歸依. 是歸依如來. 歸依第一義者. 是歸依如來. 此二歸依第一義. 是究竟歸依如來. 何以故. 無異如來. 無異二歸依. 如來卽三歸依. 何以故. 說一乘道. 如來四無畏成就師子吼說. 若如來隨彼所欲而方便說. 卽是大乘無有三乘. 三乘者入於一乘. 一乘者卽第一義乘.

제6장 끝없는 4가지 성스러운 진리를 예찬한다

"세존이시여, 성문이나 연각은, 성스러운 진리[聖諦]를 처음으로 직관[126]하자마자 하나의 지혜[一智][127]를 가지고 잠재적 번뇌[128] 가운데의 몇 가지를 끊을 것입니다. 세존이시여, 바로 앞에서 말씀드린 똑같은 하나의 지혜[一智]를 가지고, 괴로움을 두루 알고[遍知], 괴로움의 원인을 끊으며, 괴로움의 소멸을 실현하고, 괴로움의 소멸에 이르는 길을 닦는다고 하는 4가지 덕성[四德性][129]을 체현하며, 또 괴로움·괴로움의 원인·괴로움의 소멸·괴로움의 소멸에 이르는 길이라고 하는 4가지 대상[四法義][130]을 있는 그대로 잘 이해할 것입니다.

그렇지만 세존이시여, 성문이나 연각이 4가지 성스러운 진리(catur-

126) 성스러운 진리[聖諦]를 처음으로 직관 : 이 단계는 완전한 깨달음을 말하는 것이 아니라 초보적인 단계의 깨달음을 가리키는 것이다.
127) 일지(一智) : 일유작제지(一有作諦智)를 가리키며, 무작제지(無作諦智)의 반대말이다. 성제(聖諦)를 유작(有作)과 무작(無作)으로 분류하고, 지(智)도 이와 같이 2가지로 나누어서, 2승과 불(佛)로 본다.
128) 잠재적 번뇌 : 4가지 잠재적 번뇌를 가리키며, 이 번뇌를 끊는 지(智)를 4단지라고 부른다.
129) 4덕성 : 번뇌를 끊고 얻은 무위의 공덕이다.
130) 4법의 : 4성제를 가리킨다.

ārya-satya, 四聖諦)를 깨달으면, 비로소 괴로움을 관찰하여 그 실상을 알며, 이어서 그 원인을 관찰하여 그것을 끊어버린다고 하는 것처럼, 차례를 따라서 지혜와 그 대상이 바뀌지만, 세존이시여, 세간적인 인식을 넘어선 초월지(lokottara-jñāna, 出世間智)에는 괴로움을 두루 알고(遍知), 괴로움의 원인을 끊으며, 괴로움의 소멸을 실현하고, 괴로움의 소멸에 이르는 길을 닦는다고 하는 4가지 지혜[四智漸至]나 하나하나의 대상[所緣]인 괴로움·괴로움의 원인·괴로움의 소멸·괴로움의 소멸에 이르는 길의 4가지 인연이 순차로 바뀌는 일[四緣漸至]은 없습니다.[131] 세존이시여, 금강석에도 비교할 만큼 견고한 초월지[出世間智]는 그 내용이나 대상을 차례로 바꾼다고 하는 성질[漸至法]을 가지고 있지 않습니다.

세존이시여, 그러한 까닭으로 여기에서 모든 성문이나 연각은 처음으로 성스러운 진리를 깨달은 지혜를 가지고, 잠재적 번뇌 속의 몇 가지를 끊는다고는 말하여도 그것은 결코 제일의지(paramārtha-jñāna, 第一義智)라고는 말할 수 없습니다. 세존이시여, 그들에게는 이 출세간적인 둘도 없는 성스러운 진리를 깨닫는 지혜에 의한 잠재적 번뇌의 제거는 없습니다.

세존이시여, 어떤 성문이나 연각도 안웃따라쌈약쌈보디를 열어서 세상 사람들의 존경을 받는 여래의 지혜가 작용하는 영역에 들지 못합니다. 여래께서는 불가사의이며, 모든 현상이 비존재인 것을 아는 공성(空性)의 지혜에 의하여, 진실한 마음을 숨겨서 감추려는 모든 번

---

131) 4가지 덕성[四德性], 4가지 대상[四法義], 4가지 지혜[四智漸至], 순차로 바뀌는 일[四緣漸至]은 4성제에 관한 것을 적확하게 설명하려고 하는 것으로 볼 수 있다. 점지(漸至)란 4지에 아직 도달하지 못한 나머지의 지(地)가 있다는 뜻이다.

뇌더미를 제거하십니다.[132)]

세존이시여, 모든 번뇌더미를 끊어버리는 것을 궁극의 목표로 하는 지혜야말로 제일의지(paramārtha-jñāna, 第一義智)라고 부릅니다. 세존이시여, 성문이나 연각이 처음으로 성스러운 진리를 깨달은 지혜는 궁극적인 지혜는 아니며, 다만 안웃따라쌈약쌍보디를 추구하는 길에 들어선 지혜입니다. 세존이시여, 성인(聖人)이라고 하는 칭호는 어떤 성문이나 연각에게 주어진 별명이 아닙니다. 세존이시여, 모든 성문이나 연각은 그들이 갖추고 있는 덕성에는 제한이 있습니다. 다만 세존이시여, 부분적으로 덕성을 갖추고 있다고 하는 점에서 성문이나 연각을 성인(聖人)이라고 하는 것입니다.

또 세존이시여, 4가지 성스러운 진리라고 말씀하시는 것도, 그것은 성문이나 연각이 깨달은 진리라고 하는 의미도 아니고, 성문이나 연각의 덕성이라고 할 것도 아닙니다. 이들 4가지 성스러운 진리는, 안웃따라쌈약쌍보디를 열어서, 세상 사람들의 존경을 받을 만한 여래가 비로소 완전히 깨닫고, 체현하며, 관찰하신 것입니다. 그래서 이것을 체현하신 뒤에, 여래께서는 무명(avidyā, 無明)이라고 하는 알껍데기[㲉藏] 속에 틀어박혀 있는 세간을 향하여 이것을 교시(敎示)하고, 말씀하시어 알려주신 것입니다. 그러므로 4가지 성스러운 진리(catur-ārya-satya, 四聖諦)라고 부르는 것입니다.

『大正藏』12-221a20~221b07]世尊. 聲聞緣覺初觀聖諦, 以一智, 斷諸住地. 以一智四斷知功德作證, 亦善知此四法義. 世尊. 無有出

132) 이 문장은 마음의 본성은 본디 맑고 깨끗하다는 것을 말하여 주고 있다.

世間上上智. 四智漸至及四緣漸至. 無漸至法, 是出世間上上智. 世尊. 金剛喩者, 是第一義智. 世尊. 非聲聞緣覺不斷無明住地, 初聖諦智, 是第一義智. 世尊. 以無二聖諦智, 斷諸住地. 世尊. 如來應等正覺. 非一切聲聞緣覺境界, 不思議空智, 斷一切煩惱藏. 世尊. 若壞一切煩惱藏, 究竟智, 是名第一義智. 初聖諦智, 非究竟智. 向阿耨多羅三藐三菩提智. 世尊. 聖義者, 非一切聲聞緣覺. 聲聞緣覺成就有量功德, 聲聞緣覺成就少分功德故, 名之爲聖. 聖諦者. 非聲聞緣覺諦. 亦非聲聞緣覺功德. 世尊. 此諦, 如來應等正覺初始覺知. 然後, 爲無明殼藏世間, 開現演說. 是故名聖諦.

제7장 여래장을 예찬하다

“세존이시여, 성스러운 진리의 의의에 대한 해석은 심원(深遠)하며, 제대로 알기 어렵고, 이해하기 어려우며, 분석할 수 없고, 사량의 대상이 아니며, 이론의 영역이 아니고, 다만 총명하고 지혜로운 사람[智者]만 알 수 있는 것이어서 도저히 세간적인 상식으로는 미칠 수 없습니다. 그것은 왜 그런가 하면, 세존이시여, 이 심원한 교의(敎義)의 해석은 오로지 여래장(tathāgatagarbha, 如來藏)[133]이라고 하는 것이기 때문입니다.

---

133) 여래장(tathāgatagarbha, 如來藏); [SED]p.433c tathāgatagarbha, tathā+gata+garbha, tathā ind. so, thus, in that manner, also, true, 그와 같이, 如, tathatā: true state of things, true nature, √gam to go, to come, to die, to cause to understand, 가다, 오다, gata: gone, gone away, come 去, 來, tathāgata being in such a state or condition, of such a quality or nature; he who comes and goes in the same way [as the Buddhas who preceded him], Gautama Buddha, √grah=√grabh=√gṛbh=√gṛh to seize, grasp; to arrest; 붙잡다, 움켜쥐다, garbha the womb, the inside, a child, 태(胎), 자궁(子宮), 태아(胎兒), 장(藏), tathāgatagarbha direction how to attain to the inconceivable subject of the tathāgata's qualities and knowledge, 여래장(如來藏) : 미혹한 세계에 있는 진여(眞如)를 말한다. 미혹한 세계의 사물은 모두 진여에 섭수되었으므로 여래장이라고 한다. 진여가 바뀌어 미혹한 세계의 사물이 될 때에는 그 본성인 여래의 덕성이 번뇌와 망상에 뒤덮이게 된 점에서 여래장이라고 한다. 또 미혹한 세계의 진여는 그 덕이 숨겨져 있을지라도 아주 없어진 것이 아니고 중생이 여래의 덕성(德性)을 함장(含藏)하고 있으므로 여래장이라고 한다.

세존이시여, 이 여래장은, 여래께서만 아실 수 있는 것이어서 성문이나 연각으로서는 알 수 있는 바가 아닙니다. 세존이시여, 여래장이라고 하는 것은 이 성스러운 진리의 의의를 해석할 때 그 기초입니다. 세존이시여, 여래장이라고 하는 기초가 무릇 심원하기 때문에 성스러운 진리의 의의도 심원하며, 제대로 알기 어렵고, 이해하기 어려우며, 분석할 수 없고, 사량의 대상이 아니며, 이론의 영역이 아니고, 다만 총명한 지혜로운 사람[智者]만 알 수 있는 것이어서 도저히 세간적인 상식으로는 미칠 수 없다고 말씀드릴 수 있습니다."134)

[『大正藏』12-221b09~221b15]聖諦者說甚深義. 微細難知. 非思量境界. 是智者所知. 一切世間所不能信. 何以故. 此說甚深如來之藏. 如來藏者. 是如來境界. 非一切聲聞緣覺所知. 如來藏處. 說聖諦義. 如來藏處甚深故. 說聖諦亦甚深. 微細難知. 非思量境界. 是智者所知. 一切世間所不能信.

곧 여래장은 중생에게 내재되어 있는 여래와 똑같은 본성을 가리키며, 중생을 여래가 될 수 있게 하는 인(因)으로 믿는다.
『불성론(佛性論)』에서는 여래장을 다음과 같이 3가지로 해석하고 있다.
첫째, 모든 염(染)·정(淨)의 법이 모두 여래의 본성[眞如]에 섭수되면 여래장이라고 부르며, 여래가 모든 법을 함장하고 있는 것을 나타낸다.
둘째, 진여가 번뇌 가운데에 있을 때는 번뇌 때문에 여래의 덕성을 은복하여 현현할 수 없게 된다. 이럴 때는 진여라고 하지 않고 여래장이라고 부른다. 말하자면 번뇌 속에 진여가 감추어져 있는 상태이므로 중생의 번뇌가 여래를 저장하고 있다는 논리이다.
셋째, 진여는 번뇌 가운데에 있으면서 여래는 모든 과지(果地)의 공덕을 품고 중생을 포섭하면 여래장이라고 부른다.

134) 소승의 4성제는 유량(有量)·유작(有作, 有爲)의 성스러운 진리인 데 대하여, 대승의 4성제는 무량(無量)·무작(無作, 無爲)의 성스러운 진리이다. 무량·무작[無爲]의 성스러운 진리의 본성은 중생이 본디부터 갖추고 있는 여래장이라는 것을 천명하려고 하는 것이다.

제8장 법신을 예찬하다

"세존이시여, 이 여래장은 중생 모두에게 있다고 하여도 번뇌로 뒤덮여 있어서[135] 범부에게는 요지(了知)하기 쉬운 것이 아닙니다. 여래장은 존재하는 모든 번뇌로 뒤덮여 있기는 하여도 그것이 있는 것을 믿어 의심하지 않는 사람은 누구라도 그 모든 번뇌의 은폐로부터 벗어나버린 것인, 여래의 법신에 대해서도 의심을 품는 일이 없습니다. 세존이시여, 그 마음에 여래장과 여래의 법신이라고 하는 이 둘은 불가사의한 것을, 부처님만이 아시는 영역이라고 하는 것을 완전히 모두 아는 사람만이, 세존이시여, 다음에 말씀드리는 것과 같은 성스러운 진리의 의의에 관한 2가지 해석[136]을 수긍하며, 얽힘 없이 받아들여서

---

135) 진여(tathatā, 眞如)가 번뇌 속에 갇혀 있을 때에는 여래장(tathāgatagarbha, 如來藏)이라고 부르며, 번뇌로부터 벗어났을 때에는 법신(dharmakāya, 法身)이라고 부른다.

136) 성스러운 진리의 의의에 관한 2가지 해석[二聖諦] : 성스러운 진리의 의의에 관한 2가지 해석이란, 4가지 성스러운 진리를 권(權, 方便)과 실(實, 眞實)의 2가지 입장으로 해석하려는 것을 가리킨다. 4성제를 유작(有作)의 4성제와 무작(無作)의 4성제와의 8가지로 해석하는 것을 말하며, 유작은 유위(有爲), 무작은 무위(無爲)와 같은 뜻이다. 유위의 입장에서 4성제를 해석하는 것을 유작의 4성제라고 하고, 무위의 일도(一道)의 입장에서 자연임운(自然任運)의 4성제를 직관하는 것을 무작의 4성제라고 부른다. 이 2가지를 또 유량(有量)과 무량(無量)으로 나누어

발원하고 구할 것입니다. 세존이시여, 성스러운 진리의 의의에 관한 2가지 해석은 앞에서 말씀드린 바와 같이 제대로 알기 어렵고 이해하기 어려운 것입니다.

세존이시여, 성스러운 진리의 의의에 관한 2가지 해석이란 무엇인가 하면 다음과 같습니다.

첫째, 유위적(有爲的)인 것[有作]이며,

둘째, 무위적(無爲的)인 것[無作]입니다.

세존이시여, 이 가운데에서 성스러운 진리의 의의에 관한 해석에 있어서, 첫째의 유위적인 것(有作)이란 4가지 성스러운 진리[四聖諦]를 교시(教示)하며, 표명하는 정도가 유한(有限)한 것입니다. 그것은 왜 그런가 하면, 세존이시여, 다른 사람으로부터 가르침을 받더라도 괴로움을 두루 알고, 괴로움의 원인을 모두 끊으며, 괴로움의 소멸을 완전히 실현하고, 괴로움의 소멸에 이르는 길을 닦을 수 없기 때문입니다.

세존이시여, 그러므로 윤회에도 유위적인 것[有作]과 무위적·절대적인 것[無作]이 있으며, 니르와나에도 또 유위적인 것과 무위적·절대적인 것이 있습니다.[137)]

이에 대하여 세존이시여, 성스러운 진리의 의의에 관한 해석에 있어서 무위적인 것(無作)이란 세존이시여, 여기에서는 4가지 성스러운 진리[四聖諦]를 교시하며, 표명하는 정도가 절대·무한(無限)인 것입니다. 그것은 왜 그런가 하면, 세존이시여, 자기 스스로 노력하여 명료하게

해석하기도 한다.

137) 소승의 윤회·니르와나와 대승의 윤회·니르와나가 어떻게 다른가를 말씀하려고 한다.

하며[138], 몸소 겪은 괴로움을 두루 알고, 몸소 겪은 괴로움의 원인을 모두 끊으며, 몸소 겪은 괴로움의 소멸을 완전히 실현하고, 몸소 겪은 괴로움의 소멸에 이르는 길을 닦을 수 없기 때문입니다.

이러한 까닭으로, 세존이시여, 여래께서 말씀하신 4가지 성스러운 진리는 유위적인 것과 무위적인 것을 합하여 8가지 성스러운 진리가 됩니다. 세존이시여, 바르고 완전한 깨달음을 얻어 세상의 존경을 받는 여래께서는 무위적인 4가지 진리[四聖諦]의 의의에 관한 교시(敎示)를 완성하고 계십니다만, 성문이나 연각은 그것을 완성한 것이 아닙니다. 그것은 왜 그런가 하면, 세존이시여, 상·중·하의 것[139]을 구별하면 마하빠리니르와나(Mahāparinirvāṇa, 大般涅槃)[140]의 이상세계를 깨달을 수 없기 때문입니다. 세존이시여 그러면 바르고 완전한 깨달음을 얻어 세상의 존경을 받는 여래께서는 어떻게 해서 4가지 성스러운 진리의 의의에 관하여 무위의 깨달음을 완성하고 계실까? 그것은 미래에까지 걸친 모든 괴로움을 두루 알고[141], 그리고 또 기본적 번뇌[無明][142]와 부수적 번뇌[上煩惱]를 포함한 모든 괴로움의 원인을 모두 끊고, 그리고 또 의생신[143]의 정신적 요소까지도 모두 멸진하여, 모든 괴로움의 소멸을 완전히 실현하셨기 때문입니다.

---

138) 자기가 본디부터 가지고 있는 이법(理法)으로 직관하는 것을 가리킨다. 그리고 일념에 모두를 갖춰버리면 무량이라고 볼 수 있다.
139) 상중하법(上中下法) : 대승과 성문·연각, 2승을 차별하는 것을 가리킨다.
140) 마하빠리니르와나(Mahāparinirvāṇa, 大般涅槃) : 여기에서 말씀하는 니르와나는 마하빠리니르와나를 의미하기 때문에 이렇게 번역한다.
141) 부처는 현재의 습기를 끊어버리면 미래의 과보가 일어나지 않기 때문에 이렇게 말씀하는 것이다.
142) 기본적 번뇌 : 무명주지번뇌를 가리킨다.
143) 여기에서는 초지 이상의 변역신을 가리킨다.

세존이시여, 괴로움의 소멸이란 존재하는 모든 것의 소멸이라는 의미가 아닙니다. 그것은 괴로움을 일으키는 원인인 번뇌가 본래 존재하지 않는다는 것을 말합니다. 그것은 왜 그런가 하면, 세존이시여, 시작을 알 수 없는 과거로부터 존재하며, 만들어진 것도 아니고[144], 생겨난 것도 아니며,[145] 또 멸진하는 것도 아니고, 멸진과는 관계가 없이 상주(常住)·견고(堅固)·적정(寂靜)이며, 본성으로서는 청정이고, 모든 번뇌의 은폐로부터 벗어나 있으며, 갠지스강의 모래알의 수(數)보다도 많은, 불가분(不可分)이면서, 지혜와 떨어질 수 없는, 불가사의한 부처님의 모든 덕성을 갖춘 여래의 법신이 '괴로움의 소멸'이라고 하는 이름으로 나타나 있는 것이기 때문입니다. 그런데도 세존이시여, 이것이 틀림없이 동일한 법신이긴 하여도, 아직 번뇌의 은폐로부터 벗어나 있지 않은 상태일 때, 그것을 여래장(tathāgatagarbha, 如來藏)이라고 부르는 것입니다."

[『大正藏』12-221b18~221c11]若於無量煩惱藏所纏如來藏不疑惑者. 於出無量煩惱藏法身亦無疑惑. 於說如來藏. 如來法身不思議佛境界及方便說. 心得決定者此則信解說二聖諦. 如是難知難解者. 謂說二聖諦義. 何等爲說二聖諦義. 謂說作聖諦義. 說無作聖諦義. 說作聖諦義者. 是說有量四聖諦. 何以故. 非因他能知一切苦斷一切集證一切滅修一切道. 是故世尊. 有有爲生死無爲生死. 涅槃亦如是. 有餘及無餘. 說無作聖諦義者. 說無量四聖諦義. 何

144) 생(生)의 인(因)에 의하여 조작되지 않는 것을 의미한다.
145) 본디 없던 것이 지금 있다[本無今有]는 의미가 아니라는 말씀이다.

以故. 能以自力, 知一切受苦, 斷一切受集, 證一切受滅, 修一切受滅道. 如是八聖諦. 如來說四聖諦. 如是四無作聖諦義. 唯如來·應·等正覺, 事究竟. 非阿羅漢·辟支佛, 事究竟. 何以故. 非下中上法, 得涅槃. 何以故. 如來·應·等正覺, 於無作四聖諦義, 事究竟. 以一切如來·應·等正覺, 知一切未來苦, 斷一切煩惱上煩惱所攝受一切集, 滅一切意生身陰(除). 一切苦滅作證. 世尊. 非壞法故. 名爲苦滅. 所言苦滅者. 名無始, 無作, 無起, 無盡. 離盡常住, 自性清淨, 離一切煩惱藏. 世尊. 過於恒沙, 不離·不脫·不異·不思議佛法成就, 說如來法身. 世尊. 如是如來法身, 不離煩惱藏, 名如來藏.

제9장 공성의 원리가 감추어진 진실을 말씀하다

"그런데 세존이시여, 저는 앞에서, '불가사의한 모든 현상은 공성(śūnyatā, 空性), 말하자면 실체가 존재하지 않는 것임을 아는 여래의 지혜'라고 말씀드렸습니다만, 세존이시여, 여래장에 관한 지혜[146]야말로, 여래의 공성의 지혜인 것입니다.

세존이시여, 여래장은 성문이나 연각에 의해서는 아직 한 번도 본 일도 없고, 깨달은 일도 없으며, 다만 여래에 의해서만 요지(了知)하시고 체득하십니다.

세존이시여, 이 여래장에 관한 지혜, 말하자면 여래장이 공성(空性)을 나타낸다고 아는 지혜[如來藏空智][147]는 다음과 같이 2가지가 있습

146) 여래장에 관한 지혜[如來藏智] : 여래장이란 번뇌에 뒤얽혀서 중생의 가운데에 감추어져 있을 때를 여래장이라고 말하며, 이것이 번뇌라는 껍데기를 깨뜨리고 개현(開顯)했을 때에는 법신이라고 말한다. 그러므로 여래장을 조파(照破)하는 지혜인 여래장지는 법신을 개현하는 지혜인 여래공지(如來空智)이다. 공지(空智)는 법신을 비추는 지혜를 가리킨다. 능조(能照)의 지혜는 상(相)을 깨뜨리기 때문이다.

147) 2가지 여래장공지(如來藏空智) : 공여래장과 불공여래장, 2가지를 가리킨다. 이 2가지를 아는 지혜는 체(體)가 무상(無相)이기 때문에 공지(空智)라고 부른다. 공여래장(空如來藏)이란 무명번뇌가 공(空, 0%)인 상태를 가리키며, 불공여래장(不空如來藏)이란 갠지스강의 모래알의 수(數)처럼 많은 지혜·자비·덕성이 가득 차

니다. 2가지 여래장이란 무엇인가?

첫째, 공여래장(空如來藏)이며,

둘째, 불공여래장(不空如來藏)입니다.

세존이시여, 첫째, 공여래장이란, 여래장에는 본디 법신과 관계가 없이 깨달음의 지혜로부터 분리된 모든 번뇌의 은폐가 전혀 없다(번뇌 0%)는 뜻입니다.

세존이시여, 둘째, 불공여래장이란, 따라서 번뇌는 허망한 것이며 존재하는 것이 아니지만, 여래장은 법신과 밀착·불가분이며, 깨달음의 지혜와 떼어놓을 수 없는 것이고, 갠지스강의 모래알 수(數)보다도 많은 불가사의한 부처의 모든 덕성을 본디 갖추고 있다(지혜 100%)는 뜻입니다.

세존이시여, 여래장에 관한 이 2가지 공성의 지혜는, 예를 들면 샤리뿌뜨라(Śāriputra, 舍利弗)[148]와 같이 아무리 위대한 아라한(arhat, 阿羅漢)조차도 다만 기꺼이 세존을 믿음으로써 비로소 깨달을 수 있습니다. 세존이시여, 성문이나 연각의 공성에 관한 인식이라고 하는 것은 다만 범부들이 무상(無常)인 것을 상(常)이라 하고, 괴로움인 것을 즐거움이라고 하고, 무아인 것을 아(ātman, 我)라고 하고, 부정(不淨)인 것을 청정이라고 생각하는 4가지 전도(顚倒)된 견해에 대하여 이

있음(不空, 100%)을 가리킨다. 이 사상은 『대승기신론(大乘起信論)』의 공진여(空眞如)와 불공진여(不空眞如)로 이어져 해석하고 있다.

148) 샤리뿌뜨라; [SED]p.1066a Śāri-putra; Śāri=Śārī f. a partic. bird; Name of a daughter of Māṭhara (wife of Tiṣya and mother of the first disciple of Gautama Buddha), mother's name of tribe; 해오라기. putra m. son; putri f. daughter; Śāriputra m. the son of Śārī. 샤리뿌뜨라, 사리불(舍利弗), 사리자(舍利子).

것을 바르고 유효하게 나타낼 뿐입니다.

그러므로 세존이시여, 완전한 의미에서의 모든 괴로움의 소멸이라고 하는 진리는, 성문이나 연각에 의해서는 아직 한 번도 본 일도 없고, 깨달은 일도 없습니다. 세존이시여, 다만 여래에 의해서만 요지(了知)하시고 체득하십니다.

그리고 세존이시여, 모든 번뇌의 은폐를 깨뜨리고, 괴로움의 소멸에 이르는 모든 길도, 또 다만 여래에 의해서만 완전히 닦으실 수 있습니다."

[『大正藏』12-221c14~221c23]世尊. 如來藏智, 是如來空智. 世尊如來藏者, 一切阿羅漢辟支佛大力菩薩. 本所不見, 本所不得. 世尊. 有二種如來藏空智. 世尊. 空如來藏, 若離若脫若異, 一切煩惱藏. 世尊. 不空如來藏, 過於恒沙, 不離·不脫·不異·不思議佛法. 世尊. 此二空智, 諸大聲聞, 能信如來, 一切阿羅漢辟支佛空智, 於四不顚倒境界轉. 是故, 一切阿羅漢辟支佛, 本所不見, 本所不得. 一切苦滅, 唯佛得證, 壞一切煩惱藏, 修一切滅苦道.

제10장 괴로움의 소멸이라는 성스러운 진리만이 유일한 진리이다

"세존이시여, 이들 4가지 성스러운 진리(catur-ārya-satya, 四聖諦)[149] 가운데에서 괴로움·괴로움의 원인 그리고 괴로움의 소멸에 이르는 길이라고 하는 3가지 진리는 무상·유위이며, 괴로움의 소멸이라는 진리(nirodha, 滅) 하나만이 상주·무위입니다. 그것은 왜 그런가 하면, 괴로움·괴로움의 원인·괴로움의 소멸에 이르는 길, 이 3가지 진리는 유위의 상태, 말하자면 연기의 법칙에 지배되며, 생성하고 소멸하며 변화한다고 하는 특질에 포함되기 때문입니다.

세존이시여, 이 연기의 법칙에 의하여 지배를 받는 특질에 포함되는 것은 무상(無常)입니다. 무상한 것, 그것은 허망한 것입니다. 세존이시여, 허망한 것, 그것은 진제도 아니고, 상주(常住)도 아니므로 도저히 귀의처가 될 수 없습니다. 그러므로 세존이시여, 성스러운 괴로움이라는 진리(duḥkha, 苦)·괴로움의 원인이라는 진리(samudaya, 集)·괴로움

149) 4성제 가운데에서 괴로움(duḥkha, 苦)·괴로움의 원인(samudaya, 集)·괴로움의 소멸에 이르는 길(mārgā, 道) 3가지는 무상·유위이며, 오직 하나 괴로움의 소멸(nirodha, 滅)이라고 하는 진리만이 상주·무위이다. 일멸성제(一滅聖諦)만이 귀의처이며, 여래장이라는 것을 말씀하려고 하는 것이다.

의 소멸에 이르는 길이라는 진리(mārgā, 道)는 정확하게는 진리가 아니며, 상주가 아니고, 귀의처가 아닙니다."

[『大正藏』12-221c24~221c28]世尊. 此四聖諦, 三是無常, 一是常. 何以故. 三諦入有爲相. 入有爲相者, 是無常. 無常者, 是虛妄法. 虛妄法者, 非諦·非常·非依. 是故苦諦·集諦·道諦, 非第一義諦. 非常·非依.

제11장 괴로움의 소멸이라는 성스러운 진리만이 유일한 귀의처이다

“세존이시여, 괴로움의 소멸이라는 진리(nirodha, 滅) 하나만이, 연기의 법칙에 의한 지배를 받는 특질의 범위를 초월합니다. 세존이시여, 연기의 법칙에 의한 지배를 받는 특질의 범위를 초월한 것은 모두 상주(常住)입니다. 상주인 것은 모두 허망한 것이 아닙니다. 세존이시여, 허망하지 않은 것은 진실이고, 상주이며, 귀의처가 될 수 있습니다. 이러한 까닭으로, 세존이시여, 여기 4가지 성스러운 진리 가운데에서 다만 괴로움의 소멸이라는 성스러운 진리(duḥkha-nirodha-ārya-satya, 苦滅聖諦)만이 틀림없는 진리이며, 상주이고, 귀의처입니다.”

[『大正藏』12-221c29~222a03]一苦滅諦, 離有爲相. 離有爲相者, 是常. 常者非虛妄法. 非虛妄法者, 是諦·是常·是依. 是故滅諦, 是第一義.

제12장 옳고 그름을 가르쳐 주시는 여래의 말씀, 진리이다

"세존이시여, 모든 중생의 인식의 대상을 초월한 괴로움의 소멸이라는 성스러운 진리(duḥkha-nirodha-ārya-satya, 苦滅聖諦)는 불가사의이며, 모든 성문이나 연각의 지혜가 작용하는 경계가 아닙니다. 세존이시여, 예를 들면 타고난 시각장애인은 여러 가지 색상을 볼 수 없으며, 또는 배냇저고리에 푹 싸여 7일 밤을 맞은 갓난아기는 태양을 볼 수 없습니다. 이와 똑같이 세존이시여, 괴로움의 소멸이라는 진리도 또한 모든 범부의 인식의 대상이 아니고, 성문이나 연각의 지혜의 대상이 아닙니다.

세존이시여, 모든 범부의 인식은 2가지 극단[150]에 빠져 있으므로 가치를 전도한 견해입니다. 또 세존이시여, 성문이나 연각의 지혜는 세상 사람들이 말하는 것과 같이 청정합니다. 그런데 그것은 가치를 전도한 범부의 견해를 뒤엎었다는 점에서 청정이라고 말할 수 있습니다.

세존이시여, 2가지 극단의 견해[邊見]라고 하는 것은 '사람을 구성하

150) 2가지 극단; 단견(斷見)과 상견(常見)을 가리킨다. 이것을 변견(邊見)이라고도 부른다.

는 5가지 요소(pañca skandha, 五蘊)'[151]를 실재라고 보고, 그것에 집착하여 아(ātman, 我)[152]라고 굳게 믿고 있는 범부나 다른 종교를 믿고 있는 이교도의 견해와 뜻이 같습니다.

세존이시여, 2가지 극단의 견해라고 하는 것은 다음과 같습니다.

첫째, 모든 존재나 가치를 부정하는 단견(斷見)이며,

둘째, 사물의 단절·소멸·변천을 받아들이지 않고, 모든 것을 긍정하는 상견(常見)입니다.

세존이시여, 조금 역설(逆說)과 같은 말씀입니다만, 만일 사람이 모든 존재[諸行]는 무상(無常)이라고 보면 그 견해는 단견이며, 바른 견해[正見]가 아닙니다. 또 세존이시여, 만일 니르와나는 상주라고 보면 그것은 상견이며, 바른 견해[正見]라고 말할 수 없습니다.[153] 그것은 왜 그런가 하면, 세존이시여, 이교도의 견해와 같이 보는 것이어서, 그들은 모든 존재는 무상[諸行無常]이라고 들으면 신체·모든 기관(器官)·감

---

151) 사람을 구성하는 5가지 요소(pañca skandha, 五蘊) : [SED]p.577c pañca skandha; f. (with Buddhists) the five constituent elements of being. (rūpa=bodily form, 색(色), 물질(物質), 신체(身體), vedana=sensation, 수(受), 감수작용(感受作用), saṃjña=perception, 상(想), 추상작용(推想作用), saṃskāra=aggregate of formations, 행(行), 의지작용(意志作用), vijñāna=consciousness or thought-faculty, 식(識), 인식작용(認識作用). 색(色)은 지·수·화·풍의 물질이며, 수(受)·상(想)의 2가지는 심소(心所)이고, 수·상 이외의 심소 등을 통틀어 모두 다스리는 것이 행(行)이며, 식(識)은 심왕(心王)으로 해석하는 것이 일반적이다.

152) 아(ātman, 我) : 아견(我見)을 가리키며, 아(ātman, 我)가 있다고 주장하는 견해로서, 이것은 그릇된 견해이다. 아(ātman, 我)는 상주하는 것이 아닌데, 늘 있다고 계량(計量)하는 것을 망상이라고 말하고, 아(ātman, 我)에 집착하는 것을 계착(計著)이라고 말한다.

153) 제행무상(諸行無常) : 생사즉열반(生死卽涅槃)의 입장에서 보면, 제행(諸行=生死)을 무상으로 보는 것은 단견이며, 열반즉생사(涅槃卽生死)의 입장에서 보면, 니르와나를 상주로 보는 것은 상견이다.

수작용(感受作用)·사유(思惟) 등은 이 생(生)과 함께 파괴하여 버리는 것이라고 생각하여, 윤회전생을 반복하는 것(有相續)[154]에 대하여 이해하지 못하고[155] 깨달을 수 없기 때문에 몽매하게 되고, 그리하여 그들의 견해는 단견이 되는 것입니다. 또 세존이시여, 이교도의 견해는, 니르와나는 상주라고 하는 것이어서 아(ātman, 我)라든가, 마음의 영속·불변성을 생각합니다만, 의식의 흐름(cittasaṃtāna, 心相續)[156]의 참된 구조를 모르고, 마음이 순간(kṣaṇa, 刹那, 0.01333초, 1/75초)마다 소멸한다고 하는 점을 이해하지 못하고, 그와 같은 것에 생각이 미치는 일조차 없고, 그리하여 상견이 되는 것입니다.

세존이시여, 이교도의 견해는 바로 위에서 말씀드린 것과 같은 것이어서, 그러한 것들은 하나하나의 의의에 대하여 지나친 견해, 또는 부족한 견해, 내지는 다른 것의 특질과 혼동된 견해에 의하여 어느 경우에는 단멸이라고 하는 면을 고집하고, 어느 경우에는 상주라고 하는 면을 고집하는 것입니다.

세존이시여, 중생은 생존에 대한 집착의 원인이 되는 '사람을 구성하는 5가지 요소(pañca skandha, 五蘊)'에 대하여 잘못 알고 실재하는 것이라고 고집하고 있습니다. 세존이시여, 그들은 '사람을 구성하는 5가지 요소'가 무상(anitya, 無常)인데 상주(nitya, 常住)라고 생각하며,

---

154) 유상속(bhavānusaṃdhi, 有相續) : 윤회의 생존을 계속하는 것, 윤회전생을 반복하는 것을 가리킨다.

155) 상속하여 미래에 과보가 생겨나는 것을 이해하지 못한다는 의미이다.

156) 의식의 흐름(cittasaṃtāna, 心相續) : 마음의 작용은 순간마다 소멸하는데, 다음의 끄샤나에 여훈(餘熏)을 남긴다. 거기에 연속성이 있다고 한다. 앞의 주(注) 154의 유상속(有相續)과 함께 이 둘은 윤회전생을 하는 가운데에 존재하는 기본구조이며, 그 근원에 있고, 양자를 성립시키는 원리로서 나중에 유식학설(唯識學說)에서는 알라야식(ālaya-vijñāna, 阿賴耶識)을 상정한다.

괴로움[157]인데 즐거움(sukha, 樂)이라고 생각하고, 무아(anāman, 無我)인데 아(ātman, 我)가 있다고 상정하며, 부정(aśubha, 不淨)인데 청정(śubha, 淸淨)이라고 잘못 보고 있습니다. 다른 한편 세존이시여, 성문이나 연각은 그 점에 대하여는 바르게, '사람을 구성하는 5가지 요소'는 무상(無常)·고(苦)·무아(無我)·부정(不淨)이라고 보고 있습니다만, 그와 같은 청정한 지혜를 가지고 있으면서도 일체지자(sarvajñā, 一切智者)만의 지혜의 대상인 여래의 법신에 대하여는 아직 이해한 일도 없고 전도된 견해를 가지고 있습니다.

이에 대하여 세존이시여, 중생으로서 여래를 믿고, 부처의 딸(buddha-putrī, 佛女)·부처의 아들(buddha-putra, 佛子)로서 여래를 상주(nitya, 常住)라고 생각하고, 즐거움(sukha, 樂)이라고 생각하며, 아(ātman, 我)라고 생각하고, 청정(śubha, 淸淨)이라고 생각하는 사람이 있다면, 그러한 사람들은, 세존이시여, 견해가 전도되어 있는 사람이 아닙니다. 세존이시여, 그러한 중생은 바른 견해를 가진 사람입니다. 그것은 왜 그런가 하면, 세존이시여, 여래의 법신이야말로, 상(常)빠라미따(nitya-pāramitā, 常波羅密多), 낙(樂)빠라미따(sukha-pāramitā, 樂波羅密多), 아(我)빠라미따(ātman-pāramitā, 我波羅密多), 정(淨)빠라미따(śubha-pāramitā, 淨波羅密多)[158]이기 때문입니다.

세존이시여, 여래의 법신을 이와 같이 보는 중생은 바른 견해를 가

157) 괴로움(duḥkha, 苦): [SED]p.483b duḥkha; duḥkha mfn. uneasy, uncomfortable, difficult. n. uneasiness, pain, sorrow, suffering, 고(苦). 괴로움.

158) 상(常)빠라미따(nitya-pāramitā, 常波羅密多)·낙(樂)빠라미따(sukha-pāramitā, 樂波羅密多)·아(我)빠라미따(ātman-pāramitā, 我波羅密多)·정(淨)빠라미따(śubha-pāramitā, 淨波羅密多)를 4덕(四德)이라고 부른다.

지고 있습니다. 바른 견해를 가지고 있는 사람이야말로 진실한 부처의 딸·부처의 아들이고, 부처의 입에서 태어난 사람이며, 정법에서 태어난 사람이고, 다르마(dharma, 法)의 화현자(化現者)이며, 다르마를 호지하는 재산의 상속인이라고 말할 수 있습니다.

세존이시여, 바로 앞에서 말씀드린 청정한 지혜[159]란 성문이나 연각 나름에서의 지혜빠라미따(prajñā-pāramitā, 智慧波羅密多)[160]이며, 그 한계 안에서 청정한 지혜입니다.

그런데 세존이시여, 괴로움의 소멸이라는 성스러운 진리(duḥkha-nirodha-ārya-satya, 苦滅聖諦)[161]야말로 성문이나 연각 나름의 청정한 지혜로는 작용할 수 있는 경계가 아니며, 대상이 되지도 않습니다. 어찌 하물며 괴로움의 소멸이라는 성스러운 진리가 4가지 성스러운 진리에 의지하여 생겨나는 지혜[四依智][162]를 내세(來世)의 대사(大事)로 삼고 있는 사람들에게 가당하겠습니까!

그것은 왜 그런가 하면, 세존이시여, 우매하지 않은 성질을 가진 성문승·연각승·대승의 삼승(三乘)에 속하는 사람 가운데의 초심자[163]가

---

159) 여기에서 말하는 청정한 지혜(淨智)란 2승이 성취한 무학과의 지혜를 말하며, 대승에서의 지혜가 아니다.

160) 쁘라갸빠라미따(prajñā-pāramitā, 智波羅密多); 2승은 무루의 지혜를 만족하기 때문에, 고(苦)·집(集)·멸(滅)·도(道)에 관한 4가지 지혜를 완성했다고 말하지만, 대승에서의 지혜를 말하는 것이 아니다.

161) 여기에서 말씀하는 괴로움의 소멸이라는 성스러운 진리(duḥkha-nirodha-ārya-satya, 苦滅聖諦)는 2승에서의 유위·유량의 고멸성제를 말씀하는 것이 아니라, 대승에서의 무위·무량의 고멸성제를 가리킨다.

162) 4의지(四依智) : 4가지 성스러운 진리[四聖諦]에 의지하여 생겨나는 지혜이지만, 이것은 2승의 4성제이므로 대승에서의 괴로움의 소멸이라고 하는 진리에는 미칠 수 없음을 의미하는 것이다.

163) 3승(三乘)에 속하는 사람 가운데의 초심자 : 2승이 그 니르와나를 관조하는 것을 가리킨다. 앞의 제5장 일승을 예찬한다(一乘章第五)에서 성문이나 연각

그 의의를 요해(了解)하고, 그 의의를 깨닫게 하기 위하여 세존께서 그것을 4가지 의지할 것[四依][164]으로 제시하시어 가르치신 것이기 때문입니다. 세존이시여, 이 가운데의 4가지 의지할 것은 세간에서의 상식입니다. 이에 대하여 세존이시여, 초세간적인 궁극의 입장에서는 괴로움의 소멸이라는 성스러운 진리만이 유일한 귀의처[一依]이며, 모든 귀의처 가운데에서 가장 수승한 것입니다. 그것은 바른 귀의처입니다."

[『大正藏』12-222a04~222b03]不思議, 是滅諦, 過一切衆生心識所緣. 亦非一切阿羅漢辟支佛智慧境界. 譬如生盲, 不見衆色, 七日嬰兒, 不見日輪. 苦滅諦者, 亦復如是. 非一切凡夫心識所緣, 亦非二乘智慧境界. 凡夫識者, 二見顚倒, 一切阿羅漢辟支佛智者, 則是清淨. 邊見者, 凡夫於五受陰, 我見妄想計著, 生二見. 是名邊見. 所謂常見斷見. 見諸行無常, 是斷見, 非正見. 見涅槃常, 是常見, 非正見. 妄想見故, 作如是見. 於身諸根, 分別思惟, 現法見壞, 於有相續, 不見, 起於斷見. 妄想見故. 於心相續, 愚闇不解. 不知刹那間意識境界, 起於常見, 妄想見故. 此妄想見, 於彼義,

---

(pratyekabuddha, 緣覺)이 얻은 바의 경지이면서, 대승에서의 구경의 법에 우매하지 않고, 마땅히 무상정진도(無上正眞道)를 얻어야 한다는 것을 가르치는 말씀이다.

164) 4의(四依) : 2승이 의지하는 바의 4성제를 가리킨다. 이에 대하여 대승에서는 무위·무량의 고멸성제(苦滅聖諦)만이 진실한 소의(所依)이기 때문에, 이것을 1의(一依)라고 말하는 것이다. 일반적으로 四依라고 하면, 교설의 문자보다도 의미(문자에 의지하지 말고 뜻[artha, 義]에 의지하라)·설법자보다도 가르침(사람에 의지하지 말고 법[dharma, 法]에 의지하라)·세간적 인식보다도 초월적 지혜(識에 의지하지 말고 智에 의지하라)·불완전한 교의보다도 완전한 교의(不了義에 의지하지 말고 了義에 의지하라)의 4가지를 말하지만, 여기에서 말하는 4의(四依)는 그런 것이 아니라, 2승이 4성제에 의지하는 것을 가리킨다.

若過, 若不及, 作異想分別. 若斷, 若常. 顚倒衆生, 於五受陰, 無常常想, 苦有樂想, 無我我想, 不淨淨想. 一切阿羅漢辟支佛淨智者, 於一切智境界, 及如來法身, 本所不見. 或有衆生, 信佛語故, 起常想·樂想·我想·淨想. 非顚倒見, 是名正見. 何以故. 如來法身, 是常波羅蜜·樂波羅蜜·我波羅蜜·淨波羅蜜. 於佛法身, 作是見者, 是名正見. 正見者, 是佛眞子, 從佛口生, 從正法生, 從法化生, 得法餘財. 世尊, 淨智者, 一切阿羅漢辟支佛, 智波羅蜜. 此淨智者, 雖曰淨智, 於彼滅諦, 尙非境界, 況四依智. 何以故. 三乘初業, 不愚於法, 於彼義, 當覺·當得. 爲彼故, 世尊, 說四依. 世尊, 此四依者, 是世間法. 世尊, 一依者, 一切依上, 出世間上上, 第一義依, 所謂滅諦.

제13장 자성이 맑고 깨끗한 마음을 예찬하다

1. 여래장은 생사와 니르와나의 의지처이다

"세존이시여, 중생이 본디 가지고 있는 여래장은, 생사·윤회할 때의 의지처입니다.[165] 세존께서는 일찍이 윤회의 시작은 밝히기 어렵다고 말씀하시고 또 그렇게 가르치십니다만, 그것은 실제로는 여래장을 주제로 하여 말씀하신 것입니다. 세존이시여, '여래장이 있으므로 윤회가 성립한다.'고 말하면, 그것은 이치에 딱 들어맞습니다. 세존이시여, 여기에서 윤회란, 우리가 앞의 순간에 몸에서 받은 모든 감관[諸受根]이 작용을 잃자마자 바로 즉시 아직 감수(感受)하고 있지 않는 모든 감관을 새로 몸에 받는 것을 말합니다. 세존이시여, 이 죽음[死]과 태어남[生]이라고 하는 2가지 것을 나타내는 윤회라고 하는 이름은 여래장의 별명입니다.

---

165) 외도와 소승 그리고 대승일지라도 여래장에 의지하지 않고서는 태어남[生]과 죽음[死]이 있다고 말할 수 없다는 의미이다. 이미 여래장으로 말미암아 태어남[生]과 죽음[死]이 있다고 하면, 여래장은 본제가 무시(無始)이며, 태어남과 죽음도 또한 본제는 불가지라고 말할 수 있다.

그런데 세존이시여, 죽음[死]이라고 말하고, 태어남[生]이라고 말하는 것은 세간에서의 상식적인 언어입니다. 세존이시여, 죽음이란 모든 감관의 기능이 멈추는 것이며, 태어남이란 새로운 감관이 생겨나는 것입니다. 그러나 세존이시여, 여래장에는 태어남도 죽음도 없고, 소멸도 생성(生成)도 없습니다.[166] 왜 그런가 하면, 세존이시여, 여래장은 연기의 법칙에 바탕을 둔 생성과 소멸·변화를 특질로 하는 유위의 존재의 영역을 초월하여, 상주(nitya, 常住)이면서 불변(avikāra, 不變)이기 때문입니다. 그러므로 여래장은 소의처(adhiṣṭhāna, 所依處)이며 지속(vinibaddha, 持續)이고 건립(vyavasthāpana, 建立)[167]입니다.

세존이시여, 여래장은 법신과 본질적으로 결합되어 있으므로 불가분리이며, 깨달음의 지혜와 떼어 놓을 수 없는 바의 진실·절대인 모든 덕성[無爲法]으로서 의지할 곳이며, 지주(支柱)이고, 기반인 것입니다. 동시에 세존이시여, 여래장은 법신과 본질적으로 모순이며, 그것으로부터 분리되고, 깨달음의 지혜와 관계가 없는, 미혹한 세계의 모든 현상[有爲法]에 있어서도 또한 의지할 곳이며, 지주이고, 기반인 것입니다.

세존이시여, 만일 여래장이 중생 속에 없다면 사람이 괴로움을 싫어하고, 니르와나를 희원(希願)하며 동경하고 희구하지 않을 것이며, 또 이것을 얻으려고 서원하는 일도 없을 것입니다. 그것은 왜 그런가 하면, 세존이시여, 그것은 안(眼)·이(耳)·비(鼻)·설(舌)·신(身)·의(意), 6식

---

166) 앞에서는 태어남도 죽음도 여래장에 의하여 생겨나는 것이라고 말씀하고, 여기에서는 여래장은 태어남과 죽음을 벗어난 것이라고 말씀하고 있다.

167) 여래장은 무위이고 상주이면 중생의 소의처가 되며, 끊임없이 지속하여 단멸함이 없게 하고, 시종(始終)하여 성불을 얻게 한다는 의미이다.

(六識)과 심법지(心法智)라고 하는, 이들 7가지 법[168]은 순간적인 존재이며, 끄샤나도 머무르지 못하고, 따라서 괴로움을 감수하는 일은 없기 때문에 그러한 것들이 괴로움을 싫어하고, 니르와나를 희원(希願)하며 동경하고 희구하며, 또 이것을 얻으려고 서원하는 주체라고 하는 것은 이치에 맞지 않습니다.

이에 대하여 세존이시여, 여래장은 시작도 모르며[169], 끝도 없고, 생겨나는 일도 소멸하는 일도 없는 것이므로 괴로움을 감수합니다. 그러므로 세존이시여, 여래장은 괴로움을 싫어하고, 니르와나를 희원(希願)하며 동경하고 희구하며, 또 이것을 얻으려고 서원하는 바의 주체인 것입니다.

이렇게 말씀드리면, 사람들은 여래장이란 다른 종교에서 말하는 자아(ātman, 我)와 같은 것은 아닐까라고 생각할지도 모릅니다만, 세존이시여, 여래장은 결코 그들이 말하는 자아(ātman, 我)·존재·생명·개인존재(pudgala)와 같은 실체가 아닙니다.[170] 세존이시여, 여래장은 그와 같은 실체의 개념[身見]에 빠진 중생이나,[171] 앞에서 말씀드린 것과 같은 전도된 견해에 사로잡혀 있는 중생,[172] 내지는 대승에서 말씀하는

---

168) 7가지 것(七法); 여기에서 7가지 것이란 안(眼)·이(耳)·비(鼻)·설(舌)·신(身)·의(意)의 6식(六識)과 심법지(心法智)를 가리킨다. 다만 심법지를 어떻게 볼 것이냐가 문제인데, 정영사 혜원·삼론종 길장·신라 원효는 제7마나쓰(manas, 末那)로 보고 있다.

169) 본유이므로 시작을 모르는 것이며, 만일 본유라면 시기(始起)·수멸(修滅)이 없는 것이라는 의미이다.

170) 외도의 견해를 가지고 진실로 삼으려는 것을 부정하는 말씀이다.

171) 신견(身見); 허망한 법을 집착하여 아(ātman, 我)가 있다고 하거나 아소가 있다고 주장하는 견해이다. 신견에 떨어진 중생은 진실로 여래장을 이해하지 못하기 때문에, 이들을 범부나 외도라고 부른다.

172) 여래장의 상(常)·락(樂)·아(我)·정(淨)에 있어서 무상·고·무아·부정의 망상을 일으

공(śūnyatā, 空)의 원리에 대하여 마음이 혼란에 빠져서 잘못 이해하고 있는 중생에게[173] 있어서는 바른 앎이 미칠 수 없습니다. 세존이시여, 여래장은 '진실한 가르침을 낳는 근원으로서의 여래의 태아[法界藏]', '법신으로서의 여래의 태아[法身藏]', '세간적인 가치를 초월한 절대적인 여래의 태아[出世間上上藏]', '본성으로서의 청정한 태아[自性清淨藏]'[174]입니다.

그런데 세존이시여, 이와 같이 본성으로서의 청정한 여래장이 객진번뇌(āgantuka kleśa, 客塵煩惱)[175]와 부수적 번뇌(上煩惱)[176]에 의하여 염오되어 있다고 하는 것은 다만 여래께서만 아시는 것이며, 우리의 사려가 미칠 수 없는 것[177]이라고 저는 생각합니다. 그것은 왜 그런가 하면, 세존이시여, 선심(善心)은 끄샤나의 것이며, 그러므로 번뇌의 염

키는 것을 가리킨다. 이와 같은 전도된 견해에 사로잡혀 있는 중생을 2승이라고 한다.

173) 공관을 잘못 익혀서 공에 대한 참된 이해를 하지 못하고 혼란스러워하는 것을 가리킨다. 예를 들면 실재하는 법이 나중에 소멸하여 공무(空無)로 귀착하는 것이 니르와나라고 생각하는 무리, 또는 공(空)이라는 실체가 실재한다고 생각하는 무리가 이에 속한다.

174) 여기에서 여래장(如來藏)·법계장(法界藏)·법신장(法身藏)·출세간상상장(出世間上上藏)·자성청정장(自性清淨藏)을 오장(五藏)이라고 한다. 그리고 여래장이란 모든 존재(sarvadharma)는 여래의 자성을 낳지 않음을 가리키며, 법계장이란 성인(聖人)의 4념처(四念處) 등은 이 성(性)을 취하여 경계로 삼으며, 법계는 정법을 바르게 지켜주는 인자(因子)인 것을 가리키고, 법신장이란 이 불성(佛性)을 신락(信樂)하기 때문에 모든 성인(聖人)으로 하여금 법신의 과덕(果德)을 얻게 하는 것을 가리키며, 출세간상상장이란 이 불성(佛性)은 모든 세간의 과실을 벗어나서 진실이며 불괴인 것을 가리키고, 자성청정장이란 모든 법은 이 성(性)에 수순할 때는 옳고, 이 이(理)에 위배할 때는 그르다는 것을 가리킨다.

175) 객진번뇌(āgantuka kleśa, 客塵煩惱) : 심성청정(svacitta śuddh, 心性清淨)에 대하여 무시(無始)의 무명(無明)을 가리킨다.

176) 상번뇌(上煩惱); 현재 활동을 일으키고 있는 번뇌를 가리킨다.

177) 최상의 지혜만이 잘 알 수 있음을 가리킨다.

오를 받는다고 하는 일은 없습니다.[178] 세존이시여, 번뇌가 마음과 접촉하는 일도 없고, 마음이 더럽혀진다고 하는 일도 없습니다. 그런데 어떻게 해서 세존이시여, 불가촉성의 마음이 접촉에 의하여 더럽혀지는 일이 있을 수 있겠습니까! 그런데도 실제로는 세존이시여, 우리에게는 많은 번뇌가 있으며, 또 번뇌에 의하여 더럽혀진 마음이 있습니다. 그렇다면 세존이시여, '이 마음은 본성으로서는 청정인데도 불구하고, 번뇌에 의하여 염오되어 있다.'고 말하는 것이니, 이는 참으로 요해(了解)하기 어려운 것입니다.[179] 세존이시여, 이 점에 대해서는 세존이야말로 눈이 되고, 지혜가 되는 님(主)이십니다. 세존이야말로 모든 가르침의 근원이시며, 지배자이시고, 교주(敎主)이십니다.[180]"

[『大正藏』12-222b05~222c07]世尊, 生死者依如來藏. 以如來藏故, 說本際不可知. 世尊, 有如來藏故, 說生死, 是名善說. 世尊, 生死, 生死者, 諸受根沒, 次第不受根起, 是名生死. 世尊, 死生者, 此二法, 是如來藏. 世間言說故, 有死有生. 死者謂根壞, 生者新諸根起. 非如來藏有生有死, 如來藏者離有爲相, 如來藏, 常住不變. 是故如來藏, 是依, 是持, 是建立. 世尊, 不離·不斷·不脫·不異·

---

178) 앞의 구절은 청정이 있고 진구(塵垢)는 없으며, 뒤의 구절은 진구(塵垢)는 있고 청정은 없음을 나타내는데, 어쨌든 모두 염오가 아니라는 것을 말씀하려고 한다. 그리고 선심이 있을 때는 번뇌가 없으며, 번뇌가 있을 때는 선심이 없음을 나타내는데, 어쨌든 서로 접촉하지 않음을 말씀하려고 한다.

179) 이전에 번뇌와 염심(染心)의 의의를 구하여도 불가득인데, 그런데도 중생에게 있어서는 번뇌가 있으며, 불염(不染)이면서 염오인 것을 가리킨다.

180) 이와 같은 정형구는 초기경전에서 유래하는 것을 조합한 것으로 볼 수 있다. 예를 들면 『중아함경(中阿含經)』 "世尊爲法本, 世尊爲法主, 法由世尊(T1, 424b)"과 『중아함경』 "世尊是眼, 是智, 是義, 法主, 法將(T1, 604a)"을 들 수 있다.

不思議佛法. 世尊, 斷·脫·異外, 有爲法依·持·建立者, 是如來藏. 世尊, 若無如來藏者, 不得厭苦樂求涅槃. 何以故. 於此六識及心法智, 此七法刹那不住, 不種衆苦, 不得厭苦樂求涅槃. 世尊, 如來藏者, 無前際, 不起不滅法, 種諸苦, 得厭苦樂求涅槃. 世尊, 如來藏者. 非我, 非衆生, 非命, 非人. 如來藏者, 墮身見衆生, 顚倒衆生, 空亂意衆生, 非其境界. 世尊, 如來藏者, 是法界藏, 法身藏, 出世間上上藏, 自性淸淨藏. 此性淸淨, 如來藏, 而客塵煩惱, 上煩惱所染, 不思議如來境界. 何以故. 刹那善心, 非煩惱所染. 刹那不善心, 亦非煩惱所染, 煩惱不觸心, 心不觸煩惱. 云何不觸法. 而能得染心. 世尊, 然有煩惱, 有煩惱染心. 自性淸淨心, 而有染者. 難可了知. 唯佛世尊, 實眼實智, 爲法根本, 爲通達法, 爲正法依, 如實知見.

2. 여래의 가르침을 믿어라

그래서 세존께서는 슈리말라(Śrīmālā, 勝鬘) 왕비가 난해한 교의를 풀이한 것을 들으시고, 대단히 기뻐하시며, 슈리말라 왕비를 향하여 다음과 같이 말씀하십니다.

"슈리말라 왕비여, 그대가 말한 그대로이니라. 참으로 그대로이니라. 본성으로서의 청정한 마음이 번뇌에 의하여 더럽혀진다고 말하는 것의 의미는 난해하니라. 슈리말라 왕비여, 참으로 이 2가지 것은 요해(了解)하기 어려우니라.

첫째, 마음이 본성으로는 청정이라고 말하는 것도 요해하기 어려우며,

둘째, 그런데도 그 마음이 더럽혀진다고 말하는 것도 또 요해하기 어려우니라.

슈리말라 왕비여, 이 2가지 것을 듣고 이해할 수 있는 것은 그대이든가, 그렇지 않으면 위대한 가르침[大法]을 몸에 익힌 보살·마하살뿐이니라. 슈리말라 왕비여, 그 밖의 성문이나 연각은 모두 이 2가지 것에 관하여는 이해가 미칠 수 있는 것이 아니기 때문에, 다만 여래께서 말씀하시는 것을 믿어야만 하느니라."

勝鬘夫人, 說是難解之法, 問於佛時, 佛卽隨喜, 如是如是, 自性清淨心, 而有染汚, 難可了知. 有二法難可了知. 謂自性清淨心, 難可了知. 彼心爲煩惱所染, 亦難了知. 如此二法, 汝及成就大法菩薩摩訶薩, 乃能聽受. 諸餘聲聞, 唯信佛語.

제14장 참된 부처의 딸·아들을 예찬하다

1. 믿는 마음이 제일이다

"슈리말라(Śrīmālā, 勝鬘) 왕비여, 나의 제자들 가운데에서도 누구든지 신심(信心)을 가지고, 신심을 오로지 하고 있는 사람들은 그 신심의 광명에 의하여 진리에 수순하는 지혜의 작용[181]으로 이런 것에 대하여 확신하느니라.

슈리말라 왕비여, 여기에서 '진리에 수순하는 지혜'라고 부르는 것은 슈리말라 왕비여, 다음과 같으니라.

① 안(cakṣuḥ, 眼)·이(śrotra, 耳)·비(ghrāṇa, 鼻)·설(jihvā, 舌)·신(kāya,

181) 누구든지 신심(信心)을 가지고, 신심을 오로지 하고 있는 사람들은 그 신심의 광명에 의하여 진리에 수순하는 지혜의 작용(隨信·信增上者·隨順法智) : 수신(隨信)·신증상자(信增上者)·수순법지(隨順法智) 3가지를 보살의 계위에 배당하는 것에 관해서는 여러 학설이 있다. 신증상자를 초·2·3지(地)에 배당하고, 수신(隨信)을 그 방편으로 삼아 지전(地前)에 배당하며, 수순법지를 4·5·6지(地)에 배당하여 4·5를 신인(信忍; 신심에 의하여 얻은 지혜)으로 하고, 6을 순인(順忍; 진리에 수수하는 지혜)으로 본다. 따라서 구경을 얻는 것은 순인의 구경으로 보아 제7지를 가리킨다고 해석한다.

身)·의(manas, 意)인 6감각기관과 색(rūpa, 色)·성(śabda, 聲)·향(gandha, 香)·미(rasa, 味)·촉(spraṣṭavya, 觸)·법(dharma, 法)인 6대상에 의하여 나타나게 되는 안(cakṣuḥ, 眼)·이(śrotra, 耳)·비(ghrāṇa, 鼻)·설(jihvā, 舌)·신(kāya, 身)·의(manas,意)인 6인식으로서의 마음[意]이 활동하는 영역에 관한 관찰이다.

② 까르마(karma, 業)의 과보에 대한 관찰이다.

③ 아라한(arhat, 阿羅漢)의 수면(睡眠)[182]에 관한 관찰이다.

④ 마음이 자유자재하게 작용하는 사람들의 선정(dhyāna samādhi, 禪定)에 있어서의 환희와 안락에 관한 관찰이다.

⑤ 성문이나 연각의 성스러운 신통력에 관한 관찰이다.[183]

슈리말라 왕비여, 이 5가지 선교방편의 관찰을 성취하여 갖는다면, 슈리말라 왕비여, 신심을 가지고, 신심을 오로지 하느니라. 나의 딸·아들들은 현재에도, 또 내가 입멸한 다음의 미래에도, 그 신심의 광명에 의하여 진리에 수순하는 지혜의 작용으로, '본성으로서의 청정한 마음이 번뇌 때문에 더럽혀져 있다.'고 하는 것에 대하여 확신을 갖게 될 것이니라.

슈리말라 왕비여, 이 사람들의 이런 확신이야말로 대승의 깨달음(bodhi, 道)[184]에 들어가는 원동력[因]이다. 슈리말라 왕비여, 이러한

---

182) 아라한은 무명주지의 번뇌가 아직도 존재하기 때문에 수면(睡眠)이 있음을 관찰한다는 것이다.

183) 부처가 깨달음(bodhi)의 자리에 올랐을 때 얻을 수 있는 5안(육안·천안·혜안·법안·불안)으로 해석할 수 있다.

184) 대승의 도[入大乘道因] : 대승의 깨달음은 8지 이상의 무생법인(無生法忍; 불생불멸의 이법에 철저한 깨달음)을 가리키며, 7지 이하의 신인(信忍; 신심에 의하여 얻은 지혜)·순인(順忍; 진리에 수순하는 지혜), 2인은 대승의 인(因)이다.

까닭으로 심원한 가르침을 버리지 않기 때문에 그들이 여래에의 신앙에 의하여 세간의 중생들에게 주는 이익은 헤아릴 수 없이 크고 많으니라."

[『大正藏』12-222c08~222c26]若我弟子, 隨信·信增上者, 依明信已, 隨順法智, 而得究竟. 隨順法智者, 觀察施設根·意解·境界, 觀察業報. 觀察阿羅漢眠, 觀察心自在樂·禪樂, 觀察阿羅漢·辟支佛·大力菩薩聖自在通. 此五種巧便觀成就, 於我滅後未來世中, 若我弟子隨信·信增上, 依於明信, 隨順法智, 自性清淨心, 彼爲煩惱染污, 而得究竟. 是究竟者, 入大乘道因. 信如來者. 有如是大利益, 不謗深義.

2. 대승에 들어올 수 있는 사람들은 3부류뿐이다

그리고서 슈리말라 왕비는 세존을 향하여 다음과 같이 말씀을 드린다.

"세존이시여, 여기에서 또 여래의 힘에 의하여, 다른 이익이 있는 것을 말씀드리고 싶습니다."

세존께서 말씀하신다.

"슈리말라 왕비여, 그대가 하고 싶은 대로 하여라."

그래서 슈리말라 왕비는 세존을 향하여 다음과 같이 말씀을 드린다.

"세존이시여, 다음의 3부류의 사람이 심원한 가르침을 헐뜯거나,

깔보거나 하지 않고, 자기를 소중하게 하며,[185] 그 위에 많은 큰 공덕을 낳고,[186] 더욱 대승의 깨달음(bodhi, 道)에 들어가는[187] 부처의 딸(buddha-putrī, 佛)·부처의 아들(buddha-putra, 佛子)입니다. 3부류의 사람이란 누구인가 하면 다음과 같습니다.

① 스스로 심원한 가르침을 몸에 익히고 있는 바의 부처의 딸·부처의 아들입니다.

② 진리에 수순하는 지혜를 소유하는 바의 부처의 딸·부처의 아들입니다.

③ 심원한 가르침에 대하여 자기의 지식에 대한 불완전함으로 말미암아, '이것을 나는 알 수 없다. 이 의의는 다만 여래께서만 아신다.'라고 생각하고, 세존께 오로지 마음을 투입한다고 하는 자세로, 귀의하는 마음을 갖는 바의 부처의 딸·부처의 아들뿐입니다.

세존이시여, 이들 3부류의 사람은 심원한 가르침을 헐뜯거나, 깔보거나 하지 않고, 자기를 소중하게 하며, 그 위에 많은 큰 공덕을 낳고, 더욱 대승의 깨달음(bodhi, 道)에 들어가는 부처의 딸·부처의 아들입니다."

---

185) 스스로의 정의(正義)를 비방하지 않음을 가리킨다는 말이다. 앞에서 말씀한 신인(信忍)의 계위인 사람, 다음에 나타내는 세존을 추앙하는 사람이다.

186) 정도(正道)를 출생하는 것을 가리킨다. 앞에서 말씀한 순인(順忍; 진리에 수순하는 지혜)의 계위인 사람, 다음에 말씀하는 수순법지(隨順法智)의 계위인 사람이다.

187) 대승의 깨달음(bodhi, 道)에 들어간다(入大乘道) : 모든 부처의 과덕(果德)인 깨달음에 들어가는 것을 가리킨다. 불생불멸의 이법에 철저한 깨달음인 무생법인(無生法忍)의 사람, 다음에 말씀하는 심심법지(甚深法智)의 사람이다.

爾時勝鬘白佛言, 更有餘大利益, 我當承佛威神, 復說斯義. 佛言, 便說. 勝鬘白佛言, 三種善男子善女人, 於甚深義, 離自毀傷, 生大功德, 入大乘道. 何等爲三. 謂若善男子善女人, 自成就甚深法智. 若善男子善女人, 成就隨順法智. 若善男子善女人, 於諸深法, 不自了知, 仰推惟世尊, 非我境界, 唯佛所知, 是名善男子善女人, 仰推如來. 除此諸善男子善女人已.

제15장 슈리말라 왕비를 칭찬한다

1. 잘했다, 잘했다, 잘했다, 슈리말라!
(sādhu, sādhu, sādhu, Śrīmālā!)

"이에 대하여 세존이시여, 이 3부류의 부처의 딸(buddha-putrī, 佛女)·부처의 아들(buddha-putra, 佛子)을 제외한 중생[188]은 여러 가지 많은 심원한 가르침에 대하여 자기 마음대로의 견해를 품고, 그것을 최상이라고 간주하며, 그뿐만 아니라 맞지 않는 틀린 견해를 가지고 집착을 계속하면서 가르치고 설명을 합니다. 세존이시여, 저는 그들을 진실의 가르침을 배반한 사람, 이교도, 부패한 종자의 소유자이므로, 예를 들면 임금의 곁에 있더라도 조복시켜야 한다고 말씀을 드리고 싶습니다. 세존이시여, 종자가 부패한 그들은 신과 인간 그리고 아쑤라(asura, 阿修羅)[189]를 포함한 세간으로부터 추방해야 합니다."

---

188) 제외한 중생[諸餘衆生] : 위에서 칭찬한 3부류의 선인과는 반대의 길을 걷는 모든 악인을 가리킨다. 이와 같은 악인들은 이치를 가지고는 조복시키기가 어려우므로 위신력으로 조복시켜야 하는 중생이다.

189) [SED]p.121a asura; asura m. a spirit, good spirit, supreme spirit (said of Varuṇa). (정신, 영혼, 와루나가 말한 최고의 영혼); the chief of the evil spirits(악

그리고 슈리말라 왕비는 이와 같이 말씀을 드리고 나서, 동반한 사람들과 함께 부처님의 발에 예배를 드립니다. 그래서 세존께서는, 슈리말라 왕비에 대하여, "잘했다, 잘했다, 잘했다!(sādhu, sādhu, sādhu! 善哉, 善哉, 善哉)"[190]라고 칭찬하시면서, 다음과 같이 또 칭찬의 말씀을 이으십니다.

"슈리말라 왕비여, 그대는 때와 곳에 맞춰서 심원한 가르침을 자기가 잘 지키는 방법의 의의를 풀이하고, 나아가 진실의 가르침에 대한 원적(怨敵)을 논파해야 한다고 말한 것은 대단히 훌륭하도다. 슈리말라 왕비여, 그대는 수 100x1000 꼬띠(koṭi, 10,000,000)나 되는 많은 부처님을 공양한 공덕으로 지금처럼 훌륭한 해설을 하였는데, 이것보다 더 훌륭한 일은 없느니라."

2. 슈리말라 왕비, 전법의 화신 되다

그때 세존께서는 찬연한 광명을 방사하시면서 줄지어 앉은 한 무

령의 우두머리); an evil spirit, demon, ghost(악마, 영혼, 악령).

190) [SED]p.1201b sādhu
sādhu mf(vī)n. good, straight, right, well-disposed, kind, successful, peaceful. m. good or virtuous or honest man; a holy man, saint, sage, seer. f. a chaste or virtuous woman, faithful wife; a saintly woman. n. the good or right or honest, good! well-done! bravo! 그렇구나, 참 잘했다, 매우 훌륭하다, 그렇소, 옳소. 참으로 좋다. 스승이 제자에 대하여 찬성과 칭찬의 뜻을 표시할 때 쓰는 말이다. 인도에서는 지금도 일반적으로 쓰는 말이다. 오늘날 싼쓰끄리뜨 회화에서도 논자에게 찬성과 칭찬의 뜻을 표시할 때에, "sādhu, sādhu!"라고 말한다. "아아!"라고 감탄할 때도 이 말을 쓴다. 한문경전에서는 "선재(善哉)"라고 번역한다.

리의 사람들을 그 광명으로 빠짐없이 비추자마자, 딸라나무(tāla, 多羅)[191]의 7배만큼의 높이까지 공중으로 오르신다. 그리고 비행술의 신변에 의하여 공중을 걸어서 슈라와쓰띠(Śrāvastī, 舍衛城)[192]의 거리로 향하신다. 슈리말라 왕비는 그때 시종들과 함께 머리 위로 높이 합장하고, 피로도 잊은 채 눈을 깜박이지도 않고 위를 쳐다보면서, 세존을 배웅한다.

드디어 세존의 모습이 시계(視界)로부터 멀어지자, 슈리말라 왕비는 시종들과 함께 더 없는 만족과 기쁜 표정으로 서로서로 여래의 한량없이 크고 많은 공덕을 예찬하고, 부처님을 우러르며 마음에 떠올리고, 잊지 않겠다고 맹세하면서 아요디야(Ayodhyā, 阿踰陀)[193]의 성(城)으로 돌아온다.

슈리말라 왕비는 성으로 돌아오자마자 바로 부군(夫君)인 야쇼미뜨라(Yaśomitra, 友稱) 왕에게 대승을 신봉하기를 권유하고, 더욱 성중의 여성관료[女官]들로 하여금 7살 이상의 여자들이 빠짐없이 대승을 신봉하도록 한다. 한편으로는 야쇼미뜨라 왕도 성중의 남성관료들로 하여금 7살 이상의 남자들이 빠짐없이 대승을 신봉하도록 한다. 이렇게 하여 아요디야의 모든 인민은 모두 대승을 신봉하게 된다.

191) 딸라나무(tāla, 多羅) : 딸라는 나무의 이름이며, 높이 21~24m까지 자라므로 인도에서는 이것을 계량에 활용한다.
192) 슈라와쓰띠(Śravasti, 舍衛城): 각주 3) 참조.
193) 아요디야(Ayodhyā, 阿踰陀): 각주 7) 참조.

3. 수지·독경·송경·해설·서사를 하라

세존께서도 다시 제따와나정사(Jetavanaārāma, 祇園精舍)[194]에 도착하시어 안으로 들어오셔서 아난다(Ānanda, 阿難陀) 존자에게 일의 경과를 말씀하심과 동시에, 신들의 왕인 석제환인(śakro devānāṃ Indraḥ, 釋提桓因)[195]을 마음에 떠올리신다. 그러자 신들의 왕인 석제환인은 세존께서 생각하고 계시는 것을 알고, 부하 신들을 데리고 홀연히 세존의 앞에 나타나 앉는다.

그래서 세존께서는 신들의 왕인 석제환인과 아난다 존자에게, 이제 슈리말라 왕비가 말한 이 교설(教說)을 상세하게 전하시고, 또 다음과 같이 말씀하신다.

"까우쉬까(Kauśika)[196]여, 이 교설을 그대는 기억하고, 수지(受持)하라. 그래서 까우쉬까여, 이 교설을 그대의 지배하에 있는 33신들의 세계에 가르쳐라.

아난다여, 그대도 이 교설을 기억하라. 그리고 아난다여, 이 교설을 비구·비구니 및 재가의 신남·신녀 이 4중(四衆) 모두에게 가르쳐라."

그러자 신들의 왕인 석제환인은 세존을 향하여 다음과 같이 말씀을 사뢴다.

"세존이시여, 이 교설의 제명은 무엇이라고 부릅니까? 그리고 어떻게 기억하오리까?"

---

194) 제따와나 아나타삔다다씨야 아라마(Jeta-vana-Anātha-piṇḍadāsya-ārāma, 祈樹給孤獨園, 祇園精舍): 각주 4) 참조.

195) 석제환인; śakro devānāṃ Indraḥ = śakko devānaṃ Indo, 석제환인(釋帝桓因), 천제석(天帝釋).

196) 까우쉬까(Kauśika); 석제환인(釋帝桓因), 제석천(帝釋天, indra)을 가리킨다.

세존께서는 이렇게 대답하신다.

"까우쉬까여, 이 교설에는 무한한 공덕이 갖추어져 있다. 까우쉬까여, 어떤 성문이나 연각이라도 이 경전이 지니고 있는 모든 정의를 남김없이 보고, 알며, 깨달을 수 없다. 하물며 그 밖의 중생에 대해서는 더 말할 것도 없다. 그러므로 까우쉬까여, 이 교설은 심원(深遠)하며, 광대한 공덕을 산출하는 근원이다. 그러므로 까우쉬까여, 이 교설이 지니고 있는 여러 가지 내용을 나타내는 이름을 여기에서 알려줄 터이니 잘 듣고 기억하여라. 그럼 그대에게 말하리라."

신들의 왕인 석제환인과 아난다 존자는 세존을 향하여 말씀을 사뢴다.

"예, 좋습니다. 알겠습니다."

세존께서는 다음과 같이 말씀하신다.

"까우쉬까여, 이 경전은 다음과 같이 여러 가지 이름으로 부른다.

① '여래의 무한한 덕성의 찬탄(歎如來眞實第一義功德)'이라고 부른다, 잘 수지하여라.

② '불가사의한 대서약(不思議大受)'이라고 부른다, 잘 수지하여라.

③ '모든 서원을 포섭하는 대원(一切願攝大願)'이라고 부른다, 잘 수지하여라.

④ '진실한 가르침을 몸에 익히는 불가사의한 말씀(說不思議攝受正法)'이라고 부른다, 잘 수지하여라.

⑤ '모든 가르침은 일승에 들어간다고 하는 말씀(說入一乘)'이라고 부른다, 잘 수지하여라.

⑥ '끝없는 4가지 성스러운 진리에 관한 말씀(說無邊聖諦)'이라고 부른다, 잘 수지하여라.

⑦ '여래장에 관한 말씀(說如來藏)'이라고 부른다, 잘 수지하여라.

⑧ '법신에 관한 말씀(說法身)'이라고 부른다, 잘 수지하여라.

⑨ '공의 원리가 감추어진 진실에 관한 말씀(說空義隱覆眞實)'이라고 부른다, 잘 수지하여라.

⑩ '괴로움의 소멸이라는 성스러운 진리만이 유일한 진리라는 말씀(說一諦)'이라고 부른다, 잘 수지하여라.

⑪ '상주이며 안온한 괴로움의 소멸이라는 성스러운 진리만이 유일한 귀의처라는 말씀(說常住安穩一依)'이라고 부른다, 잘 수지하여라.

⑫ '옳고 그름을 가르쳐 주시는 여래의 말씀(說顚倒眞實)'이라고 부른다, 잘 수지하여라.

⑬ '자성이 맑고 깨끗한 마음을 예찬하는 말씀(說自性淸淨心隱覆)'이라고 부른다, 잘 수지하여라.

⑭ '참된 부처의 딸·아들을 칭찬하는 말씀(說如來眞子)'이라고 부른다, 잘 수지하여라.

까우쉬까여, 더욱 이것은,

⑮ '슈리말라 왕비의 사자후(說勝鬘夫人獅子吼)'라고 부른다, 잘 수지하여라.

⑯ '미혹을 끊은 말씀, 틀림없는 요의의 말씀, 일승의 길로 들어가는 말씀(說斷一切疑. 決定了義, 入一乘道)'이라고 부른다, 잘 수지하여라."

"까우쉬까여, '슈리말라 왕비의 사자후(說勝鬘夫人獅子吼)'인 교설을 그대에게 부촉할 터이니, 그대는 이 세상에서 진실한 가르침이 존속하는 한 시방에 있는 모든 세계에 이 교설을 선전하고 포교하여라."

신들의 왕인 석제환인은 여기에서 "알겠습니다."라고 말씀을 드리고, 부처님 앞에서 이 교설을 기억하고, 요해한다.

그래서 신들의 왕인 석제환인과 아난다 존자를 비롯하여 그 법회에 자리를 함께한 대중, 그리고 신들, 인간, 아쑤라, 하늘나라의 음악가인 간다르와(gandharva, 乾闥婆)197) 등을 포함한 모든 세계의 중생은 환희하고, 세존의 말씀을 찬탄하고 받들어 정성껏 섬긴다.

[『大正藏』12-222c29~223b14]諸餘衆生, 於諸甚深法, 堅著妄說, 違背正法, 習諸外道腐敗種子者, 當以王力及天龍鬼神力, 而調伏之. 爾時, 勝鬘, 與諸眷屬, 頂禮佛足. 佛言, 善哉善哉. 勝鬘, 於甚深法, 方便守護, 降伏非法, 善得其宜. 汝已親近百千億佛, 能說此義. 爾時, 世尊, 放勝光明, 普照大衆, 身昇虛空, 高七多羅樹, 足步虛空, 還舍衛國. 時勝鬘夫人, 與諸眷屬, 合掌向佛, 觀無厭足, 目不暫捨. 過眼境已, 踊躍歡喜, 各各稱歎如來功德, 具足念佛, 還入城中, 向友稱王, 稱歎大乘. 城中女人, 七歲已上, 化以大乘, 友稱大王, 亦以大乘, 化諸男子七歲已上, 擧國, 人民皆向大乘. 爾時, 世尊, 入祇桓林, 告長老阿難, 及念天帝釋. 應時帝釋, 與諸眷屬, 忽然而至, 住於佛前. 爾時, 世尊, 向天帝釋及長老阿難, 廣說此經, 說已, 告帝釋言. 汝當受持讀誦此經. 憍尸迦, 善男子善女人, 於恒沙劫, 修菩提行, 行六波羅蜜. 若復善男子善女人,

197) 간다르와(gandharva, 乾闥婆): [SED]p.346a gandharva; gandharva m. his especial duty is to guard the heavenly Soma. 인도 신화에 등장하는 요정의 이름이다. 천계에 살며, 신들이 마시는 음료인 쏘마(Soma)주를 지키는 신으로 알려져 있다. 불교에서는 천룡팔부중(天龍八部衆)의 하나로 치며, 낑나라(kiṃnara)와 함께 인드라(Indra)를 섬기면서 음악을 연주한다. 한문경전에서는 '건달바(乾闥婆)'라고 음사한다.

聽受讀誦乃至執持經卷, 福多於彼. 何況廣爲人說. 是故憍尸迦, 當讀誦此經, 爲三十三天, 分別廣說. 復告阿難, 汝亦受持讀誦, 爲四衆廣說. 時天帝釋, 白佛言, 世尊, 當何名斯經, 云何奉持. 佛告帝釋, 此經成就無量無邊功德, 一切聲聞緣覺, 不能究竟觀察知見. 憍尸迦, 當知, 此經甚深微妙, 大功德聚. 今當爲汝, 略說其名. 諦聽諦聽, 善思念之. 時天帝釋及長老阿難, 白佛言, 善哉, 世尊, 唯然, 受教. 佛言, 此經歎如來眞實第一義功德, 如是受持. 不思議大受, 如是受持. 一切願攝大願, 如是受持. 說不思議攝受正法, 如是受持. 說入一乘, 如是受持. 說無邊聖諦, 如是受持. 說如來藏, 如是受持. 說法身, 如是受持. 說空義隱覆眞實, 如是受持. 說一諦, 如是受持. 說常住安隱一依, 如是受持. 說顚倒眞實, 如是受持. 說自性淸淨心隱覆, 如是受持. 說如來眞子, 如是受持. 說勝鬘夫人師子吼, 如是受持. 復次憍尸迦, 此經所說, 斷一切疑, 決定了義入一乘道. 憍尸迦, 今以此說勝鬘夫人師子吼經, 付囑於汝, 乃至法住, 受持讀誦, 廣分別說. 帝釋白佛言. 善哉, 世尊, 頂受尊敎. 時天帝釋, 長老阿難, 及諸大會天人阿修羅乾闥婆等, 聞佛所說, 歡喜奉行.

역주·강설 **이평래**

동국대학교 불교학과를 졸업(1968), 일본 駒澤大學에 유학. 석·박사학위(1988)를 취득. 여래장사상 연구의 세계적 권위자인 高崎直道교수 지도로 여래장사상 전공. 「新羅佛教如來藏思想研究 -元曉の如來藏思想を中心として-」로 박사학위 취득. 1982학년도부터 충남대학교 철학과 교수로 재직. 2007년 2월에 정년퇴임, 충남대학교 명예교수.
인도 정부 초빙교수로 India, New Delhi, Jawaharlal Nehru University(1989~1991)에서 2년간 강의·연구생활. 사단법인 한국불교학회 이사장(2003~2008), 제4차 한국불교학결집대회 대회장(2006~2008), 동국대학교 불교대학발전위원회 위원(2004~2007)을 역임하였으며, 원효학연구원 원장(2002~2016) 역임.
저서로는 『신라불교여래장사상연구』(민족사), 『대승기신론강설』(민족사). 번역서로는 『열반경종요』, 『무량수경종요』. 논문으로는 「大乘起信論研究」, 「『涅般宗要』の如來藏說」, 「여래장설과 원효」, 「화엄교학의 기초로서의 여래장설에 관한 연구」, 「원효의 열반사상에 관한 연구」, 「알라야식과 여래」, 「『대승기신론』에서의 깨달음」 등이 있다.

•Mobile: 010-5401-0914 / Email: agata3366@gmail.com

여래장 사상의 원전

-여래장경, 부증불감경, 승만경-

如來藏 三部經典

초판 1쇄 인쇄 | 2022년 10월 20일
초판 1쇄 발행 | 2022년 10월 30일

역주·강설 | 이평래

펴낸이 | 윤재승
펴낸곳 | 민족사

주간 | 사기순
기획편집팀 | 사기순, 김은지 홍보마케팅팀 | 윤효진 영업관리팀 | 김세정

출판등록 | 1980년 5월 9일 제1-149호
주소 | 서울 종로구 삼봉로 81 두산위브파빌리온 1131호
전화 | 02)732-2403, 2404 팩스 | 02)739-7565
홈페이지 | www.minjoksa.org
페이스북 | www.facebook.com/minjoksa
이메일 | minjoksabook@naver.com

ISBN 979-11-6869-017-2 94220